전북특별자치도
공공기관 통합채용

NCS 직업기초능력평가

전북특별자치도
공공기관 통합채용
NCS 직업기초능력평가

초판 1쇄 발행 2021년 7월 16일
개정판 1쇄 발행 2024년 8월 26일

편 저 자 | 취업적성연구소
발 행 처 | (주)서원각
등록번호 | 1999-1A-107호
주　　소 | 경기도 고양시 일산서구 덕산로 88-45(가좌동)
대표번호 | 031-923-2051
팩　　스 | 031-923-3815
교재문의 | 카카오톡 플러스 친구 [서원각]
홈페이지 | goseowon.com

PREFACE

우리나라 기업들은 1960년대 이후 현재까지 비약적인 발전을 이루었다. 이렇게 급속한 성장을 이룰 수 있었던 배경에는 우리나라 국민들의 근면성 및 도전정신이 있었다. 그러나 빠르게 변화하는 세계 경제의 환경에 적응하기 위해서는 근면성과 도전정신 이외에 또 다른 성장 요인이 필요하다.

최근 많은 공사·공단에서는 기존의 직무 관련성에 대한 고려 없이 인·적성, 지식 중심으로 치러지던 필기전형을 탈피하고, 산업현장에서 직무를 수행하기 위해 요구되는 능력을 산업부문별·수준별로 체계화 및 표준화한 NCS를 기반으로 하여 채용공고 단계에서 제시되는 '직무 설명자료'에서 제시되는 직업기초능력과 직무수행능력을 측정하기 위한 직업기초능력평가, 직무수행능력평가 등을 도입하고 있다.

전북특별자치도 공공기관에서도 업무에 필요한 역량 및 책임감과 적응력 등을 구비한 인재를 선발하기 위하여 고유의 필기전형을 치르고 있다. 본서는 전북특별자치도 공공기관 채용대비를 위한 필독서로 전북특별자치도 공공기관 필기전형의 출제경향을 철저히 분석하여 응시자들이 보다 쉽게 시험유형을 파악하고 효율적으로 대비할 수 있도록 구성하였다.

신념을 가지고 도전하는 사람은 반드시 그 꿈을 이룰 수 있습니다. 처음에 품은 신념과 열정이 취업 성공의 그 날까지 빛바래지 않도록 서원각이 수험생 여러분을 응원합니다.

STRUCTURE

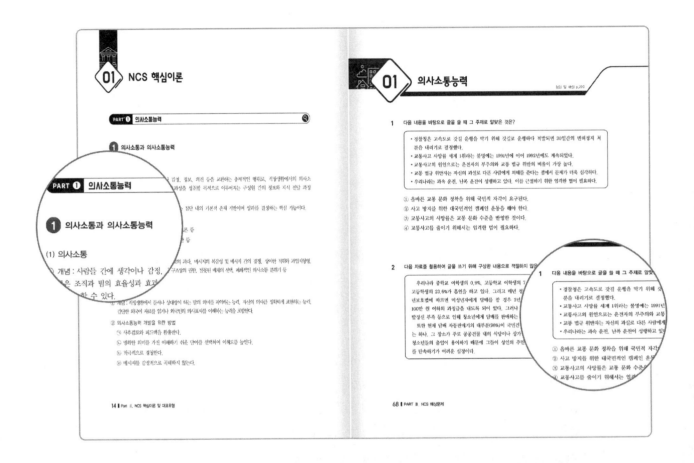

NCS 핵심이론

NCS 직업기초능력 핵심이론
을 체계적으로 정리하고 대표
유형 문제를 엄선하여 수록하
였습니다.

NCS 예상문제

적중률 높은 영역별 출제예상
문제를 수록하여 학습효율을
확실하게 높였습니다.

NCS 정답 및 해설

문제의 핵심을 꿰뚫는 명쾌하
고 자세한 해설로 수험생들의
이해를 돕습니다.

CONTENTS

PART

I

전북특별자치도 공공기관 소개

01 기관소개
02 채용안내

01 기관소개 및 채용안내

1 기관소개

(1) 기본현황

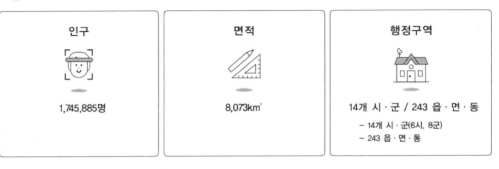

인구	면적	행정구역
1,745,885명	8,073km^2	14개 시·군 / 243 읍·면·동 – 14개 시·군(6시, 8군) – 243 읍·면·동

(2) 브랜드 슬로건

• 새로운 시대를 여는 창의 이미지를 통해 전북의 변화를 알리고, 특별한 기회를 통해 대한민국의 미래를 먼저 열어가는 긍지와 희망을 표현하였다.

• 새롭게 비상하는 이미지를 부각하기 위해 서체의 획을 사선으로 연결하여, 역동적이고 미래지향적인 전북의 기상을 전달한다.

(3) 도정상징

① 도화 : 백일홍
- 끊임없이 꽃이 피어나고 가뭄에도 꿋꿋이 견디어 내는 모습이 참을성 많고 끈기 있는 전북도민들의 기상을 상징

② 도조 : 까치
- 예로부터 반가운 사람이나 소식이 올 것을 알려주는 새로 여겨져 우리 도에 기쁜 일이 많이 생기기를 바라는 의미

③ 도목 : 은행나무
- 수형이 아름답고 병충해에 강해 오래 사는 은행나무는 전북의 아름다운 산하 및 도민들의 은근과 끈기를 상징

(4) 도민헌장

① 전북특별자치도는 산과 들 그리고 바다가 잘 어우러진 아름답고 인정 많은 고장이다.

   ㉠ 이곳에서 우리 옛 어른들은 나라와 겨레 위한 충의정신과, 더불어 사는 따뜻한 마음으로 질 높은 삶의 터전을 부단히 일가꾸어 왔다.

   ㉡ 우리는 이와 같은 전통을 바탕으로 세계적 새로움도 능동적으로 받아들여 희망찬 고장, 자랑스러운 전라북도를 가꾸어 나가는 데 앞장서야 한다.

> 01. 우리는 전북인으로서 긍지를 가지고 품위를 지킨다.
>   - 우리의 자존심을 되찾고 정체성을 회복하여, 자랑스런 도민의 긍지를 가지고 품위를 지키자는 전북인의 자긍심 강조
> 02. 우리는 우리 고장의 자연과 문화를 아끼고 새롭게 가꾼다.
>   - 깨끗하고 아름다운 자연과 찬란한 문화유산을 계승·발전시키고 창의력을 발휘하여 삶의 질을 향상시키자는 창조정신을 강조
> 03. 우리는 적극적 사고와 진취적 기상으로 미래를 개척한다.
>   - 보수적이고 소극적인 의식을 탈피하고 적극적 사고와 진취적 기상으로 희망찬 미래를 개척하여 아시아 태평양 시대의 주역이 되자는 개척정신을 강조
> 04. 우리는 전북인으로서 사명을 다하기 위해 힘써 일한다.
>   - 전북인으로서 각자 위치에서 주어진 역할에 최선의 노력을 다하는 책임정신을 강조
> 05. 우리는 우리 고장을 사랑하고 나라와 세계인류에 이바지한다.
>   - 서로 사랑하고 화합하는 애향정신과 나라를 사랑하는 애국정신 그리고 세계인류 평화와 발전에 공헌하자는 애향·애국심을 강조

ⓒ 재정취지 : 전북특별자치도민헌장은 우리도의 빛나는 역사와 문화를 크게 부각시켜 전북의 자존심을 높이고 자랑스런 도민의 긍지를 제고하는 등 적극적·창조적 정신을 함양하여 21세기의 밝은 미래를 창조하기 위한 진취적인 기상과 자랑스런 전북인의 이상이 담겨있는 행동지표를 제시하기 위하여 제정하게 된 것입니다.

ⓔ 도민헌장해설 : 도민헌장은 전문 164자, 본문 114자등 총 278자로 구성되어 있습니다.

• 전문에는 우리 전북특별자치도의 수려한 산수와 황금벌판 등 아름다운 자연환경과 인정많고 풍요로운 삶의 터전을 묘사하였습니다. 정유재란 때 왜군에 항전하다가 순국한 만인의사의 충렬한 뜻을 기리고 근세에 극일, 보국안민의 민족·민주운동의 기치를 높이 들었던 동학농민혁명정신 등 옛 어른들의 충의 정신을 본받고, 삼도를 통할하는 전라감영이 소재했던 우리고장의 유서 깊은 역사와 찬란한 문화 예술의 전통을 승계하여, 세계로 뻗어가는 희망찬 고장, 자랑스런 전북특별자치도를 가꾸어 나가는데 앞장서자는 다짐을 규정하였습니다.

• 본문에는 이를 실천하기 위한 다섯 가지의 실천덕목을 설정하였습니다.

(5) 5대 핵심산업

① 농생명산업 : 전북이 대표적으로 선도하고 있는 '농업'을 특화 발전

② 문화관광산업 : 전북의 문화적 강점을 바탕으로 문화관광산업 육성

③ 고령친화산업 : 초고령사회 대한민국의 고령친화 新산업 선점

④ 미래첨단산업 : 미래 에너지 기반 육성(신·재생에너지, 수소, 이차전지)

⑤ 민생특화산업 : 지역경제 활력을 더하는 생활밀접형 지역특화산업

(6) 3대 기반특례

① 인프라 : 5대 핵심산업을 육성할 14개 전북형 지구·특구·단지 지정

② 인력 : 외국인 특별고용 등 우수인력 유입 및 양성으로 안정적 인력기반 확보

③ 제도 : 인·허가 특례 등 핵심산업 지원을 위한 제도적 기반 마련

02 채용안내

채용기관	직렬 (분야)	직급	선발 인원	필기시험 과목	
				공통(1과목) 40문항	전공(1과목) 20문항
계	10개 기관		40		
전북테크노파크	기술직	6급	1	NCS	화학공학
	연구직	6급	2	NCS	산업공학
	일반직	6급	3	NCS	행정학
전북특별자치도 경제통상진흥원	일반직	6급	1	NCS	경영학
자동차융합기술원	연구직	마급	6	NCS	자동차공학
	기술직(전산)	마급	1	NCS	전산일반
	기술직	마급	3	NCS	기계이론
	행정관리직(경영기획)	마급	1	NCS	경영학
	행정관리직(재무회계)	마급	1	NCS	회계학
에코융합섬유연구원	일반직(장애)	행정원	1	NCS	경영학
전북특별자치도 군산의료원	사무직	8급	2	NCS	행정학
전북특별자치도 남원의료원	사무직	8급	2	NCS	행정학
전북여성가족재단	일반직	9급	3	NCS	행정학
	일반직(장애)	9급	1	NCS	행정학
전북국제협력진흥원	일반직(경영기획사무)	7급	1	NCS	행정학
	일반직(국제교류협력ㆍ기획)	9급	3	NCS	영어
전북특별자치도 문화관광재단	일반직	바급	4	NCS	행정학
	일반직 (장애)	바급	1	NCS	행정학
전북특별자치도 콘텐츠융합진흥원	일반직 (경영기획)	5급	1	NCS	행정학
	일반직 (사업운영)	5급	2	NCS	행정학

※ NCS 직업기초능력평가 항목 : 의사소통능력, 수리능력, 문제해결능력, 정보능력 등 4개 항목

NCS 핵심이론 및 대표유형

01 NCS 핵심이론
02 NCS 대표유형

01 NCS 핵심이론

PART ❶ 의사소통능력

❶ 의사소통과 의사소통능력

(1) 의사소통

① 개념 : 사람들 간에 생각이나 감정, 정보, 의견 등을 교환하는 총체적인 행위로, 직장생활에서의 의사소통은 조직과 팀의 효율성과 효과성을 성취할 목적으로 이루어지는 구성원 간의 정보와 지식 전달 과정이라고 할 수 있다.

② 기능 : 공동의 목표를 추구해 나가는 집단 내의 기본적 존재 기반이며 성과를 결정하는 핵심 기능이다.

③ 의사소통의 종류

 ㉠ 언어적인 것 : 대화, 전화통화, 토론 등

 ㉡ 문서적인 것 : 메모, 편지, 기획안 등

 ㉢ 비언어적인 것 : 몸짓, 표정 등

④ 의사소통을 저해하는 요인 : 정보의 과다, 메시지의 복잡성 및 메시지 간의 경쟁, 상이한 직위와 과업지향형, 신뢰의 부족, 의사소통을 위한 구조상의 권한, 잘못된 매체의 선택, 폐쇄적인 의사소통 분위기 등

(2) 의사소통능력

① 개념 : 직장생활에서 문서나 상대방이 하는 말의 의미를 파악하는 능력, 자신의 의사를 정확하게 표현하는 능력, 간단한 외국어 자료를 읽거나 외국인의 의사표시를 이해하는 능력을 포함한다.

② 의사소통능력 개발을 위한 방법

 ㉠ 사후검토와 피드백을 활용한다.

 ㉡ 명확한 의미를 가진 이해하기 쉬운 단어를 선택하여 이해도를 높인다.

 ㉢ 적극적으로 경청한다.

 ㉣ 메시지를 감정적으로 곡해하지 않는다.

② 의사소통능력을 구성하는 하위능력

(1) 문서이해능력

① 문서와 문서이해능력

　㉠ 문서 : 제안서, 보고서, 기획서, 이메일, 팩스 등 문자로 구성된 것으로 상대방에게 의사를 전달하여 설득하는 것을 목적으로 한다.

　㉡ 문서이해능력 : 직업현장에서 자신의 업무와 관련된 문서를 읽고, 내용을 이해하고 요점을 파악할 수 있는 능력을 말한다.

예제 1

다음은 신용카드 약관의 주요내용이다. 규정 약관을 제대로 이해하지 못한 사람은?

> **[부가서비스]**
> 카드사는 법령에서 정한 경우를 제외하고 상품을 새로 출시한 후 1년 이내에 부가서비스를 줄이거나 없앨 수가 없다. 또한 부가서비스를 줄이거나 없앨 경우에는 그 세부내용을 변경일 6개월 이전에 회원에게 알려주어야 한다.
>
> **[중도 해지 시 연회비 반환]**
> 연회비 부과기간이 끝나기 이전에 카드를 중도해지하는 경우 남은 기간에 해당하는 연회비를 계산하여 10 영업일 이내에 돌려줘야 한다. 다만, 카드 발급 및 부가서비스 제공에 이미 지출된 비용은 제외된다.
>
> **[카드 이용한도]**
> 카드 이용한도는 카드 발급을 신청할 때에 회원이 신청한 금액과 카드사의 심사기준을 종합적으로 반영하여 회원이 신청한 금액 범위 이내에서 책정되며 회원의 신용도가 변동되었을 때에는 카드사는 회원의 이용한도를 조정할 수 있다.
>
> **[부정사용 책임]**
> 카드 위조 및 변조로 인하여 발생된 부정사용 금액에 대해서는 카드사가 책임을 진다. 다만, 회원이 비밀번호를 다른 사람에게 알려주거나 카드를 다른 사람에게 빌려주는 등의 중대한 과실로 인해 부정사용이 발생하는 경우에는 회원이 그 책임의 전부 또는 일부를 부담할 수 있다.

① 혜수 : 카드사는 법령에서 정한 경우를 제외하고는 1년 이내에 부가서비스를 줄일 수 없어
② 진성 : 카드 위조 및 변조로 인하여 발생된 부정사용 금액은 일괄 카드사가 책임을 지게 돼
③ 영훈 : 회원의 신용도가 변경되었을 때 카드사가 이용한도를 조정할 수 있어
④ 영호 : 연회비 부과기간이 끝나기 이전에 카드를 중도해지하는 경우에는 남은 기간에 해당하는 연회비를 카드사는 돌려줘야 해

② 문서의 종류

　　㉠ 공문서 : 정부기관에서 공무를 집행하기 위해 작성하는 문서로, 단체 또는 일반회사에서 정부기관을 상대로 사업을 진행할 때 작성하는 문서도 포함된다. 엄격한 규격과 양식이 특징이다.

　　㉡ 기획서 : 아이디어를 바탕으로 기획한 프로젝트에 대해 상대방에게 전달하여 시행하도록 설득하는 문서이다.

　　㉢ 기안서 : 업무에 대한 협조를 구하거나 의견을 전달할 때 작성하는 사내 공문서이다.

　　㉣ 보고서 : 특정한 업무에 관한 현황이나 진행 상황, 연구·검토 결과 등을 보고하고자 할 때 작성하는 문서이다.

　　㉤ 설명서 : 상품의 특성이나 작동 방법 등을 소비자에게 설명하기 위해 작성하는 문서이다.

　　㉥ 보도자료 : 정부기관이나 기업체 등이 언론을 상대로 자신들의 정보를 기사화 되도록 하기 위해 보내는 자료이다.

　　㉦ 자기소개서 : 개인이 자신의 성장과정이나, 입사 동기, 포부 등에 대해 구체적으로 기술하여 자신을 소개하는 문서이다.

　　㉧ 비즈니스 레터(E-mail) : 사업상의 이유로 고객에게 보내는 편지다.

　　㉨ 비즈니스 메모 : 업무상 확인해야 할 일을 메모형식으로 작성하여 전달하는 글이다.

③ 문서이해의 절차 : 문서의 목적 이해→문서 작성 배경·주제 파악→정보 확인 및 현안문제 파악→문서 작성자의 의도 파악 및 자신에게 요구되는 행동 분석→목적 달성을 위해 취해야 할 행동 고려→문서 작성자의 의도를 도표나 그림 등으로 요약·정리

(2) 문서작성능력

① 작성되는 문서에는 대상과 목적, 시기, 기대효과 등이 포함되어야 한다.

② 문서작성의 구성요소

　　㉠ 짜임새 있는 골격, 이해하기 쉬운 구조

　　㉡ 객관적이고 논리적인 내용

　　㉢ 명료하고 설득력 있는 문장

　　㉣ 세련되고 인상적인 레이아웃

다음은 들은 내용을 구조적으로 정리하는 방법이다. 순서에 맞게 배열하면?

> ㉠ 관련 있는 내용끼리 묶는다.
> ㉡ 묶은 내용에 적절한 이름을 붙인다.
> ㉢ 전체 내용을 이해하기 쉽게 구조화한다.
> ㉣ 중복된 내용이나 덜 중요한 내용을 삭제한다.

① ㉠㉡㉢㉣ 　　　　　　② ㉠㉡㉣㉢
③ ㉡㉠㉢㉣ 　　　　　　④ ㉡㉠㉣㉢

출제의도

음성정보는 문자정보와는 달리 쉽게 잊혀지기 때문에 음성정보를 구조화 시키는 방법을 묻는 문항이다.

해 설

내용을 구조적으로 정리하는 방법은 '㉠ 관련 있는 내용끼리 묶는다. → ㉡ 묶은 내용에 적절한 이름을 붙인다. → ㉣ 중복된 내용이나 덜 중요한 내용을 삭제한다. → ㉢ 전체 내용을 이해하기 쉽게 구조화 한다.'가 적절하다.

답 ②

③ 문서의 종류에 따른 작성방법

　㉠ 공문서
- 육하원칙이 드러나도록 써야 한다.
- 날짜는 반드시 연도와 월, 일을 함께 언급하며, 날짜 다음에 괄호를 사용할 때는 마침표를 찍지 않는다.
- 대외문서이며, 장기간 보관되기 때문에 정확하게 기술해야 한다.
- 내용이 복잡할 경우 '-다음-', '-아래-'와 같은 항목을 만들어 구분한다.
- 한 장에 담아내는 것을 원칙으로 하며, 마지막엔 반드시 '끝'자로 마무리 한다.

　㉡ 설명서
- 정확하고 간결하게 작성한다.
- 이해하기 어려운 전문용어의 사용은 삼가고, 복잡한 내용은 도표화 한다.
- 명령문보다는 평서문을 사용하고, 동어 반복보다는 다양한 표현을 구사하는 것이 바람직하다.

　㉢ 기획서
- 상대를 설득하여 기획서가 채택되는 것이 목적이므로 상대가 요구하는 것이 무엇인지 고려하여 작성하며, 기획의 핵심을 잘 전달하였는지 확인한다.
- 분량이 많을 경우 전체 내용을 한눈에 파악할 수 있도록 목차구성을 신중히 한다.
- 효과적인 내용 전달을 위한 표나 그래프를 적절히 활용하고 산뜻한 느낌을 줄 수 있도록 한다.
- 인용한 자료의 출처 및 내용이 정확해야 하며 제출 전 충분히 검토한다.

　㉣ 보고서
- 도출하고자 하는 핵심내용을 구체적이고 간결하게 작성한다.
- 내용이 복잡할 경우 도표나 그림을 활용하고, 참고자료는 정확하게 제시한다.
- 제출하기 전에 최종점검을 하며 질의를 받을 것에 대비한다.

다음 중 공문서 작성에 대한 설명으로 가장 적절하지 못한 것은?

① 공문서나 유가증권 등에 금액을 표시할 때에는 한글로 기재하고 그 옆에 괄호를 넣어 숫자로 표기한다.
② 날짜는 숫자로 표기하되 년, 월, 일의 글자는 생략하고 그 자리에 온점(.)을 찍어 표시한다.
③ 첨부물이 있는 경우에는 붙임 표시문 끝에 1자 띄우고 "끝."이라고 표시한다.
④ 공문서의 본문이 끝났을 경우에는 1자를 띄우고 "끝."이라고 표시한다.

출제의도

업무를 할 때 필요한 공문서 작성법을 잘 알고 있는지를 측정하는 문항이다.

해 설

공문서 금액 표시
아라비아 숫자로 쓰고, 숫자 다음에 괄호를 하여 한글로 기재한다.
예) 123,456원의 표시 : 금 123,456(금일십이만삼천사백오십육원)

답 ①

④ 문서작성의 원칙

  ㉠ 문장은 짧고 간결하게 작성한다.(간결체 사용)

  ㉡ 상대방이 이해하기 쉽게 쓴다.

  ㉢ 불필요한 한자의 사용을 자제한다.

  ㉣ 문장은 긍정문의 형식을 사용한다.

  ㉤ 간단한 표제를 붙인다.

  ㉥ 문서의 핵심내용을 먼저 쓰도록 한다.(두괄식 구성)

⑤ 문서작성 시 주의사항

  ㉠ 육하원칙에 의해 작성한다.

  ㉡ 문서 작성시기가 중요하다.

  ㉢ 한 사안은 한 장의 용지에 작성한다.

  ㉣ 반드시 필요한 자료만 첨부한다.

  ㉤ 금액, 수량, 일자 등은 기재에 정확성을 기한다.

  ㉥ 경어나 단어사용 등 표현에 신경 쓴다.

  ㉦ 문서작성 후 반드시 최종적으로 검토한다.

⑥ 효과적인 문서작성 요령

  ㉠ 내용이해 : 전달하고자 하는 내용과 핵심을 정확하게 이해해야 한다.

  ㉡ 목표설정 : 전달하고자 하는 목표를 분명하게 설정한다.

  ㉢ 구성 : 내용 전달 및 설득에 효과적인 구성과 형식을 고려한다.

  ㉣ 자료수집 : 목표를 뒷받침할 자료를 수집한다.

  ㉤ 핵심전달 : 단락별 핵심을 하위목차로 요약한다.

  ㉥ 대상파악 : 대상에 대한 이해와 분석을 통해 철저히 파악한다.

  ㉦ 보충설명 : 예상되는 질문을 정리하여 구체적인 답변을 준비한다.

  ㉧ 문서표현의 시각화 : 그래프, 그림, 사진 등을 적절히 사용하여 이해를 돕는다.

(3) 경청능력

① 경청의 중요성 : 경청은 다른 사람의 말을 주의 깊게 들으며 공감하는 능력으로 경청을 통해 상대방을 한 개인으로 존중하고 성실한 마음으로 대하게 되며, 상대방의 입장에 공감하고 이해하게 된다.

② 경청을 방해하는 습관 : 짐작하기, 대답할 말 준비하기, 걸러내기, 판단하기, 다른 생각하기, 조언하기, 언쟁하기, 옳아야만 하기, 슬쩍 넘어가기, 비위 맞추기 등

③ 효과적인 경청방법

  ㉠ 준비하기 : 강연이나 프레젠테이션 이전에 나누어주는 자료를 읽어 미리 주제를 파악하고 등장하는 용어를 익혀둔다.

  ㉡ 주의 집중 : 말하는 사람의 모든 것에 집중해서 적극적으로 듣는다.

  ㉢ 예측하기 : 다음에 무엇을 말할 것인가를 추측하려고 노력한다.

  ㉣ 나와 관련짓기 : 상대방이 전달하고자 하는 메시지를 나의 경험과 관련지어 생각해 본다.

  ㉤ 질문하기 : 질문은 듣는 행위를 적극적으로 하게 만들고 집중력을 높인다.

  ㉥ 요약하기 : 주기적으로 상대방이 전달하려는 내용을 요약한다.

  ㉦ 반응하기 : 피드백을 통해 의사소통을 점검한다.

예제 4

다음은 면접스터디 중 일어난 대화이다. 민아의 고민을 해소하기 위한 조언으로 가장 적절한 것은?

지섭 : 민아씨, 어디 아파요? 표정이 안 좋아 보여요.
민아 : 제가 원서 넣은 공단이 내일 면접이어서요. 그동안 스터디를 통해서 면접 연습을 많이 했는데도 벌써부터 긴장이 되네요.
지섭 : 민아씨는 자기 의견도 명확히 피력할 줄 알고 조리 있게 설명을 잘 하시니 걱정 안하셔도 될 것 같아요. 아, 손에 꽉 쥐고 계신 건 뭔가요?
민아 : 아, 제가 예상 답변을 정리해서 모아둔거에요. 내용은 거의 외웠는데 이렇게 쥐고 있지 않으면 불안해서..
지섭 : 그 정도로 준비를 철저히 하셨으면 걱정할 이유 없을 것 같아요.
민아 : 그래도 압박면접이거나 예상치 못한 질문이 들어오면 어떻게 하죠?
지섭 : ________________

① 시선을 적절히 처리하면서 부드러운 어투로 말하는 연습을 해보는 건 어때요?
② 공식적인 자리인 만큼 옷차림을 신경 쓰는 게 좋을 것 같아요.
③ 당황하지 말고 질문자의 의도를 잘 파악해서 침착하게 대답하면 되지 않을까요?
④ 예상 질문에 대한 답변을 좀 더 정확하게 외워보는 건 어떨까요?

출제의도

상대방이 하는 말을 듣고 질문 의도에 따라 올바르게 답하는 능력을 측정하는 문항이다.

해 설

민아는 압박질문이나 예상치 못한 질문에 대해 걱정을 하고 있으므로 침착하게 대응하라고 조언을 해주는 것이 좋다.

답 ③

(4) 의사표현능력

① 의사표현의 개념과 종류

㉠ 개념 : 화자가 자신의 생각과 감정을 청자에게 음성언어나 신체언어로 표현하는 행위이다.

㉡ 종류

- 공식적 말하기 : 사전에 준비된 내용을 대중을 대상으로 말하는 것으로 연설, 토의, 토론 등이 있다.
- 의례적 말하기 : 사회 · 문화적 행사에서와 같이 절차에 따라 하는 말하기로 식사, 주례, 회의 등이 있다.
- 친교적 말하기 : 친근한 사람들 사이에서 자연스럽게 주고받는 대화 등을 말한다.

② 의사표현의 방해요인

㉠ 연단공포증 : 연단에 섰을 때 가슴이 두근거리거나 땀이 나고 얼굴이 달아오르는 등의 현상으로 충분한 분석과 준비, 더 많은 말하기 기회 등을 통해 극복할 수 있다.

㉡ 말 : 말의 장단, 고저, 발음, 속도, 쉼 등을 포함한다.

㉢ 음성 : 목소리와 관련된 것으로 음색, 고저, 명료도, 완급 등을 의미한다.

㉣ 몸짓 : 비언어적 요소로 화자의 외모, 표정, 동작 등이다.

㉤ 유머 : 말하기 상황에 따른 적절한 유머를 구사할 수 있어야 한다.

③ 상황과 대상에 따른 의사표현법

    ㉠ 잘못을 지적할 때 : 모호한 표현을 삼가고 확실하게 지적하며, 당장 꾸짖고 있는 내용에만 한정한다.

    ㉡ 칭찬할 때 : 자칫 아부로 여겨질 수 있으므로 센스 있는 칭찬이 필요하다.

    ㉢ 부탁할 때 : 먼저 상대방의 사정을 듣고 응하기 쉽게 구체적으로 부탁하며 거절을 당해도 싫은 내색을 하지 않는다.

    ㉣ 요구를 거절할 때 : 먼저 사과하고 응해줄 수 없는 이유를 설명한다.

    ㉤ 명령할 때 : 강압적인 말투보다는 '○○을 이렇게 해주는 것이 어떻겠습니까?'와 같은 식으로 부드럽게 표현하는 것이 효과적이다.

    ㉥ 설득할 때 : 일방적으로 강요하기보다는 먼저 양보해서 이익을 공유하겠다는 의지를 보여주는 것이 좋다.

    ㉦ 충고할 때 : 충고는 가장 최후의 방법이다. 반드시 충고가 필요한 상황이라면 예화를 들어 비유적으로 깨우쳐주는 것이 바람직하다.

    ㉧ 질책할 때 : 샌드위치 화법(칭찬의 말 + 질책의 말 + 격려의 말)을 사용하여 청자의 반발을 최소화 한다.

예제 5

당신은 팀장님께 업무 지시내용을 수행하고 결과물을 보고 드렸다. 하지만 팀장님께서는 "최대리 업무를 이렇게 처리하면 어떡하나? 누락된 부분이 있지 않은가."라고 말하였다. 이에 대해 당신이 행할 수 있는 가장 부적절한 대처 자세는?

① "죄송합니다. 제가 잘 모르는 부분이라 이수혁 과장님께 부탁을 했는데 과장님께서 실수를 하신 것 같습니다."

② "주의를 기울이지 못해 죄송합니다. 어느 부분을 수정보완하면 될까요?"

③ "지시하신 내용을 제가 충분히 이해하지 못하였습니다. 내용을 다시 한 번 여쭤보아도 되겠습니까?"

④ "부족한 내용을 보완하는 자료를 취합하기 위해서 하루정도가 더 소요될 것 같습니다. 언제까지 재작성하여 드리면 될까요?"

출제의도

상사가 잘못을 지적하는 상황에서 어떻게 대처해야 하는지를 묻는 문항이다.

해 설

상사가 부탁한 지시사항을 다른 사람에게 부탁하는 것은 옳지 못하며 설사 그렇다고 해도 그 일의 과오에 대해 책임을 전가하는 것은 지양해야 할 자세이다.

답 ①

---

④ 원활한 의사표현을 위한 지침

    ㉠ 올바른 화법을 위해 독서를 하라.

    ㉡ 좋은 청중이 되라.

    ㉢ 칭찬을 아끼지 마라.

    ㉣ 공감하고, 긍정적으로 보이게 하라.

    ㉤ 겸손은 최고의 미덕임을 잊지 마라.

    ㉥ 과감하게 공개하라.

ⓢ 뒷말을 숨기지 마라.

ⓞ 첫마디 말을 준비하라.

ⓩ 이성과 감성의 조화를 꾀하라.

ⓒ 대화의 룰을 지켜라.

ⓚ 문장을 완전하게 말하라.

⑤ 설득력 있는 의사표현을 위한 지침

　㉠ 'Yes'를 유도하여 미리 설득 분위기를 조성하라.

　㉡ 대비 효과로 분발심을 불러 일으켜라.

　㉢ 침묵을 지키는 사람의 참여도를 높여라.

　㉣ 여운을 남기는 말로 상대방의 감정을 누그러뜨려라.

　㉤ 하던 말을 갑자기 멈춤으로써 상대방의 주의를 끌어라.

　㉥ 호칭을 바꿔서 심리적 간격을 좁혀라.

　㉦ 끄집어 말하여 자존심을 건드려라.

　㉧ 정보전달 공식을 이용하여 설득하라.

　㉨ 상대방의 불평이 가져올 결과를 강조하라.

　㉩ 권위 있는 사람의 말이나 작품을 인용하라.

　㉪ 약점을 보여 주어 심리적 거리를 좁혀라.

　㉫ 이상과 현실의 구체적 차이를 확인시켜라.

　㉬ 자신의 잘못도 솔직하게 인정하라.

　㉭ 집단의 요구를 거절하려면 개개인의 의견을 물어라.

　ⓐ 동조 심리를 이용하여 설득하라.

　ⓑ 지금까지의 노고를 치하한 뒤 새로운 요구를 하라.

　ⓒ 담당자가 대변자 역할을 하도록 하여 윗사람을 설득하게 하라.

　ⓓ 겉치레 양보로 기선을 제압하라.

　ⓔ 변명의 여지를 만들어 주고 설득하라.

　ⓕ 혼자 말하는 척하면서 상대의 잘못을 지적하라.

(5) 기초외국어능력

① 기초외국어능력의 개념과 필요성

  ㉠ 개념 : 외국어로 된 간단한 자료를 이해하거나, 외국인과의 전화응대와 간단한 대화 등 외국인의 의사표현을 이해하고, 자신의 의사를 기초외국어로 표현할 수 있는 능력이다.

  ㉡ 필요성 : 국제화·세계화 시대에 다른 나라와의 무역을 위해 우리의 언어가 아닌 국제적인 통용어를 사용하거나 그들의 언어로 의사소통을 해야 하는 경우가 생길 수 있다.

② 외국인과의 의사소통에서 피해야 할 행동

  ㉠ 상대를 볼 때 흘겨보거나, 노려보거나, 아예 보지 않는 행동

  ㉡ 팔이나 다리를 꼬는 행동

  ㉢ 표정이 없는 것

  ㉣ 다리를 흔들거나 펜을 돌리는 행동

  ㉤ 맞장구를 치지 않거나 고개를 끄덕이지 않는 행동

  ㉥ 생각 없이 메모하는 행동

  ㉦ 자료만 들여다보는 행동

  ㉧ 바르지 못한 자세로 앉는 행동

  ㉨ 한숨, 하품, 신음소리를 내는 행동

  ㉩ 다른 일을 하며 듣는 행동

  ㉪ 상대방에게 이름이나 호칭을 어떻게 부를지 묻지 않고 마음대로 부르는 행동

③ 기초외국어능력 향상을 위한 공부법

  ㉠ 외국어공부의 목적부터 정하라.

  ㉡ 매일 30분씩 눈과 손과 입에 밸 정도로 반복하라.

  ㉢ 실수를 두려워하지 말고 기회가 있을 때마다 외국어로 말하라.

  ㉣ 외국어 잡지나 원서와 친해져라.

  ㉤ 소홀해지지 않도록 라이벌을 정하고 공부하라.

  ㉥ 업무와 관련된 주요 용어의 외국어는 꼭 알아두자.

  ㉦ 출퇴근 시간에 외국어 방송을 보거나, 듣는 것만으로도 귀가 트인다.

  ㉧ 어린이가 단어를 배우듯 외국어 단어를 암기할 때 그림카드를 사용해 보라.

  ㉨ 가능하면 외국인 친구를 사귀고 대화를 자주 나눠 보라.

1 직장생활과 수리능력

(1) 기초직업능력으로서의 수리능력

① 개념 : 직장생활에서 요구되는 사칙연산과 기초적인 통계를 이해하고 도표의 의미를 파악하거나 도표를 이용해서 결과를 효과적으로 제시하는 능력을 말한다.

② 수리능력은 크게 기초연산능력, 기초통계능력, 도표분석능력, 도표작성능력으로 구성된다.

　㉠ 기초연산능력 : 직장생활에서 필요한 기초적인 사칙연산과 계산방법을 이해하고 활용할 수 있는 능력

　㉡ 기초통계능력 : 평균, 합계, 빈도 등 직장생활에서 자주 사용되는 기초적인 통계기법을 활용하여 자료의 특성과 경향성을 파악하는 능력

　㉢ 도표분석능력 : 그래프, 그림 등 도표의 의미를 파악하고 필요한 정보를 해석하는 능력

　㉣ 도표작성능력 : 도표를 이용하여 결과를 효과적으로 제시하는 능력

(2) 업무수행에서 수리능력이 활용되는 경우

① 업무상 계산을 수행하고 결과를 정리하는 경우

② 업무비용을 측정하는 경우

③ 고객과 소비자의 정보를 조사하고 결과를 종합하는 경우

④ 조직의 예산안을 작성하는 경우

⑤ 업무수행 경비를 제시해야 하는 경우

⑥ 다른 상품과 가격비교를 하는 경우

⑦ 연간 상품 판매실적을 제시하는 경우

⑧ 업무비용을 다른 조직과 비교해야 하는 경우

⑨ 상품판매를 위한 지역조사를 실시해야 하는 경우

⑩ 업무수행과정에서 도표로 주어진 자료를 해석하는 경우

⑪ 도표로 제시된 업무비용을 측정하는 경우

예제 1

다음 자료를 보고 주어진 상황에 대한 물음에 답하시오.

〈근로소득에 대한 간이 세액표〉

월 급여액(천 원) [비과세 및 학자금 제외]		공제대상 가족 수				
이상	미만	1	2	3	4	5
2,500	2,520	38,960	29,280	16,940	13,570	10,190
2,520	2,540	40,670	29,960	17,360	13,990	10,610
2,540	2,560	42,380	30,640	17,790	14,410	11,040
2,560	2,580	44,090	31,330	18,210	14,840	11,460
2,580	2,600	45,800	32,680	18,640	15,260	11,890
2,600	2,620	47,520	34,390	19,240	15,680	12,310
2,620	2,640	49,230	36,100	19,900	16,110	12,730
2,640	2,660	50,940	37,810	20,560	16,530	13,160
2,660	2,680	52,650	39,530	21,220	16,960	13,580
2,680	2,700	54,360	41,240	21,880	17,380	14,010
2,700	2,720	56,070	42,950	22,540	17,800	14,430
2,720	2,740	57,780	44,660	23,200	18,230	14,850
2,740	2,760	59,500	46,370	23,860	18,650	15,280

※ 갑근세는 제시되어 있는 간이 세액표에 따름
※ 주민세＝갑근세의 10%
※ 국민연금＝급여액의 4.50%
※ 고용보험＝국민연금의 10%
※ 건강보험＝급여액의 2.90%
※ 교육지원금＝분기별 100,000원(매 분기별 첫 달에 지급)

박○○ 사원의 5월 급여내역이 다음과 같고 전월과 동일하게 근무하였으나, 특별수당은 없고 차량지원금으로 100,000원을 받게 된다면, 6월에 받게 되는 급여는 얼마인가? (단, 원 단위 절삭)

(주) 서원플랜테크 5월 급여내역			
성명	박○○	지급일	5월 12일
기본급여	2,240,000	갑근세	39,530
직무수당	400,000	주민세	3,950
명절 상여금		고용보험	11,970
특별수당	20,000	국민연금	119,700
차량지원금		건강보험	77,140
교육지원		기타	
급여계	2,660,000	공제합계	252,290
		지급총액	2,407,710

① 2,443,910

③ 2,463,910

② 2,453,910

④ 2,473,910

해 설

기본급여	2,240,000	갑근세	46,370
직무수당	400,000	주민세	4,630
명절상여금		고용보험	12,330
특별수당		국민연금	123,300
차량지원금	100,000	건강보험	79,460
교육지원		기타	
급여계	2,740,000	공제합계	266,090
		지급총액	2,473,910

답 ④

(3) 수리능력의 중요성

① 수학적 사고를 통한 문제해결

② 직업세계의 변화에의 적응

③ 실용적 가치의 구현

(4) 단위환산표

구분	단위환산
길이	$1\text{cm} = 10\text{mm}$, $1\text{m} = 100\text{cm}$, $1\text{km} = 1,000\text{m}$
넓이	$1\text{cm}^2 = 100\text{mm}^2$, $1\text{m}^2 = 10,000\text{cm}^2$, $1\text{km}^2 = 1,000,000\text{m}^2$
부피	$1\text{cm}^3 = 1,000\text{mm}^3$, $1\text{m}^3 = 1,000,000\text{cm}^3$, $1\text{km}^3 = 1,000,000,000\text{m}^3$
들이	$1\text{m}\ell = 1\text{cm}^3$, $1\text{d}\ell = 100\text{cm}^3$, $1\text{L} = 1,000\text{cm}^3 = 10\text{d}\ell$
무게	$1\text{kg} = 1,000\text{g}$, $1\text{t} = 1,000\text{kg} = 1,000,000\text{g}$
시간	1분 $= 60$초, 1시간 $= 60$분 $= 3,600$초
할푼리	1푼 $= 0.1$할, 1리 $= 0.01$할, 1모 $= 0.001$할

예제 2

둘레의 길이가 4.4km인 정사각형 모양의 공원이 있다. 이 공원의 넓이는 몇 a 인가?

① 12,100a

② 1,210a

③ 121a

④ 12.1a

출제의도

길이, 넓이, 부피, 들이, 무게, 시간, 속도 등 단위에 대한 기본적인 환산 능력을 평가하는 문제로서, 소수점 계산이 필요하며, 자릿수를 읽고 구분할 줄 알아야 한다.

해 설

공원의 한 변의 길이는
$4.4 \div 4 = 1.1(\text{km})$이고
$1\text{km}^2 = 10,000\text{a}$이므로
공원의 넓이는
$1.1\text{km} \times 1.1\text{km} = 1.21\text{km}^2 = 12,100\text{a}$

답 ①

② 수리능력을 구성하는 하위능력

(1) 기초연산능력

① 사칙연산 : 수에 관한 덧셈, 뺄셈, 곱셈, 나눗셈의 네 종류의 계산법으로 업무를 원활하게 수행하기 위해서는 기본적인 사칙연산뿐만 아니라 다단계의 복잡한 사칙연산까지도 수행할 수 있어야 한다.

② 검산 : 연산의 결과를 확인하는 과정으로 대표적인 검산방법으로 역연산과 구거법이 있다.

　　㉠ 역연산 : 덧셈은 뺄셈으로, 뺄셈은 덧셈으로, 곱셈은 나눗셈으로, 나눗셈은 곱셈으로 확인하는 방법이다.

　　㉡ 구거법 : 원래의 수와 각 자리 수의 합이 9로 나눈 나머지가 같다는 원리를 이용한 것으로 9를 버리고 남은 수로 계산하는 것이다.

예제 3

다음 식을 바르게 계산한 것은?

$$1 + \frac{2}{3} + \frac{1}{2} - \frac{3}{4}$$

① $\dfrac{13}{12}$　　　　　　　② $\dfrac{15}{12}$

③ $\dfrac{17}{12}$　　　　　　　④ $\dfrac{19}{12}$

출제의도

직장생활에서 필요한 기초적인 사칙연산과 계산방법을 이해하고 활용할 수 있는 능력을 평가하는 문제로서, 분수의 계산과 통분에 대한 기본적인 이해가 필요하다.

해 설

$$\frac{12}{12} + \frac{8}{12} + \frac{6}{12} - \frac{9}{12} = \frac{17}{12}$$

답 ③

---

(2) 기초통계능력

① 업무수행과 통계

　　㉠ 통계의 의미 : 통계란 집단현상에 대한 구체적인 양적 기술을 반영하는 숫자이다.

　　㉡ 업무수행에 통계를 활용함으로써 얻을 수 있는 이점

　　　• 많은 수량적 자료를 처리가능하고 쉽게 이해할 수 있는 형태로 축소

　　　• 표본을 통해 연구대상 집단의 특성을 유추

　　　• 의사결정의 보조수단

　　　• 관찰 가능한 자료를 통해 논리적으로 결론을 추출·검증

© 기본적인 통계치

- 빈도와 빈도분포 : 빈도란 어떤 사건이 일어나거나 증상이 나타나는 정도를 의미하며, 빈도분포란 빈도를 표나 그래프로 종합적으로 표시하는 것이다.
- 평균 : 모든 사례의 수치를 합한 후 총 사례 수로 나눈 값이다.
- 백분율 : 전체의 수량을 100으로 하여 생각하는 수량이 그중 몇이 되는가를 퍼센트로 나타낸 것이다.

② 통계기법

㉠ 범위와 평균

- 범위 : 분포의 흩어진 정도를 가장 간단히 알아보는 방법으로 최곳값에서 최젓값을 뺀 값을 의미한다.
- 평균 : 집단의 특성을 요약하기 위해 가장 자주 활용하는 값으로 모든 사례의 수치를 합한 후 총 사례 수로 나눈 값이다.
- 관찰값이 1, 3, 5, 7, 9일 경우 범위는 $9 - 1 = 8$이 되고, 평균은 $\dfrac{1+3+5+7+9}{5} = 5$가 된다.

㉡ 분산과 표준편차

- 분산 : 관찰값의 흩어진 정도로, 각 관찰값과 평균값의 차의 제곱의 평균이다.
- 표준편차 : 평균으로부터 얼마나 떨어져 있는가를 나타내는 개념으로 분산값의 제곱근 값이다.
- 관찰값이 1, 2, 3이고 평균이 2인 집단의 분산은 $\dfrac{(1-2)^2+(2-2)^2+(3-2)^2}{3} = \dfrac{2}{3}$이고 표준편차는 분산값의 제곱근 값인 $\sqrt{\dfrac{2}{3}}$ 이다.

③ 통계자료의 해석

㉠ 다섯숫자요약

- 최솟값 : 원자료 중 값의 크기가 가장 작은 값
- 최댓값 : 원자료 중 값의 크기가 가장 큰 값
- 중앙값 : 최솟값부터 최댓값까지 크기에 의하여 배열했을 때 중앙에 위치하는 사례의 값
- 하위 25%값 · 상위 25%값 : 원자료를 크기 순으로 배열하여 4등분한 값

㉡ 평균값과 중앙값 : 평균값과 중앙값은 그 개념이 다르기 때문에 명확하게 제시해야 한다.

인터넷 쇼핑몰에서 회원가입을 하고 디지털캠코더를 구매하려고 한다. 다음은 구입하고자 하는 모델에 대하여 인터넷 쇼핑몰 세 곳의 가격과 조건을 제시한 표이다. 표에 있는 모든 혜택을 적용하였을 때 디지털캠코더의 배송비를 포함한 실제 구매가격을 바르게 비교한 것은?

구분	A 쇼핑몰	B 쇼핑몰	C 쇼핑몰
정상가격	129,000원	131,000원	130,000원
회원혜택	7,000원 할인	3,500원 할인	7% 할인
할인쿠폰	5% 쿠폰	3% 쿠폰	5,000원
중복할인여부	불가	가능	불가
배송비	2,000원	무료	2,500원

① A<B<C
② B<C<A
③ C<A<B
④ C<B<A

해 설

㉠ A 쇼핑몰
  • 회원혜택을 선택한 경우 : 129,000 $-7,000+2,000=124,000$(원)
  • 5% 할인쿠폰을 선택한 경우 : $129,000 \times 0.95+2,000=124,550$
㉡ B 쇼핑몰 : $131,000 \times 0.97-3,500=123,570$
㉢ C 쇼핑몰
  • 회원혜택을 선택한 경우 : $130,000 \times 0.93+2,500=123,400$
  • 5,000원 할인쿠폰을 선택한 경우 : $130,000-5,000+2,500 =127,500$
∴ C<B<A

답 ④

(3) 도표분석능력

① 도표의 종류

  ㉠ 목적별 : 관리(계획 및 통제), 해설(분석), 보고

  ㉡ 용도별 : 경과 그래프, 내역 그래프, 비교 그래프, 분포 그래프, 상관 그래프, 계산 그래프

  ㉢ 형상별 : 선 그래프, 막대 그래프, 원 그래프, 점 그래프, 층별 그래프, 레이더 차트

② 도표의 활용

　㉠ 선 그래프

　　• 주로 시간의 경과에 따라 수량에 의한 변화 상황(시계열 변화)을 절선의 기울기로 나타내는 그래프이다.

　　• 경과, 비교, 분포를 비롯하여 상관관계 등을 나타낼 때 쓰인다.

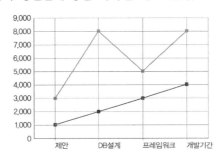

　㉡ 막대 그래프

　　• 비교하고자 하는 수량을 막대 길이로 표시하고 그 길이를 통해 수량 간의 대소관계를 나타내는 그래프이다.

　　• 내역, 비교, 경과, 도수 등을 표시하는 용도로 쓰인다.

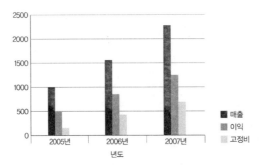

　㉢ 원 그래프

　　• 내역이나 내용의 구성비를 원을 분할하여 나타낸 그래프이다.

　　• 전체에 대해 부분이 차지하는 비율을 표시하는 용도로 쓰인다.

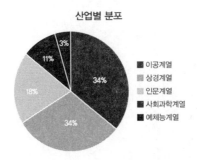

ⓔ 점 그래프

- 종축과 횡축에 2요소를 두고 보고자 하는 것이 어떤 위치에 있는가를 나타내는 그래프이다.
- 지역분포를 비롯하여 도시, 기방, 기업, 상품 등의 평가나 위치ㆍ성격을 표시하는데 쓰인다.

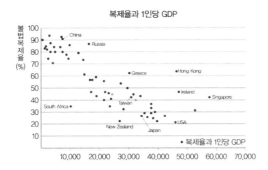

ⓜ 증별 그래프

- 선 그래프의 변형으로 연속내역 봉 그래프라고 할 수 있다. 선과 선 사이의 크기로 데이터 변화를 나타낸다.
- 합계와 부분의 크기를 백분율로 나타내고 시간적 변화를 보고자 할 때나 합계와 각 부분의 크기를 실수로 나타내고 시간적 변화를 보고자 할 때 쓰인다.

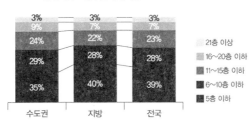

ⓗ 레이더 차트(거미줄 그래프)

- 원 그래프의 일종으로 비교하는 수량을 직경, 또는 반경으로 나누어 원의 중심에서의 거리에 따라 각 수량의 관계를 나타내는 그래프이다.
- 비교하거나 경과를 나타내는 용도로 쓰인다.

③ 도표 해석상의 유의사항

    ㉠ 요구되는 지식의 수준을 넓힌다.

    ㉡ 도표에 제시된 자료의 의미를 정확히 숙지한다.

    ㉢ 도표로부터 알 수 있는 것과 없는 것을 구별한다.

    ㉣ 총량의 증가와 비율의 증가를 구분한다.

    ㉤ 백분위수와 사분위수를 정확히 이해하고 있어야 한다.

예제 5

다음 표는 2009 ~ 2010년 지역별 직장인들의 자기개발에 관해 조사한 내용을 정리한 것이다. 이에 대한 분석으로 옳은 것은?

(단위 : %)

연도 구분 지역	2009				2010			
	자기 개발 하고 있음	자기개발 비용 부담 주체			자기 개발 하고 있음	자기개발 비용 부담 주체		
		직장 100%	본인 100%	직장50% + 본인50%		직장 100%	본인 100%	직장50% + 본인50%
충청도	36.8	8.5	88.5	3.1	45.9	9.0	65.5	24.5
제주도	57.4	8.3	89.1	2.9	68.5	7.9	68.3	23.8
경기도	58.2	12	86.3	2.6	71.0	7.5	74.0	18.5
서울시	60.6	13.4	84.2	2.4	72.7	11.0	73.7	15.3
경상도	40.5	10.7	86.1	3.2	51.0	13.6	74.9	11.6

① 2009년과 2010년 모두 자기개발 비용을 본인이 100% 부담하는 사람의 수는 응답자의 절반 이상이다.

② 자기개발을 하고 있다고 응답한 사람의 수는 2009년과 2010년 모두 서울시가 가장 많다.

③ 자기개발 비용을 직장과 본인이 각각 절반씩 부담하는 사람의 비율은 2009년과 2010년 모두 서울시가 가장 높다.

④ 2009년과 2010년 모두 자기개발을 하고 있다고 응답한 비율이 가장 높은 지역에서 자기개발비용을 직장이 100% 부담한다고 응답한 사람의 비율이 가장 높다.

출제의도

그래프, 그림, 도표 등 주어진 자료를 이해하고 의미를 파악하여 필요한 정보를 해석하는 능력을 평가하는 문제이다.

해 설

② 지역별 인원수가 제시되어 있지 않으므로, 각 지역별 응답자 수는 알 수 없다.

③ 2009년에는 경상도에서, 2010년에는 충청도에서 가장 높은 비율을 보인다.

④ 2009년과 2010년 모두 '자기개발을 하고 있다'고 응답한 비율이 가장 높은 지역은 서울시이며, 2010년의 경우 자기개발 비용을 직장이 100% 부담한다고 응답한 사람의 비율이 가장 높은 지역은 경상도이다.

답 ①

(4) 도표작성능력

① 도표작성 절차

 ㉠ 어떠한 도표로 작성할 것인지를 결정

 ㉡ 가로축과 세로축에 나타낼 것을 결정

 ㉢ 한 눈금의 크기를 결정

 ㉣ 자료의 내용을 가로축과 세로축이 만나는 곳에 표현

 ㉤ 표현한 점들을 선분으로 연결

 ㉥ 도표의 제목을 표기

② 도표작성 시 유의사항

 ㉠ 선 그래프 작성 시 유의점

  • 세로축에 수량, 가로축에 명칭구분을 제시한다.

  • 선의 높이에 따라 수치를 파악하는 경우가 많으므로 세로축의 눈금을 가로축보다 크게 하는 것이 효과적이다.

  • 선이 두 종류 이상일 경우 반드시 그 명칭을 기입한다.

 ㉡ 막대 그래프 작성 시 유의점

  • 막대 수가 많을 경우에는 눈금선을 기입하는 것이 알아보기 쉽다.

  • 막대의 폭은 모두 같게 하여야 한다.

 ㉢ 원 그래프 작성 시 유의점

  • 정각 12시의 선을 기점으로 오른쪽으로 그리는 것이 보통이다.

  • 분할선은 구성비율이 큰 순서로 그린다.

 ㉣ 층별 그래프 작성 시 유의점

  • 눈금은 선 그래프나 막대 그래프보다 적게 하고 눈금선은 넣지 않는다.

  • 층별로 색이나 모양이 완전히 다른 것이어야 한다.

  • 같은 항목은 옆에 있는 층과 선으로 연결하여 보기 쉽도록 한다.

❶ 문제와 문제해결

(1) 문제의 정의와 분류

① 정의 : 업무를 수행함에 있어서 답을 요구하는 질문이나 의논하여 해결해야 되는 사항이다.

② 문제의 분류

구분	창의적 문제	분석적 문제
문제제시 방법	현재 문제가 없더라도 보다 나은 방법을 찾기 위한 문제 탐구→문제 자체가 명확하지 않음	현재의 문제점이나 미래의 문제로 예견될 것에 대한 문제 탐구→문제 자체가 명확함
해결방법	창의력에 의한 많은 아이디어의 작성을 통해 해결	분석, 논리, 귀납과 같은 논리적 방법을 통해 해결
해답 수	해답의 수가 많으며, 많은 답 가운데 보다 나은 것을 선택	답의 수가 적으며 한정되어 있음
주요특징	주관적, 직관적, 감각적, 정성적, 개별적, 특수성	객관적, 논리적, 정량적, 이성적, 일반적, 공통성

(2) 업무수행과정에서 발생하는 문제 유형

① 발생형 문제(보이는 문제) : 현재 직면하여 해결하기 위해 고민하는 문제이다. 원인이 내재되어 있기 때문에 원인지향적인 문제라고도 한다.

    ㉠ 일탈문제 : 어떤 기준을 일탈함으로써 생기는 문제

    ㉡ 미달문제 : 어떤 기준에 미달하여 생기는 문제

② 탐색형 문제(찾는 문제) : 현재의 상황을 개선하거나 효율을 높이기 위한 문제이다. 방치할 경우 큰 손실이 따르거나 해결할 수 없는 문제로 나타나게 된다.

    ㉠ 잠재문제 : 문제가 잠재되어 있어 인식하지 못하다가 확대되어 해결이 어려운 문제

    ㉡ 예측문제 : 현재로는 문제가 없으나 현 상태의 진행 상황을 예측하여 찾아야 앞으로 일어날 수 있는 문제가 보이는 문제

    ㉢ 발견문제 : 현재로서는 담당 업무에 문제가 없으나 선진기업의 업무 방법 등 보다 좋은 제도나 기법을 발견하여 개선시킬 수 있는 문제

③ 설정형 문제(미래 문제) : 장래의 경영전략을 생각하는 것으로 앞으로 어떻게 할 것인가 하는 문제이다. 문제해결에 창조적인 노력이 요구되어 창조적 문제라고도 한다.

예제 1

D회사 신입사원으로 입사한 귀하는 신입사원 교육에서 업무수행과정에서 발생하는 문제 유형 중 설정형 문제를 하나씩 찾아오라는 지시를 받았다. 이에 대해 귀하는 교육받은 내용을 다시 복습하려고 한다. 설정형 문제에 해당하는 것은?

① 현재 직면하여 해결하기 위해 고민하는 문제
② 현재의 상황을 개선하거나 효율을 높이기 위한 문제
③ 앞으로 어떻게 할 것인가 하는 문제
④ 원인이 내재되어 있는 원인지향적인 문제

출제의도

업무수행 중 문제가 발생하였을 때 문제 유형을 구분하는 능력을 측정하는 문항이다.

해 설

업무수행과정에서 발생하는 문제 유형으로는 발생형 문제, 탐색형 문제, 설정형 문제가 있으며 ①④는 발생형 문제이며 ②는 탐색형 문제, ③이 설정형 문제이다.

답 ③

(3) 문제해결

① 정의 : 목표와 현상을 분석하고 이 결과를 토대로 과제를 도출하여 최적의 해결책을 찾아 실행·평가해 가는 활동이다.

② 문제해결에 필요한 기본적 사고

　㉠ 전략적 사고 : 문제와 해결방안이 상위 시스템과 어떻게 연결되어 있는지를 생각한다.

　㉡ 분석적 사고 : 전체를 각각의 요소로 나누어 그 의미를 도출하고 우선순위를 부여하여 구체적인 문제해결방법을 실행한다.

　㉢ 발상의 전환 : 인식의 틀을 전환하여 새로운 관점으로 바라보는 사고를 지향한다.

　㉣ 내·외부자원의 활용 : 기술, 재료, 사람 등 필요한 자원을 효과적으로 활용한다.

③ 문제해결의 장애요소

　㉠ 문제를 철저하게 분석하지 않는 경우

　㉡ 고정관념에 얽매이는 경우

　㉢ 쉽게 떠오르는 단순한 정보에 의지하는 경우

　㉣ 너무 많은 자료를 수집하려고 노력하는 경우

④ 문제해결방법

　㉠ 소프트 어프로치 : 문제해결을 위해서 직접적인 표현보다는 무언가를 시사하거나 암시를 통하여 의사를 전달하여 문제해결을 도모하고자 한다.

　㉡ 하드 어프로치 : 상이한 문화적 토양을 가지고 있는 구성원을 가정하고, 서로의 생각을 직설적으로 주장하고 논쟁이나 협상을 통해 서로의 의견을 조정해 가는 방법이다.

ⓒ 퍼실리테이션(facilitation) : 촉진을 의미하며 어떤 그룹이나 집단이 의사결정을 잘 하도록 도와주는 일을 의미한다.

② 문제해결능력을 구성하는 하위능력

(1) 사고력

① 창의적 사고 : 개인이 가지고 있는 경험과 지식을 통해 새로운 가치 있는 아이디어를 산출하는 사고능력이다.

　㉠ 창의적 사고의 특징
　　• 정보와 정보의 조합
　　• 사회나 개인에게 새로운 가치 창출
　　• 창조적인 가능성

예제 2

M사 홍보팀에서 근무하고 있는 귀하는 입사 5년차로 창의적인 기획안을 제출하기로 유명하다. S부장은 이번 신입사원 교육 때 귀하에게 창의적인 사고란 무엇인지 교육을 맡아달라고 부탁하였다. 창의적인 사고에 대한 귀하의 설명으로 옳지 않은 것은?

① 창의적인 사고는 새롭고 유용한 아이디어를 생산해 내는 정신적인 과정이다.
② 창의적인 사고는 특별한 사람들만이 할 수 있는 대단한 능력이다.
③ 창의적인 사고는 기존의 정보들을 특정한 요구조건에 맞거나 유용하도록 새롭게 조합시킨 것이다.
④ 창의적인 사고는 통상적인 것이 아니라 기발하거나, 신기하며 독창적인 것이다.

출제의도

창의적 사고에 대한 개념을 정확히 파악하고 있는지를 묻는 문항이다.

해 설

흔히 사람들은 창의적인 사고에 대해 특별한 사람들만이 할 수 있는 대단한 능력이라고 생각하지만 그리 대단한 능력이 아니며 이미 알고 있는 경험과 지식을 해체하여 다시 새로운 정보로 결합하여 가치 있는 아이디어를 산출하는 사고라고 할 수 있다.

 답 ②

　㉡ 발산적 사고 : 창의적 사고를 위해 필요한 것으로 자유연상법, 강제연상법, 비교발상법 등을 통해 개발할 수 있다.

구분	내용
자유연상법	생각나는 대로 자유롭게 발상 ex) 브레인스토밍
강제연상법	각종 힌트에 강제적으로 연결 지어 발상 ex) 체크리스트
비교발상법	주제의 본질과 닮은 것을 힌트로 발상 ex) NM법, Synectics

POINT 브레인스토밍

    ⊙ 진행방법

- 주제를 구체적이고 명확하게 정한다.
- 구성원의 얼굴을 볼 수 있는 좌석 배치와 큰 용지를 준비한다.
- 구성원들의 다양한 의견을 도출할 수 있는 사람을 리더로 선출한다.
- 구성원은 다양한 분야의 사람들로 5~8명 정도로 구성한다.
- 발언은 누구나 자유롭게 할 수 있도록 하며, 모든 발언 내용을 기록한다.
- 아이디어에 대한 평가는 비판해서는 안 된다.

    ⓛ 4대 원칙

- 비판엄금(Support) : 평가 단계 이전에 결코 비판이나 판단을 해서는 안 되며 평가는 나중까지 유보한다.
- 자유분방(Silly) : 무엇이든 자유롭게 말하고 이런 바보 같은 소리를 해서는 안 된다는 등의 생각은 하지 않아야 한다.
- 질보다 양(Speed) : 질에는 관계없이 가능한 많은 아이디어들을 생성해내도록 격려한다.
- 결합과 개선(Synergy) : 다른 사람의 아이디어에 자극되어 보다 좋은 생각이 떠오르고, 서로 조합하면 재미있는 아이디어가 될 것 같은 생각이 들면 즉시 조합시킨다.

② 논리적 사고 : 사고의 전개에 있어 전후의 관계가 일치하고 있는가를 살피고 아이디어를 평가하는 사고능력이다.

    ⊙ 논리적 사고를 위한 5가지 요소 : 생각하는 습관, 상대 논리의 구조화, 구체적인 생각, 타인에 대한 이해, 설득

    ⓛ 논리적 사고 개발 방법

- 피라미드 구조 : 하위의 사실이나 현상부터 사고하여 상위의 주장을 만들어가는 방법
- so what기법 : '그래서 무엇이지?'하고 자문자답하여 주어진 정보로부터 가치 있는 정보를 이끌어 내는 사고 기법

③ 비판적 사고 : 어떤 주제나 주장에 대해서 적극적으로 분석하고 종합하며 평가하는 능동적인 사고이다.

    ⊙ 비판적 사고 개발 태도 : 비판적 사고를 개발하기 위해서는 지적 호기심, 객관성, 개방성, 융통성, 지적 회의성, 지적 정직성, 체계성, 지속성, 결단성, 다른 관점에 대한 존중과 같은 태도가 요구된다.

    ⓛ 비판적 사고를 위한 태도

- 문제의식 : 비판적인 사고를 위해서 가장 먼저 필요한 것은 바로 문제의식이다. 자신이 지니고 있는 문제와 목적을 확실하고 정확하게 파악하는 것이 비판적인 사고의 시작이다.
- 고정관념 타파 : 지각의 폭을 넓히는 일은 정보에 대한 개방성을 가지고 편견을 갖지 않는 것으로 고정관념을 타파하는 일이 중요하다.

(2) 문제처리능력과 문제해결절차

① 문제처리능력 : 목표와 현상을 분석하고 이를 토대로 문제를 도출하여 최적의 해결책을 찾아 실행·평가하는 능력이다.

② 문제해결절차 : 문제 인식 → 문제 도출 → 원인 분석 → 해결안 개발 → 실행 및 평가

   ㉠ 문제 인식 : 문제해결과정 중 'what'을 결정하는 단계로 환경 분석 → 주요 과제 도출 → 과제 선정의 절차를 통해 수행된다.

    • 3C 분석 : 환경 분석 방법의 하나로 사업환경을 구성하고 있는 요소인 자사(Company), 경쟁사(Competitor), 고객(Customer)을 분석하는 것이다.

예제 3

L사에서 주력 상품으로 밀고 있는 TV의 판매 이익이 감소하고 있는 상황에서 귀하는 B부장으로부터 3C분석을 통해 해결방안을 강구해 오라는 지시를 받았다. 다음 중 3C에 해당하지 않는 것은?

① Customer   ② Company
③ Competitor   ④ Content

출제의도

3C의 개념과 구성요소를 정확히 숙지하고 있는지를 측정하는 문항이다.

해 설

3C 분석에서 사업 환경을 구성하고 있는 요소인 자사(Company), 경쟁사(Competitor), 고객을 3C(Customer)라고 한다. 3C 분석에서 고객 분석에서는 '고객은 자사의 상품·서비스에 만족하고 있는지'를, 자사 분석에서는 '자사가 세운 달성목표와 현상 간에 차이가 없는지'를, 경쟁사 분석에서는 '경쟁기업의 우수한 점과 자사의 현상과 차이가 없는지'에 대한 질문을 통해서 환경을 분석하게 된다.

답 ④

    • SWOT 분석 : 기업내부의 강점과 약점, 외부환경의 기회와 위협요인을 분석·평가하여 문제해결방안을 개발하는 방법이다.

		내부환경요인	
		강점(Strengths)	약점(Weaknesses)
외부환경요인	기회 (Opportunities)	SO 내부강점과 외부기회 요인을 극대화	WO 외부기회를 이용하여 내부약점을 강점으로 전환
	위협 (Threat)	ST 외부위협을 최소화하기 위해 내부강점을 극대화	WT 내부약점과 외부위협을 최소화

ⓛ 문제 도출 : 선정된 문제를 분석하여 해결해야 할 것이 무엇인지를 명확히 하는 단계로, 문제 구조 파악 → 핵심 문제 선정 단계를 거쳐 수행된다.

• Logic Tree : 문제의 원인을 파고들거나 해결책을 구체화할 때 제한된 시간 안에서 넓이와 깊이를 추구하는데 도움이 되는 기술로 주요 과제를 나무모양으로 분해·정리하는 기술이다.

ⓒ 원인 분석 : 문제 도출 후 파악된 핵심 문제에 대한 분석을 통해 근본 원인을 찾는 단계로 Issue 분석 → Data 분석 → 원인 파악의 절차로 진행된다.

ⓔ 해결안 개발 : 원인이 밝혀지면 이를 효과적으로 해결할 수 있는 다양한 해결안을 개발하고 최선의 해결안을 선택하는 것이 필요하다.

ⓜ 실행 및 평가 : 해결안 개발을 통해 만들어진 실행계획을 실제 상황에 적용하는 활동으로 실행계획 수립 → 실행 → Follow-up의 절차로 진행된다.

예제 4

C사는 최근 국내 매출이 지속적으로 하락하고 있어 사내 분위기가 심상치 않다. 이에 대해 Y부장은 이 문제를 극복하고자 문제처리 팀을 구성하여 해결방안을 모색하도록 지시하였다. 문제처리 팀의 문제해결 절차를 올바른 순서로 나열한 것은?

① 문제 인식 → 원인 분석 → 해결안 개발 → 문제 도출 → 실행 및 평가
② 문제 도출 → 문제 인식 → 해결안 개발 → 원인 분석 → 실행 및 평가
③ 문제 인식 → 원인 분석 → 문제 도출 → 해결안 개발 → 실행 및 평가
④ 문제 인식 → 문제 도출 → 원인 분석 → 해결안 개발 → 실행 및 평가

출제의도

실제 업무 상황에서 문제가 일어났을 때 해결 절차를 알고 있는지를 측정하는 문항이다.

해설

일반적인 문제해결절차는 '문제 인식 → 문제 도출 → 원인 분석 → 해결안 개발 → 실행 및 평가'로 이루어진다.

답 ④

1 정보화사회와 정보능력

(1) 정보와 정보화사회

① 자료 · 정보 · 지식

구분	특징
자료(Data)	객관적 실제의 반영이며, 그것을 전달할 수 있도록 기호화한 것
정보(Information)	자료를 특정한 목적과 문제해결에 도움이 되도록 가공한 것
지식(Knowledge)	정보를 집적하고 체계화하여 장래의 일반적인 사항에 대비해 보편성을 갖도록 한 것

② 정보화사회 : 필요로 하는 정보가 사회의 중심이 되는 사회

(2) 업무수행과 정보능력

① 컴퓨터의 활용 분야

　㉠ 기업 경영 분야에서의 활용 : 판매, 회계, 재무, 인사 및 조직관리, 금융 업무 등

　㉡ 행정 분야에서의 활용 : 민원처리, 각종 행정 통계 등

　㉢ 산업 분야에서의 활용 : 공장 자동화, 산업용 로봇, 판매시점 관리시스템(POS) 등

　㉣ 기타 분야에서의 활용 : 교육, 연구소, 출판, 가정, 도서관, 예술 분야 등

② 정보처리과정

　㉠ 정보 활용 절차 : 기획 → 수집 → 관리 → 활용

　㉡ 5W2H : 정보 활용의 전략적 기획

　　• WHAT(무엇을?) : 정보의 입수대상을 명확히 한다.

　　• WHERE(어디에서?) : 정보의 소스(정보원)를 파악한다.

　　• WHEN(언제까지) : 정보의 요구(수집)시점을 고려한다.

　　• WHY(왜?) : 정보의 필요목적을 염두에 둔다.

　　• WHO(누가?) : 정보활동의 주체를 확정한다.

　　• HOW(어떻게) : 정보의 수집방법을 검토한다.

　　• HOW MUCH(얼마나?) : 정보수집의 비용성(효용성)을 중시한다.

5W2H는 정보를 전략적으로 수집·활용할 때 주로 사용하는 방법이다. 5W2H에 대한 설명으로 옳지 않은 것은?

① WHAT : 정보의 수집방법을 검토한다.
② WHERE : 정보의 소스(정보원)를 파악한다.
③ WHEN : 정보의 요구(수집)시점을 고려한다.
④ HOW : 정보의 수집방법을 검토한다.

방대한 정보들 중 꼭 필요한 정보와 수집 방법 등을 전략적으로 기획하고 정보수집이 이루어질 때 효과적인 정보 수집이 가능해진다. 5W2H는 이러한 전략적 정보 활용 기획의 방법으로 그 개념을 이해하고 있는지를 묻는 질문이다.

5W2H의 'WHAT'은 정보의 입수대상을 명확히 하는 것이다. 정보의 수집방법을 검토하는 것은 HOW(어떻게)에 해당되는 내용이다.

답 ①

(3) 사이버공간에서 지켜야 할 예절

① 인터넷의 역기능

ㄱ 불건전 정보의 유통

ㄴ 개인 정보 유출

ㄷ 사이버 성폭력

ㄹ 사이버 언어폭력

ㅁ 언어 훼손

ㅂ 인터넷 중독

ㅅ 불건전한 교제

ㅇ 저작권 침해

② 네티켓(netiquette) : 네트워크(network) + 에티켓(etiquette)

(4) 정보의 유출에 따른 피해사례

① 개인정보의 종류

    ㉠ 일반 정보 : 이름, 주민등록번호, 운전면허정보, 주소, 전화번호, 생년월일, 출생지, 본적지, 성별, 국적 등

    ㉡ 가족 정보 : 가족의 이름, 직업, 생년월일, 주민등록번호, 출생지 등

    ㉢ 교육 및 훈련 정보 : 최종학력, 성적, 기술자격증/전문면허증, 이수훈련 프로그램, 서클 활동, 상벌사항, 성격/행태보고 등

    ㉣ 병역 정보 : 군번 및 계급, 제대유형, 주특기, 근무부대 등

    ㉤ 부동산 및 동산 정보 : 소유주택 및 토지, 자동차, 저축현황, 현금카드, 주식 및 채권, 수집품, 고가의 예술품 등

    ㉥ 소득 정보 : 연봉, 소득의 원천, 소득세 지불 현황 등

    ㉦ 기타 수익 정보 : 보험가입현황, 수익자, 회사의 판공비 등

    ㉧ 신용 정보 : 대부상황, 저당, 신용카드, 담보설정 여부 등

    ㉨ 고용 정보 : 고용주, 회사주소, 상관의 이름, 직무수행 평가 기록, 훈련기록, 상벌기록 등

    ㉩ 법적 정보 : 전과기록, 구속기록, 이혼기록 등

    ㉪ 의료 정보 : 가족병력기록, 과거 의료기록, 신체장애, 혈액형 등

    ㉫ 조직 정보 : 노조가입, 정당가입, 클럽회원, 종교단체 활동 등

    ㉬ 습관 및 취미 정보 : 흡연/음주량, 여가활동, 도박성향, 비디오 대여기록 등

② 개인정보 유출방지 방법

    ㉠ 회원 가입 시 이용 약관을 읽는다.

    ㉡ 이용 목적에 부합하는 정보를 요구하는지 확인한다.

    ㉢ 비밀번호는 정기적으로 교체한다.

    ㉣ 정체불명의 사이트는 멀리한다.

    ㉤ 가입 해지 시 정보 파기 여부를 확인한다.

    ㉥ 남들이 쉽게 유추할 수 있는 비밀번호는 자제한다.

2 정보능력을 구성하는 하위능력

(1) 컴퓨터활용능력

① 인터넷 서비스 활용

　㉠ 전자우편(E-mail) 서비스 : 정보 통신망을 이용하여 다른 사용자들과 편지나 여러 정보를 주고받는 통신 방법

　㉡ 인터넷 디스크/웹 하드 : 웹 서버에 대용량의 저장 기능을 갖추고 사용자가 개인용 컴퓨터의 하드 디스크와 같은 기능을 인터넷을 통하여 이용할 수 있게 하는 서비스

　㉢ 메신저 : 인터넷에서 실시간으로 메시지와 데이터를 주고받을 수 있는 소프트웨어

　㉣ 전자상거래 : 인터넷을 통해 상품을 사고팔거나 재화나 용역을 거래하는 사이버 비즈니스

② 정보검색 : 여러 곳에 분산되어 있는 수많은 정보 중에서 특정 목적에 적합한 정보만을 신속하고 정확하게 찾아내어 수집, 분류, 축적하는 과정

　㉠ 검색엔진의 유형

　　• 키워드 검색 방식 : 찾고자 하는 정보와 관련된 핵심적인 언어인 키워드를 직접 입력하여 이를 검색 엔진에 보내어 검색 엔진이 키워드와 관련된 정보를 찾는 방식

　　• 주제별 검색 방식 : 인터넷상에 존재하는 웹 문서들을 주제별, 계층별로 정리하여 데이터베이스를 구축한 후 이용하는 방식

　　• 통합형 검색방식 : 사용자가 입력하는 검색어들이 연계된 다른 검색 엔진에게 보내고 이를 통하여 얻어진 검색 결과를 사용자에게 보여주는 방식

　㉡ 정보 검색 연산자

기호	연산자	검색조건
*, &	AND	두 단어가 모두 포함된 문서를 검색
|	OR	두 단어가 모두 포함되거나 두 단어 중에서 하나만 포함된 문서를 검색
-, !	NOT	'-' 기호나 '!' 기호 다음에 오는 단어는 포함하지 않는 문서를 검색
~, near	인접검색	앞/뒤의 단어가 가깝게 있는 문서를 검색

③ 소프트웨어의 활용

　㉠ 워드프로세서

　　• 특징 : 문서의 내용을 화면으로 확인하면서 쉽게 수정 가능, 문서 작성 후 인쇄 및 저장 가능, 글이나 그림의 입력 및 편집 가능

　　• 기능 : 입력기능, 표시기능, 저장기능, 편집기능, 인쇄기능 등

ⓛ 스프레드시트
- 특징 : 쉽게 계산 수행, 계산 결과를 차트로 표시, 문서를 작성하고 편집 가능
- 기능 : 계산, 수식, 차트, 저장, 편집, 인쇄기능 등

예제 2

귀하는 커피 전문점을 운영하고 있다. 아래와 같이 엑셀 워크시트로 4개 지점의 원두 구매 수량과 단가를 이용하여 금액을 산출하고 있다. 귀하가 다음 중 D3셀에서 사용하고 있는 함수식으로 옳은 것은? (단, 금액 = 수량 × 단가)

	A	B	C	D	E
1	지점	원두	수량(100g)	금액	
2	A	케냐	15	150000	
3	B	콜롬비아	25	175000	
4	C	케냐	30	300000	
5	D	브라질	35	210000	
6					
7		원두	100g당 단가		
8		케냐	10,000		
9		콜롬비아	7,000		
10		브라질	6,000		
11					

① =C3*VLOOKUP(B3, $B$8:$C$10, 1, 1)
② =B3*HLOOKUP(C3, $B$8:$C$10, 2, 0)
③ =C3*VLOOKUP(B3, $B$8:$C$10, 2, 0)
④ =C3*HLOOKUP($B$8:$C$10, 2, B3)

출제의도

본 문항은 엑셀 워크시트 함수의 활용도를 확인하는 문제이다.

해 설

"VLOOKUP(B3,$B$8:$C$10, 2, 0)"의 함수를 해설해보면 B3의 값(콜롬비아)을 B8:C10에서 찾은 후 그 영역의 2번째 열(C열, 100g당 단가)에 있는 값을 나타내는 함수이다. 금액은 "수량 × 단가"으로 나타내므로 D3셀에 사용되는 함수식은 "=C3*VLOOKUP(B3, $B$8:$C$10, 2, 0)"이다.

※ HLOOKUP과 VLOOKUP
  ㉠ HLOOKUP : 배열의 첫 행에서 값을 검색하여, 지정한 행의 같은 열에서 데이터를 추출
  ㉡ VLOOKUP : 배열의 첫 열에서 값을 검색하여, 지정한 열의 같은 행에서 데이터를 추출

답 ③

ⓒ 프레젠테이션
- 특징 : 각종 정보를 사용자 또는 대상자에게 쉽게 전달
- 기능 : 저장, 편집, 인쇄, 슬라이드 쇼 기능 등

ⓔ 유틸리티 프로그램 : 파일 압축 유틸리티, 바이러스 백신 프로그램

④ 데이터베이스의 필요성
  ㉠ 데이터의 중복을 줄인다.
  ㉡ 데이터의 무결성을 높인다.
  ㉢ 검색을 쉽게 해준다.
  ㉣ 데이터의 안정성을 높인다.
  ㉤ 개발기간을 단축한다.

(2) 정보처리능력

① 정보원 : 1차 자료는 원래의 연구성과가 기록된 자료이며, 2차 자료는 1차 자료를 효과적으로 찾아보기 위한 자료 또는 1차 자료에 포함되어 있는 정보를 압축·정리한 형태로 제공하는 자료이다.

　㉠ 1차 자료 : 단행본, 학술지와 논문, 학술회의자료, 연구보고서, 학위논문, 특허정보, 표준 및 규격자료, 레터, 출판 전 배포자료, 신문, 잡지, 웹 정보자원 등

　㉡ 2차 자료 : 사전, 백과사전, 편람, 연감, 서지데이터베이스 등

② 정보분석 및 가공

　㉠ 정보분석의 절차 : 분석과제의 발생 → 과제(요구)의 분석 → 조사항목의 선정 → 관련정보의 수집(기존자료 조사/신규자료 조사) → 수집정보의 분류 → 항목별 분석 → 종합·결론 → 활용·정리

　㉡ 가공 : 서열화 및 구조화

③ 정보관리

　㉠ 목록을 이용한 정보관리

　㉡ 색인을 이용한 정보관리

　㉢ 분류를 이용한 정보관리

예제 3

인사팀에서 근무하는 J씨는 회사가 성장함에 따라 직원 수가 급증하기 시작하면서 직원들의 정보관리 방법을 모색하던 중 다음과 같은 A사의 직원 정보관리 방법을 보게 되었다. J씨는 A사가 하고 있는 이 방법을 회사에도 도입하고자 한다. 이 방법은 무엇인가?

> A사의 인사부서에 근무하는 H씨는 직원들의 개인정보를 관리하는 업무를 담당하고 있다. A사에서 근무하는 직원은 수천 명에 달하기 때문에 H씨는 주요 키워드나 주제어를 가지고 직원들의 정보를 구분하여 관리하여, 찾을 때도 쉽고 내용을 수정할 때도 이전보다 훨씬 간편할 수 있도록 했다.

① 목록을 활용한 정보관리
② 색인을 활용한 정보관리
③ 분류를 활용한 정보관리
④ 1:1 매칭을 활용한 정보관리

출제의도

본 문항은 정보관리 방법의 개념을 이해하고 있는가를 묻는 문제이다.

해 설

주어진 자료의 A사에서 사용하는 정보관리는 주요 키워드나 주제어를 가지고 정보를 관리하는 방식인 색인을 활용한 정보관리이다. 디지털 파일에 색인을 저장할 경우 추가, 삭제, 변경 등이 쉽다는 점에서 정보관리에 효율적이다.

답 ②

02 NCS 대표유형

PART ❶ 의사소통능력　　　　　　　　　　　　　　정답 및 해설 P.214

의사소통능력 대표유형

의사소통은 직장생활에서 조직과 팀의 효율성과 효과성을 성취할 목적으로 이루어지는 구성원 간의 정보와 지식 전달 과정으로, 의사소통능력은 업무능력의 기본이 된다. 크게 어휘, 어법, 독해 유형으로 구분되며 공문, 보도자료, 상품설명서, 약관 등의 실용문과 함께 정치·경제·사회·과학·문화·예술 등 다양한 분야의 지문이 출제된다.

1

다음의 밑줄 친 단어의 의미와 동일하게 쓰인 것은?

기획재정부는 26일 OO센터에서 '2017년 지방재정협의회'를 열고 내년도 예산안 편성 방향과 지역 현안 사업을 논의했다. 이 자리에는 17개 광역자치단체 부단체장과 기재부 예산실장 등 500여 명이 참석해 2018년 예산안 편성 방향과 약 530건의 지역 현안 사업에 대한 협의를 진행했다.

기재부 예산실장은 "내년에 정부는 일자리 창출, 4차 산업 혁명 대응, 저출산 극복, 양극화 완화 등 4대 핵심 분야에 예산을 집중적으로 투자할 계획이라며 이를 위해 신규 사업 관리 강화 등 10대 재정 운용 전략을 활용, 재정 투자의 효율성을 높여갈 것"이라고 밝혔다. 이어 각 지방자치단체에서도 정부의 예산 편성 방향에 부합하도록 사업을 신청해 달라고 요청했다.

기재부는 이날 논의한 지역 현안 사업이 각 부처의 검토를 <u>거쳐</u> 다음달 26일까지 기재부에 신청되면, 관계 기관의 협의를 거쳐 내년도 예산안에 반영한다.

① 학생들은 초등학교부터 중학교, 고등학교를 <u>거쳐</u> 대학에 입학하게 된다.

② 가장 어려운 문제를 해결했으니 이제 특별히 <u>거칠</u> 문제는 없다.

③ 이번 출장 때는 독일 베를린을 <u>거쳐</u> 오스트리아 빈을 다녀올 예정이다.

④ 오랜만에 뒷산에 올라 보니, 무성하게 자란 칡덩굴이 발에 <u>거친다</u>.

2

다음 단락을 논리적 흐름에 맞게 바르게 배열한 것은?

(가) 자본주의 사회에서 상대적으로 부유한 집단, 지역, 국가는 환경적 피해를 약자에게 전가하거나 기술적으로 회피할 수 있는 가능성을 가진다.

(나) 오늘날 환경문제는 특정한 개별 지역이나 국가의 문제에서 나아가 전 지구적 문제로 확대되었지만, 이로 인한 피해는 사회·공간적으로 취약한 특정 계층이나 지역에 집중적으로 나타나는 환경적 불평등을 야기하고 있다.

(다) 인간사회와 자연환경 간의 긴장관계 속에서 발생하고 있는 오늘날 환경위기의 해결 가능성은 논리적으로 뿐만 아니라 역사적으로 과학기술과 생산조직의 발전을 규정하는 사회적 생산관계의 전환을 통해서만 실현될 수 있다.

(라) 부유한 국가나 지역은 마치 환경문제를 스스로 해결한 것처럼 보이기도 하며, 나아가 자본주의 경제체제 자체가 환경문제를 해결(또는 최소한 지연)할 수 있는 능력을 갖춘 것처럼 홍보되기도 한다.

---

① (가) - (나) - (라) - (다)

② (나) - (가) - (다) - (라)

③ (나) - (가) - (라) - (다)

④ (나) - (라) - (가) - (다)

3

다음 글에서 언급한 스마트 팩토리의 특징으로 옳지 않은 것은?

최근 스포츠 브랜드인 아디다스에서 소비자가 원하는 디자인, 깔창, 굽 모양 등의 옵션을 적용하여 다품종 소량생산 할 수 있는 스피드 팩토리를 선보였고, 그밖에도 제조업을 비롯해 다양한 산업에서 스마트 팩토리를 도입하면서 미래형 제조 시스템인 스마트 팩토리에 대한 관심이 커지고 있다. 과연 스마트 팩토리 무엇이며 어떤 기술로 구현되고 이점은 무엇일까?

스마트 팩토리란 ICT기술을 기반으로 제품의 기획, 설계, 생산, 유통, 판매의 전 과정을 자동화, 지능화하여 최소 비용과 최소 시간으로 다품종 대량생산이 가능한 미래형 공장을 의미한다. 스마트 팩토리가 구현되기 위해서는 다양한 기술이 적용되는데, 먼저 클라우드 기술은 인터넷에 연결되어 축적된 데이터를 저장하고 IoT 기술은 각종 사물에 컴퓨터 칩과 통신 기능을 내장해 인터넷에 연결한다. 또한 데이터를 분석하는 빅데이터 기술, AI를 기반으로 스스로 학습하고 의사결정을 할 수 있는 차세대 로봇기술과 기계가 자가 학습하는 인공지능 기술을 비롯해 수많은 첨단 기술을 필요로 한다.

스마트 팩토리의 핵심 구현 요소는 디지털화, 연결화, 스마트화이다. 디지털화는 공장 내 사물들 간에 소통이 가능하도록 물리적 아날로그 신호를 디지털 신호로 변환하는 것으로 디지털화를 하면 무한대로 데이터를 복사할 수 있어 데이터 편집이 쉬워지고 데이터 통신이 자유롭게 이루어진다. 연결화는 사람을 포함한 모든 사물, 즉 공장 안에 존재하는 부품, 완제품, 설비, 공장, 건물, 기기를 연결하는 것으로, 이더넷이나 유무선 통신으로 설비를 연결해 생산 현황과 이상 유무를 관리한다. 작업자가 제조 라인에 서면 공정은 작업자의 역량, 경험 같은 것을 참고하여 합당한 공정을 수행하도록 지도해 주는 것이 연결화의 예라고 할 수 있다. 스마트화는 사물이 사람과 같이 스스로 판단하고 행동하는 것을 말하는 것으로 지능화, 자율화와 같은 의미이다. 수집된 데이터를 분석하여 스스로 판단하는 스마트화는 스마트 팩토리의 필수 전제조건이다.

스마트 팩토리의 이점은 제조 단계별로 구분해 볼 수 있다. 먼저 기획·설계 단계에서는 제품 성능 시뮬레이션을 통해 제작기간을 단축시키고, 맞춤형 제품을 개발할 수 있다는 이점이 있다. 다음으로 생산 단계에서는 설비 – 자재 – 시스템 간 통신으로 다품종 대량생산, 에너지와 설비 효율 제고의 효과가 있다. 그리고 유통·판매 단계에서는 모 기업과 협력사 간 실시간 연동을 통해 재고 비용을 감소시키고 품질, 물류 등 많은 분야를 협력할 수 있다.

① 스마트 팩토리는 최소 비용과 최소 시간으로 다품종 대량생산을 추구한다.

② 스마트 팩토리가 구현되기 위해서는 클라우드 기술, IoT기술, 인공지능 기술 등이 요구된다.

③ 디지털화는 공장 내 사물들 간에 소통이 가능하도록 디지털 신호를 물리적 아날로그 신호로 변환하는 것이다.

④ 스마트화는 사물이 사람과 같이 스스로 판단하고 행동하는 것으로 스마트 팩토리의 필수 전제조건이다.

4

다음은 N사의 단독주택용지 수의계약 공고문 중 일부이다. 공고문의 내용을 바르게 이해한 것은?

[○○ 블록형 단독주택용지(1필지) 수의계약 공고]

1. 공급대상토지

면적 (㎡)	세대수 (호)	평균규모 (㎡)	용적률 (%)	공급가격 (천원)	계약보증금 (원)	사용가능 시기
25,479	63	400	100% 이하	36,944,550	3,694,455,000	즉시

2. 공급일정 및 장소

일정	20xx년 1월 11일 오전 10시부터 선착순 수의계약 (토 · 일요일 및 공휴일, 업무시간 외는 제외)
장소	N사 ○○지역본부 1층

3. 신청자격

   아래 두 조건을 모두 충족한 자
   - 실수요자: 공고일 현재 주택법에 의한 주택건설사업자로 등록한 자
   - 3년 분할납부(무이자) 조건의 토지매입 신청자
     ※ 납부 조건: 계약체결 시 계약금 10%, 중도금 및 잔금 90%(6개월 단위 6회 납부)

4. 계약체결 시 구비서류

   - 법인등기부등본 및 사업자등록증 사본 각 1부
   - 법인인감증명서 1부 및 법인인감도장(사용인감계 및 사용인감)
   - 대표자 신분증 사본 1부(위임 시 위임장 1부 및 대리인 신분증 제출)
   - 주택건설사업자등록증 1부
   - 계약금 납입영수증

---

① 계약이 체결되면 즉시 해당 토지에 단독주택을 건설할 수 있다.

② 계약체결 후 첫 번째 내야 할 중도금은 5,250,095,000원이다.

③ 규모 400㎡의 단독주택용지를 일반 수요자에게 분양하는 공고이다.

④ 계약에 대한 보증금이 공급가격보다 더 높아 실수요자에게 부담을 줄 우려가 있다.

5

다음 회의록의 내용을 보고 올바른 판단을 내리지 못한 것을 고르면?

인사팀 4월 회의록				
회의일시	20xx년 4월 30일 14:00~15:30		회의장소	대회의실(예약)
참석자	팀장, 남 과장, 허 대리, 김 대리, 이 사원, 명 사원			
회의안건	• 직원 교육훈련 시스템 점검 및 성과 평가 • 차기 교육 프로그램 운영 방향 논의			
진행결과 및 협조 요청	〈총평〉 • 1사분기에는 지난해보다 학습목표시간을 상향조정(직급별 10~20시간)하였음에도 평균 학습시간을 초과하여 달성하는 등 상시학습문화가 정착됨 　– 1인당 평균 학습시간: 지난해 4분기 22시간 → 올해 1사분기 35시간 • 다만, 고직급자와 계약직은 학습 실적이 목표에 미달하였는바, 앞으로 학습 진도에 대하여 사전 통보하는 등 학습목표 달성을 적극 지원할 필요가 있음 　– 고직급자 : 목표 30시간, 실적 25시간, 계약직 : 목표 40시간, 실적 34시간 〈운영방향〉 • 전 직원 일체감 형성을 위한 비전공유와 '매출 증대, 비용 절감' 구현을 위한 핵심과제 등 주요사업 시책교육 추진 • 직원이 가치창출의 원천이라는 인식하에 생애주기에 맞는 직급별 직무역량교육 의무화를 통해 인적자본 육성 강화 • 자기주도적 상시학습문화 정착에 기여한 학습관리시스템을 현실에 맞게 개선하고, 조직 간 인사교류를 확대			

① 올 1사분기에는 지난해보다 1인당 평균 학습시간이 50% 이상 증가하였다.

② 전체적으로 1사분기의 교육시간 이수 등의 성과는 우수하였다.

③ 2사분기에는 일부 직원들에 대한 교육시간이 1사분기보다 더 증가할 전망이다.

④ 2사분기에는 각 직급에 보다 적합한 교육이 시행될 것이다.

수리능력 대표유형

수리능력은 직장생활에서 요구되는 기본적인 사칙연산과 기초적인 통계를 이해하고 도표의 의미를 파악하거나 도표를 이용해서 결과를 효과적으로 제시하는 능력을 말한다. 따라서 기본적은 계산능력을 파악하는 유형과 함께 자료해석, 도표분석 능력 등을 요구하는 유형의 문제가 주로 출제된다.

1

A와 B가 다음과 같은 규칙으로 게임을 하였다. 규칙을 참고할 때, 두 사람 중 점수가 낮은 사람은 몇 점인가?

- 이긴 사람은 4점, 진 사람은 2점의 점수를 얻는다.
- 두 사람의 게임은 모두 20회 진행되었다.
- 20회의 게임 후 두 사람의 점수 차이는 12점이었다.

---

① 50점   ② 52점

③ 54점   ④ 56점

2

다음은 국민연금 보험료를 산정하기 위한 소득월액 산정 방법에 대한 설명이다. 다음 설명을 참고할 때, 김갑동 씨의 신고 소득월액은 얼마인가?

소득월액은 입사(복직) 시점에 따른 근로자간 신고 소득월액 차등이 발생하지 않도록 입사(복직) 당시 약정되어 있는 급여 항목에 대한 1년치 소득총액에 대하여 30일로 환산하여 결정하며, 다음과 같은 계산 방식을 적용한다.

소득월액 = 입사(복직) 당시 지급이 약정된 각 급여 항목에 대한 1년간 소득총액 ÷ 365 × 30

〈김갑동 씨의 급여 내역〉
- 기본급 : 1,000,000원
- 교통비 : 월 100,000원
- 고정 시간외 수당 : 월 200,000원
- 분기별 상여금(1, 4, 7, 10월 지급) : 기본급의 100%
- 하계휴가비(매년 7월 지급) : 500,000원

① 1,645,660원

② 1,652,055원

③ 1,668,900원

④ 1,727,050원

3

다음은 20xx년 한국인 사망 원인 '5대 암과 관련된 자료이다. 20xx년 총 인구를 5,100만 명이라고 할 때, 치명률을 구하는 공식으로 옳은 것을 고르면?

종류	환자수	완치자수	후유장애자수	사망자수	치명률
폐암	101,600명	3,270명	4,408명	2,190명	2.16%
간암	120,860명	1,196명	3,802명	1,845명	1.53%
대장암	157,200명	3,180명	2,417명	1,624명	1.03%
위암	184,520명	2,492명	3,557명	1,950명	1.06%
췌장암	162,050명	3,178명	2,549명	2,765명	1.71%

※ 환자수란 현재 해당 암을 앓고 있는 사람 수를 말한다.
※ 완치자수란 과거에 해당 암을 앓았던 사람으로 일상생활에 문제가 되는 장애가 남지 않고 5년 이내 재발이 없는 경우를 말한다.
※ 후유장애자수란 과거에 해당 암을 앓았던 사람으로 암으로 인하여 일상생활에 문제가 되는 영구적인 장애가 남은 경우를 말한다.
※ 사망자수란 해당 암으로 사망한 사람 수를 말한다.

① 치명률 $= \dfrac{\text{완치자수}}{\text{환자수}} \times 100$

② 치명률 $= \dfrac{\text{후유장애자수}}{\text{환자수}} \times 100$

③ 치명률 $= \dfrac{\text{사망자수}}{\text{환자수}} \times 100$

④ 치명률 $= \dfrac{\text{사망자수} + \text{후유장애자수}}{\text{인구수}} \times 100$

4

제시된 자료를 참조하여, 2013년부터 2015년의 건강수명 비교에 대한 설명으로 옳은 것은?

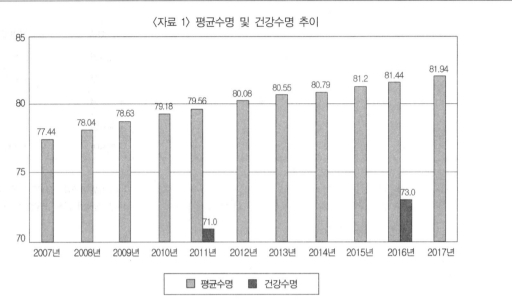

〈자료 1〉 평균수명 및 건강수명 추이

※ 평균수명 : 0세의 출생자가 향후 생존할 것으로 기대되는 평균생존연수 '0세의 기대여명'을 나타냄
※ 건강수명 : 평균수명에서 질병이나 부상으로 인하여 활동하지 못한 기간을 뺀 기간을 나타냄
※ 2017년은 예상 수치임

〈자료 2〉 건강수명 예상치 추정 정보
- 건강수명 예상치의 범위는 평균수명의 90%에서 ±1% 수준이다.
- 건강수명 예상치는 환경 개선 정도에 영향을 받는다고 가정한다.

연도	2012년	2013년	2014년	2015년
환경 개선	보통	양호	불량	불량

− 해당 연도 환경 개선 정도가 '양호'이면 최대치(+1%)로 계산된다.
− 해당 연도 환경 개선 정도가 '보통'이면 중간치(±0%)로 계산된다.
− 해당 연도 환경 개선 정도가 '불량'이면 최소치(−1%)로 계산된다.

① 2013년 건강수명이 2014년 건강수명보다 짧다.

② 2014년 건강수명이 2015년 건강수명보다 짧다.

③ 2013년 건강수명이 2015년 건강수명 보다 짧다.

④ 2014년 환경 개선 정도가 보통일 경우 2013년 건강수명이 2014년 건강수명보다 짧다.

5

다음은 건설업과 관련된 주요 지표이다. 이에 대한 설명으로 옳은 것은?

〈건설업 주요 지표〉

(단위 : 개, 천 명, 조 원, %)

구분	2016년	2017년	전년대비	
			증감	증감률
기업체수	69,508	72,376	2,868	4.1
종사자수	1,573	1,670	97	6.1
건설공사 매출액	356.6	392.0	35.4	9.9
국내 매출액	313.1	354.0	40.9	13.1
해외 매출액	43.5	38.0	−5.5	−12.6
건설비용	343.2	374.3	31.1	9.1
건설 부가가치	13.4	17.7	4.3	32.1

〈연도별 건설업체수 및 매출 증감률〉

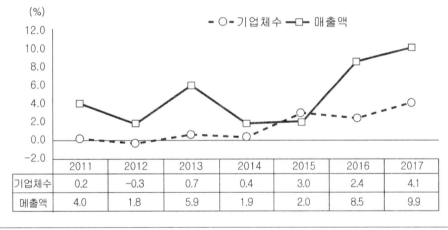

	2011	2012	2013	2014	2015	2016	2017
기업체수	0.2	−0.3	0.7	0.4	3.0	2.4	4.1
매출액	4.0	1.8	5.9	1.9	2.0	8.5	9.9

① 2012년의 기업체 수는 65,000개 이하이다.

② 건설공사 매출액 중 국내 매출액의 비중은 2017년보다 2016년이 더 크다.

③ 해외 매출액의 증감은 건설 부가가치의 증감에 영향을 미친다.

④ 건설업 주요 지표별 증감 추이는 모든 항목이 동일하다.

문제해결능력 대표유형

문제란 업무를 수행함에 있어 답을 요구하는 질문이나 의논하여 해결해야 하는 사항으로, 문제해결을 위해서는 전략적이고 분석적인 사고는 물론 발상의 전환과 효율적인 자원활용 등 다양한 능력이 요구된다. 따라서 명제나 추론 같은 일반적인 논리추론 유형과 함께 수리, 자원관리 등이 융합된 문제해결 유형이나 실무이해를 바탕으로 하는 유형의 문제도 다수 출제된다.

1

다음 조건을 바탕으로 할 때 정 대리가 이번 달 중국 출장 출발일로 정하기에 가장 적절한 날은 언제인가? (전체 일정은 모두 이번 달 안에 속해 있다.)

- 이번 달은 1일이 월요일인 달이다.
- 3박 4일 일정이며 출발일과 도착일이 모두 휴일이 아니어야 한다.
- 현지에서 복귀하는 비행편은 매주 화, 목요일에만 있다.
- 이번 달 셋째 주 화요일에 있을 부서의 중요한 회의에 반드시 참석해야 하며, 회의 후에 출장을 가려 한다.

① 12일
② 15일
③ 17일
④ 22일

2

다음은 유진이가 학교에 가는 요일에 대한 설명이다. 이들 명제가 모두 참이라고 가정할 때, 유진이가 학교에 가는 요일은?

ⓐ 목요일에 학교에 가지 않으면 월요일에 학교에 간다.
ⓑ 금요일에 학교에 가지 않으면 수요일에 학교에 가지 않는다.
ⓒ 수요일에 학교에 가지 않으면 화요일에 학교에 간다.
ⓓ 월요일에 학교에 가면 금요일에 학교에 가지 않는다.
ⓔ 유진이는 화요일에 학교에 가지 않는다.

① 월, 수
② 월, 수, 금
③ 수, 목, 금
④ 수, 금

3

다음은 L공사의 국민임대주택 예비입주자 통합 정례모집 관련 신청자격에 대한 사전 안내이다. 甲~戊 중 국민임대주택 예비입주자로 신청할 수 있는 사람은? (단, 함께 살고 있는 사람은 모두 세대별 주민등록표 상에 함께 등재되어 있고, 제시되지 않은 사항은 모두 조건을 충족한다고 가정한다)

☐ 20xx년 5월 정례모집 개요

구분	모집공고일	대상지역
20xx년 5월	20xx. 5. 7(화)	수도권
	20xx. 5. 15(수)	수도권 제외한 나머지 지역

☐ 신청자격

입주자모집공고일 현재 무주택세대구성원으로서 아래의 소득 및 자산보유 기준을 충족하는 자

※ 무주택세대구성원이란?

다음의 세대구성원에 해당하는 사람 전원이 주택(분양권 등 포함)을 소유하고 있지 않은 세대의 구성원을 말합니다.

세대구성원(자격검증대상)	비고
• 신청자	
• 신청자의 배우자	신청자와 세대 분리되어 있는 배우자도 세대구성원에 포함
• 신청자의 직계존속 • 신청자의 배우자의 직계존속	신청자 또는 신청자의 배우자와 세대별 주민등록표상에 함께 등재되어 있는 사람에 한함
• 신청자의 직계비속 • 신청자의 직계비속의 배우자	
• 신청자의 배우자의 직계비속	신청자와 세대별 주민등록표상에 함께 등재되어 있는 사람에 한함

※ 소득 및 자산보유 기준

구분	소득 및 자산보유 기준		
	가구원수	월평균소득기준	참고사항
소득	3인 이하 가구	3,781,270원 이하	• 가구원수는 세대구성원 전원을 말함(외국인 배우자와 임신 중인 경우 태아 포함) • 월평균소득액은 세전금액으로서 세대구성원 전원의 월평균소득액을 모두 합산한 금액임
	4인 가구	4,315,641원 이하	
	5인 가구	4,689,906원 이하	
	6인 가구	5,144,224원 이하	
	7인 가구	5,598,542원 이하	
	8인 가구	6,052,860원 이하	
자산	• 총자산가액 : 세대구성원 전원이 보유하고 있는 총자산가액 합산기준 28,000만 원 이하		
	• 자동차 : 세대구성원 전원이 보유하고 있는 전체 자동차가액 2,499만 원 이하		

① 甲의 아내는 주택을 소유하고 있지만, 甲과 세대 분리가 되어 있다.

② 아내의 부모님을 모시고 살고 있는 乙 가족의 월평균소득은 500만 원이 넘는다.

③ 丙은 재혼으로 만난 아내의 아들과 함께 살고 있는데, 아들은 전 남편으로부터 물려받은 아파트 분양권을 소유하고 있다.

④ 어머니를 모시고 사는 丁은 아내가 셋째 아이를 출산하면서 丁 가족의 월평균소득으로는 1인당 80만 원도 돌아가지 않게 되었다.

4

서원 그룹의 K부서에서는 자기 부서의 정책을 홍보하기 위해 책자를 제작해 배포하는 프로젝트를 진행하였다. 프로젝트 진행 과정이 다음과 같을 때, 프로젝트 결과에 대한 평가로 항상 옳은 것을 모두 고르면?

이번에 K부서에서는 자기 부서의 정책을 홍보하기 위해 책자를 제작해 배포하였다. 이 홍보 사업에 참여한 K부서의 팀은 A와 B 두 팀이다. 두 팀은 각각 500권의 정책홍보 책자를 제작하였다. 그러나 책자를 어떤 방식으로 배포할 것인지에 대해 두 팀 간에 차이가 있었다. A팀은 자신들이 제작한 K부서의 모든 정책홍보책자를 서울이나 부산에 배포한다는 지침에 따라 배포하였다. 한편, B팀은 자신들이 제작한 K부서 정책홍보책자를 서울에 모두 배포하거나 부산에 모두 배포한다는 지침에 따라 배포하였다. 사업이 진행된 이후 배포된 결과를 살펴보기 위해서 서울과 부산을 조사하였다. 조사를 담당한 한 직원은 A팀이 제작·배포한 K부서 정책홍보책자 중 일부를 서울에서 발견하였다.

한편, 또 다른 직원은 B팀이 제작·배포한 K부서 정책홍보책자 중 일부를 부산에서 발견하였다. 그리고 배포 과정을 검토해 본 결과, 이번에 A팀과 B팀이 제작한 K부서 정책 홍보책자는 모두 배포되었다는 것과, 책자가 배포된 곳과 발견된 곳이 일치한다는 것이 확인되었다.

㉠ 부산에는 500권이 넘는 K부서 정책홍보책자가 배포되었다.
㉡ 서울에 배포된 K부서 정책홍보책자의 수는 부산에 배포된 K부서 정책홍보책자의 수보다 적다.
㉢ A팀이 제작한 K부서 정책홍보책자가 부산에서 발견되었다면, 부산에 배포된 K부서 정책홍보책자의 수가 서울에 배포된 수보다 많다.

① ㉠

② ㉢

③ ㉠, ㉡

④ ㉡, ㉢

5

다음은 ○○항공사의 항공이용에 관한 조사 설계의 일부분이다. 본 설문조사의 목적으로 가장 적합하지 않은 것은?

---

1. 조사 목적

2. 과업 범위
- 조사 대상 : 서울과 수도권에 거주하고 있으며 최근 3년 이내 여행 및 출장 목적의 해외방문 경험이 있고 향후 1년 이내 해외로 여행 및 출장 의향이 있는 만 20~60세 이상의 성인 남녀
- 조사 방법 : 구조화된 질문지를 이용한 온라인 설문조사
- 표본 규모 : 총 1,000명

3. 조사 내용
- 시장 환경 파악 : 여행 출장 시장 동향 (출국 목적, 체류기간 등)
- 과거 해외 근거리 당일 왕복항공 이용 실적 파악 : 이용 빈도, 출국 목적, 목적지 등
- 향후 해외 근거리 당일 왕복항공 잠재 수요 파악 : 이용의향 빈도, 출국 목적 등
- 해외 근거리 당일 왕복항공 이용을 위한 개선 사항 파악 : 해외 근거리 당일 왕복항공을 위한 개선사항 적용 시 해외 당일 여행 계획 또는 의향
- 배경정보 파악 : 인구사회학적 특성 (성별, 연령, 거주 지역 등)

4. 결론 및 기대효과

---

① 단기 해외 여행의 수요 증가 현황과 관련 항공 시장 파악

② 해외 당일치기 여객의 수요에 부응할 수 있는 노선 구축 근거 마련

③ 해외 근거리 당일 왕복항공을 이용한 실적 및 행태 파악

④ 근거리 국가로 여행 또는 출장을 위해 당일 왕복항공을 이용할 의향과 수용도 파악

정보능력 대표유형

정보(Information)란 자료를 특정한 목적과 문제해결에 도움이 되도록 가공한 것으로, 지식정보사회에서 정보는 기업 생존에 중요한 요소로 자리하고 있다. 정보능력에서 빈출되는 대표유형으로는 컴퓨터활용능력 측정을 위한 소프트웨어 활용, 자료(Data)의 규칙을 찾아 정보 파악하기, 간단한 코딩 시스템의 이해 등이 있다.

1

다음의 시트에서 수식 '=DSUM(A1:D7, 4, B1:B2)'를 실행하였을 때 결과 값은?

	A	B	C	D
1	성명	부서	3/4분기	4/4분기
2	김하나	영업부	20	15
3	유진영	총무부	30	35
4	고금순	영업부	15	20
5	이영훈	총무부	10	15
6	김영대	총무부	20	10
7	채수빈	영업부	15	20

① 45

② 50

③ 55

④ 60

S정보통신에 입사한 당신은 시스템 모니터링 업무를 담당하게 되었다. 다음의 시스템 매뉴얼을 확인한 후 제시된 상황에서 적절한 입력코드를 고르면?

〈S정보통신 시스템 매뉴얼〉

□ 항목 및 세부사항

항목	세부사항
Index@@ of Folder@@	• 오류 문자 : Index 뒤에 나타나는 문자 • 오류 발생 위치 : Folder 뒤에 나타나는 문자
Error Value	• 오류 문자와 오류 발생 위치를 의미하는 문자에 사용된 알파벳을 비교하여 오류 문자 중 오류 발생 위치의 문자와 일치하지 않는 알파벳의 개수 확인
Final Code	• Error Value를 통하여 시스템 상태 판단

□ 판단 기준 및 처리코드(Final Code)

판단 기준	처리코드
일치하지 않는 알파벳의 개수 = 0	Qfgkdn
0 < 일치하지 않는 알파벳의 개수 ≤ 3	Wxmt
3 < 일치하지 않는 알파벳의 개수 ≤ 5	Atnih
5 < 일치하지 않는 알파벳의 개수 ≤ 7	Olyuz
7 < 일치하지 않는 알파벳의 개수 ≤ 10	Cenghk

〈상황〉

System is processing requests...
System Code is X.
Run...

Error Found!
Index GHWDYC of Folder APPCOMPAT

Final Code? _____

① Qfgkdn

② Wxmt

③ Atnih

④ Olyuz

3

다음의 알고리즘에서 인쇄되는 S는?

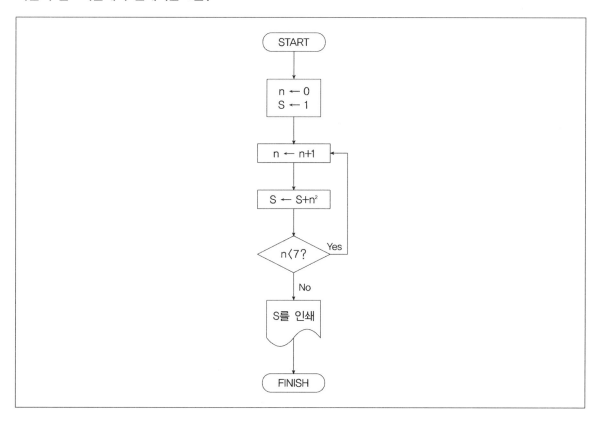

① 137

② 139

③ 141

④ 143

| 4~5 | 다음 물류 창고 책임자와 각 창고 내 재고상품의 코드 목록을 보고 이어지는 질문에 답하시오.

책임자	재고상품 코드번호	책임자	재고상품 코드번호
정보연	2008011F033321754	심현지	2001052G099918513
이규리	2011054L066610351	김준후	2002121D011120789
김원희	2006128T055511682	유연석	2013016Q044412578
이동성	2009060B022220123	강희철	2012064L100010351
신병임	2015039V100029785	송지혜	2016087S088824567

[재고상품 코드번호 예시]

2016년 11월에 4,586번째로 입고된 경기도 戊출판사에서 발행한 「소형선박조종사 자격증 한 번에 따기」 도서 코드
2016111E055524586

<u>201611</u>	<u>1E</u>	<u>05552</u>	<u>4586</u>
입고연월	지역코드 + 고유번호	분류코드 + 고유번호	입고순서

입고연월	발행 출판사				도서 종류			
	지역코드		고유번호		분류코드		고유번호	
• 200611 -2006년 11월 • 201007 -2010년 7월 • 201403 -2014년 3월	0	서울	A	甲출판사	01	가정 · 살림	111	임신/출산
			B	乙출판사			112	육아
	1	경기도	C	丙출판사	02	건강 · 취미	221	다이어트
			D	丁출판사			222	스포츠
			E	戊출판사	03	경제 · 경영	331	마케팅
			F	己출판사			332	재테크
	2	강원도	G	庚출판사			333	CEO
			H	辛출판사	04	대학 교재	441	경상계열
	3	충청 남도	I	壬출판사			442	공학계열
			J	癸출판사	05	수험 · 자격	551	공무원
	4	충청 북도	K	子출판사			552	자격증
			L	丑출판사	06	어린이	661	예비 초등
	5	경상 남도	M	寅출판사			662	초등
			N	卯출판사	07	자연 과학	771	나노과학
			O	辰출판사			772	생명과학
	6	경상 북도	P	巳출판사			773	뇌과학
			Q	午출판사	08	예술	881	미술
	7	전라 남도	R	未출판사			882	음악
			S	申출판사	09	여행	991	국내여행
	8	전라 북도	T	酉출판사			991	해외여행
			U	戌출판사	10	IT · 모바일	001	게임
	9	제주도	V	亥출판사			002	웹사이트

4

재고상품 중 2010년도에 8,491번째로 입고된 충청남도 쫓출판사에서 발행한 「뇌과학 첫걸음」 도서의 코드로 알맞은 것은 무엇인가?

① 2010113J077718491

② 2010093J077738491

③ 2010083I077738491

④ 2011123J077738491

5

다음 중 발행 출판사와 입고순서가 동일한 도서를 담당하는 책임자들로 짝지어진 것은?

① 정보연 - 김준후

② 이규리 - 강희철

③ 이동성 - 송지혜

④ 심현지 - 유연석

PART

III

NCS 예상문제

01 의사소통능력

정답 및 해설 p.220

1 다음 내용을 바탕으로 글을 쓸 때 그 주제로 알맞은 것은?

> • 경찰청은 고속도로 갓길 운행을 막기 위해 갓길로 운행하다 적발되면 30일간의 면허정지 처분을 내리기로 결정했다.
> • 교통사고 사망률 세계 1위라는 불명예는 1991년에 이어 1992년에도 계속되었다.
> • 교통사고의 원인으로는 운전자의 부주의와 교통 법규 위반의 비율이 가장 높다.
> • 교통 법규 위반자는 자신의 과실로 다른 사람에게 피해를 준다는 점에서 문제가 더욱 심각하다.
> • 우리나라는 과속 운전, 난폭 운전이 성행하고 있다. 이를 근절하기 위한 엄격한 법이 필요하다.

① 올바른 교통 문화 정착을 위해 국민적 자각이 요구된다.
② 사고 방지를 위한 대국민적인 캠페인 운동을 해야 한다.
③ 교통사고의 사망률은 교통 문화 수준을 반영한 것이다.
④ 교통사고를 줄이기 위해서는 엄격한 법이 필요하다.

2 다음 자료를 활용하여 글을 쓰기 위해 구상한 내용으로 적절하지 않은 것은?

> 우리나라 중학교 여학생의 0.9%, 고등학교 여학생의 7.3%, 남학생의 경우는 중학생의 3.5%, 고등학생의 23.6%가 흡연을 하고 있다. 그리고 매년 청소년 흡연율은 증가하는 추세이다. 청소년보호법에 따르면 미성년자에게 담배를 팔 경우 2년 이하의 징역이나 1천만 원이하의 벌금, 100만 원 이하의 과징금을 내도록 되어 있다. 그러나 담배 판매상의 잘못된 의식, 시민들의 고발정신 부족 등으로 인해 청소년에게 담배를 판매하는 행위가 제대로 시정되지 않고 있다.
> 또한 현재 담배 자동판매기의 대부분(96%)이 국민건강증진법에 허용된 장소에 설치되어있다고는 하나, 그 장소가 주로 공공건물 내의 식당이나 상가 내 매점 등에 몰려 있다. 이런 장소들은 청소년들의 출입이 용이하기 때문에 그들이 성인의 주민등록증을 도용하여 담배를 사더라도 이를 단속하기가 어려운 실정이다.

① 시사점 : 시민의 관심이 소홀하며 시설 관리 체계가 허술하다.

② 원인 분석 : 법규의 실효성이 미흡하고 상업주의가 만연하고 있다.

③ 대책 : 국민건강증진법에 맞는 담배 자동판매기를 설치한다.

④ 결론 : 현실적으로 실효성이 있는 금연 관련법으로 개정한다.

▌3-8 ▌ 다음에 제시된 글의 흐름이 자연스럽도록 순서대로 배열한 것을 고르시오.

3

> (가) 그 덕분에 인류의 문명은 발달될 수 있었다.
>
> (나) 그 대신 사람들은 잠을 빼앗겼고 생물들은 생체 리듬을 잃었다.
>
> (다) 인간은 오랜 세월 태양의 움직임에 따라 신체 조건을 맞추어 왔다.
>
> (라) 그러나 밤에도 빛을 이용해 보겠다는 욕구가 관솔불, 등잔불, 전등을 만들어 냈고, 이에 따라 밤에 이루어지는 인간의 활동이 점점 많아졌다.

① (다)-(라)-(가)-(나)　　　　　② (다)-(가)-(라)-(나)

③ (라)-(가)-(나)-(다)　　　　　④ (라)-(나)-(가)-(다)

4

> (가) 진화는 반드시 이상적이고 완벽한 구조를 창출해 내는 방향으로만 이루어지는 것은 아니다.
>
> (나) 그래서 진화는 불가피하게 타협적인 구조를 선택하는 방향으로 이루어지며, 순간순간의 필요에 대응한 결과가 축적되는 과정이라고 할 수 있다.
>
> (다) 진화 과정에서는 새로운 환경에 적응하기 위한 최선의 구조가 선택되지만, 그 구조는 기존의 구조를 허물고 처음부터 다시 만들어 낸 최상의 구조와는 차이가 있다.
>
> (라) 질식의 원인이 되는 교차된 기도와 식도의 경우처럼, 진화의 산물이 우리가 보기에는 납득할 수 없는 불합리한 구조를 지니게 되는 이유가 바로 여기에 있다.

① (가)-(라)-(다)-(나)　　　　　② (나)-(라)-(가)-(다)

③ (가)-(다)-(나)-(라)　　　　　④ (나)-(라)-(다)-(가)

5

(가) 이러한 활성화 에너지를 낮추는 것이 정촉매이고, 활성화 에너지를 높이는 것이 부촉매이다.

(나) 촉매는 정촉매와 부촉매로 구분되는데, 활성화 에너지와 반응 속도를 통해 설명할 수 있다.

(다) 이 화학 반응의 속도를 변화시키는 물질이 촉매이다.

(라) 활성화 에너지란 어떤 물질이 화학 반응을 일으키기 위해 필요한 최소한의 에너지이다. 활성화 에너지가 낮아지면 반응 속도가 빨라지고, 활성화 에너지가 높아지면 반응 속도가 느려지게 된다.

(마) 우리가 섭취한 영양소로부터 생활에 필요한 에너지를 얻거나 몸에 필요한 물질을 합성하는 과정은 모두 화학 반응에 의해 이루어진다.

① (마) - (다) - (나) - (라) - (가)
② (다) - (마) - (나) - (라) - (가)
③ (다) - (마) - (나) - (가) - (라)
④ (마) - (가) - (나) - (라) - (다)

6

(가) 그렇더라도 사회계층에 따른 언어의 변이를 확인하려는 시도가 전혀 없었던 것은 아니다. '잽히다(잡히다)' 등에 나타나는 음라우트의 실현율이 학력과 밀접히 관련된다는 보고는 바로 그러한 시도 중의 하나라 할 수 있다.

(나) 사회계층은 한 사회 안에서 경제적·신분적으로 구별되는 인간 집단을 말한다. 그러기에 동일한 계층에 속하는 구성원들끼리 사회적으로 더 많이 접촉하며, 상이한 계층에 속하는 구성원들 사이에 그러한 접촉이 훨씬 더 작은 것은 매우 자연스러운 일이다.

(다) 그런데 한 사회를 구성하는 성원들 사이에 접촉이 적어지고 그러한 상태가 오래 지속되면 언어적으로 분화가 이루어진다. 이러한 사실을 고려할 때 사회 계층의 구별이 엄격한 사회일수록 그에 따른 언어 분화가 쉬 일어나리라는 점은 충분히 예상하고도 남는다. 반상(班常)의 구별이 있었던 한국의 전통 사회에서 양반과 평민(상민, 서얼 등)의 언어가 달랐다는 여럿의 보고가 이러한 사실을 뒷받침해준다.

(라) 현대 사회에서의 사회계층은 일반적으로 학력, 직업, 재산과 수입 등의 요소를 기준으로 구분한다. 이에 따른 사회계층의 분화가 분명히 상정될 수 있을 때 그에 상응하여 언어 분화의 존재도 인정될 터이지만 현대 한국 사회는 그처럼 계층 사이의 경계가 확연한 그런 사회가 아니다. 언어와 연관해서는 그저 특정 직업 또는 해당 지역의 주요 산업에 의거한 구분 정도가 제기될 수 있을 뿐이다.

① (가) - (다) - (나) - (라)
② (가) - (다) - (라) - (나)
③ (나) - (다) - (가) - (라)
④ (나) - (다) - (라) - (가)

7

㈎ 앞서 조선은 태종 때 이미 군선의 속력이 느릴 뿐만 아니라 구조도 견실하지 못하다는 것이 거론되어 그 해결책으로 쾌선을 써보려 하였고 귀화왜인으로 하여금 일본식 배를 만들게 하여 시험해 보기도 하였다. 또한 귀선 같은 특수군선의 활용방안도 모색하였다.

㈏ 갑조선은 조선 초기 새로운 조선법에 따라 만든 배를 말하는데 1430년(세종 12) 무렵, 당시 중국·유구·일본 등 주변 여러 나라의 배들은 모두 쇠못을 써서 시일을 두고 건조시켜 견고하고 경쾌하며 오랫동안 물에 떠 있어도 물이 새지 않았고 큰 바람을 만나도 손상됨이 없어 오래도록 쓸 수 있었지만 우리나라의 군선을 그렇지 못하였다.

㈐ 그리고 세종 때에는 거도선을 활용하게 하는 한편 「병선수호법」을 만드는 등 군선의 구조개선이 여러 방면으로 모색되다가 드디어 1434년에 중국식 갑조선을 채택하기에 이른 것이다. 이 채택에 앞서 조선을 관장하는 경강사수색에서는 갑조선 건조법에 따른 시험선을 건조하였다.

㈑ 하지만 이렇게 채택된 갑조선 건조법도 문종 때에는 그것이 우리나라 실정에 적합하지 않다는 점이 거론되어 우리나라의 전통적인 단조선으로 복귀하게 되었고 이로 인해 조선시대의 배는 평저선구조로 일관하여 첨저형 선박은 발달하지 못하게 되었다.

㈒ 이에 중국식 조선법을 본떠 배를 시조해 본 결과 그것이 좋다는 것이 판명되어 1434년부터 한때 쇠못을 쓰고 외판을 이중으로 하는 중국식 조선법을 채택하기로 하였는데 이를 갑선·갑조선 또는 북조선이라 하고 재래의 전통적인 우리나라 조선법에 따라 만든 배를 단조선이라 했다.

① ㈏－㈒－㈎－㈐－㈑   ② ㈏－㈐－㈎－㈒－㈑

③ ㈎－㈏－㈐－㈑－㈒   ④ ㈎－㈑－㈐－㈏－㈒

8

　저소득 계층을 위한 지원 방안으로는 대상자에게 현금을 직접 지급하는 소득보조, 생활필수품의 가격을 할인해 주는 가격보조 등이 있다.

(개) 특별한 조건이 없다면 최적의 소비선택은 무차별 곡선과 예산선의 접점에서 이루어진다.

(내) 또한 X재, Y재를 함께 구매했을 대, 만족도가 동일하게 나타나는 X재와 Y재 수량을 조합한 선을 무차별 곡선이라고 한다.

(대) 그런데 소득보조나 가격보조가 실시되면 실질 소득의 증가로 예산선이 변하고, 이에 따라 소비자마다 만족하는 상품 조합도 변하게 된다.

(래) 이 제도들을 이해하기 위해서는 먼저 대체효과와 소득효과의 개념을 아는 것이 필요하다.

(매) 어떤 소비자가 X재와 Y재만을 구입한다고 할 때, 한정된 소득 범위 내에서 최대로 구입 가능한 X재와 Y재의 수량을 나타낸 선을 예산선이라고 한다.

　즉, 예산선과 무차별 곡선의 변화에 따라 각 소비자의 최적 선택지점도 변하게 된다.

① (대)－(매)－(개)－(내)－(래)　　　② (개)－(내)－(래)－(매)－(대)

③ (내)－(개)－(매)－(대)－(래)　　　④ (래)－(매)－(내)－(개)－(대)

9 다음 글을 읽고 바르게 설명한 것을 고르시오.

'핸드오버'란 이동단말기가 이동함에 따라 기존 기지국에서 이탈하여 새로운 기지국으로 넘어갈 때 통화가 끊기지 않도록 통화 신호를 새로운 기지국으로 넘겨주는 것을 말한다. 이런 핸드오버는 이동단말기, 기지국, 이동전화교환국 사이의 유무선 연결을 바탕으로 실행된다. 이동단말기가 기지국에 가까워지면 그 둘 사이의 신호가 점점 강해지는데 반해, 이동단말기와 기지국이 멀어지면 그 둘 사이의 신호는 약해진다. 이 신호의 세기가 특정 값 이하로 떨어지게 되면 핸드오버가 명령되어 이동단말기와 새로운 기지국 간의 통화 채널이 형성된다. 이 과정에서 이동전화교환국과 기지국 간 연결에 문제가 발생하면 핸드오버가 실패하게 된다.

핸드오버는 이동단말기와 기지국 간 통화 채널 형성 순서에 따라 '형성 전 단절 방식'과 '단절 전 형성 방식'으로 구분된다. TDMA와 FDMA에서는 형성 전 단절 방식을, CDMA에서는 단절 전 형성 방식을 사용한다. 형성 전 단절 방식은 이동단말기와 새로운 기지국 간의 통화 채널이 형성되기 전에 기존 기지국과의 통화 채널을 단절하는 것을 말한다. 이와 반대로 단절 전 형성 방식을 이동단말기와 기존 기지국 간의 통화 채널이 단절되기 전에 새로운 기지국과의 통화 채널을 형성하는 방식이다. 이런 핸드오버방식의 차이는 각 기지국이 사용하는 주파수 간 차이에서 비롯된다. 만약 각 기지국이 다른 주파수를 사용한다면, 이동단말기는 기존 기지국과의 통화 채널을 미리 단절한 뒤 새로운 기지국에 맞는 주파수를 할당 받은 후 통화 채널을 형성해야 한다. 그러나 각 기지국이 같은 주파수를 사용하고 있다면, 그런 주파수 조정이 필요 없으며 새로운 통화 채널을 형성하고 나서 기존 통화 채널을 단절할 수 있다.

① 단절 전 형성 방식의 각 기지국은 서로 동일하지 않은 주파수를 사용한다.

② 이동단말기와 기존 기지국 간의 통화 채널이 단절되면 핸드오버가 성공한 것이다.

③ 형성 전 단절 방식은 단절 전 형성 방식보다 더 빠르게 핸드오버를 명령할 수 있다.

④ CDMA에서는 하나의 이동단말기가 두 기지국과 동시에 통화 채널을 형성할 수 있지만, FDMA는 그렇지 않다.

10 다음 사례를 통해 알 수 있는 소셜 미디어의 특징으로 가장 적절한 것은?

○○일보
20xx년 1월 15일
소셜미디어의 활약, 너무 반짝반짝 눈이 부셔!

 자연재해 시마다 소셜미디어의 활약이 눈부시다. 지난 14일 100년 만의 폭설로 인해 지하철 운행이 중단되고 곳곳의 도로가 정체되는 등 교통대란이 벌어졌지만 많은 사람들이 스마트폰의 도움으로 최악의 상황을 피할 수 있었다.
 누리꾼들은, 폭설로 인한 전력공급 중단으로 지하철 1호선이 영등포역 정차 중 올림픽대로 상행선 가양대교부터 서강대교까지 정체 중 서로 소셜미디어를 통해 실시간 피해 상황을 주고받았으며 이로 인해 출근 준비 중이던 대부분의 시민들은 다른 교통수단으로 혼란 없이 회사로 출근할 수 있었다.

① 정보전달방식이 일방적이다.
② 상위계층만 누리던 고급문화가 대중화된 사례이다.
③ 정보수용자와 제공자 간의 경계가 모호하다.
④ 정보의 무비판적 수용을 조장한다.

11 다음 글을 참고할 때, '깨진 유리창의 법칙'이 시사하는 바로 가장 적절한 것은?

1969년 미국 스탠포드 대학의 심리학자인 필립 짐바르도 교수는 아주 흥미로운 심리실험을 진행했다. 범죄가 자주 발생하는 골목을 골라 새 승용차 한 대를 보닛을 열어놓은 상태로 방치시켰다. 일주일이 지난 뒤 확인해보니 그 차는 아무런 이상이 없었다. 원상태대로 보존된 것이다. 이번에는 똑같은 새 승용차를 보닛을 열어놓고, 한쪽 유리창을 깬 상태로 방치시켜 두었다. 놀라운 일이 벌어졌다. 불과 10분이 지나자 배터리가 없어지고 차 안에 쓰레기가 버려져 있었다. 시간이 지나면서 낙서, 도난, 파괴가 연이어 일어났다. 1주일이 지나자 그 차는 거의 고철상태가 되어 폐차장으로 실려 갈 정도가 되었던 것이다. 훗날 이 실험결과는 '깨진 유리창의 법칙'이라는 이름으로 불리게 된다.

1980년대의 뉴욕 시는 연간 60만 건 이상의 중범죄가 발생하는 범죄도시로 악명이 높았다. 당시 여행객들 사이에서 '뉴욕의 지하철은 절대 타지 마라'는 소문이 돌 정도였다. 미국 라토가스 대학의 켈링 교수는 '깨진 유리창의 법칙'에 근거하여, 뉴욕 시의 지하철 흉악 범죄를 줄이기 위한 대책으로 낙서를 철저하게 지울 것을 제안했다. 낙서가 방치되어 있는 상태는 창문이 깨져있는 자동차와 같은 상태라고 생각했기 때문이다.

① 범죄는 대중교통 이용 공간에서 발생확률이 가장 높다.
② 작은 일을 철저히 관리하면 큰 사고를 막을 수 있다.
③ 문제는 확인되기 전에 사전 단속이 중요하다.
④ 범죄를 방치하면 스스로 증감을 거듭한다.

12

> 기본적으로 전기차의 충전수요는 주택용 및 직장용 충전방식을 통해 상당부분 충족될 수 있다. 집과 직장은 우리가 하루 중 대부분의 시간을 보내는 장소이며, 그만큼 우리의 자동차가 가장 많은 시간을 보내는 장소이다. 그러나 서울 및 대도시를 포함하여, 전국적으로 아파트 등 공동주택에 거주하는 가구비중이 높은 국내 현실을 감안한다면, 주택 충전방식의 제약은 단기적으로 해결하기는 어려운 것이 또한 현실이다. 더욱이 우리가 자동차를 소유하고 활용할 때 직장으로의 통근용으로만 사용하지는 않는다. 때론 교외로 때론 지방으로 이동할 때 자유롭게 활용 가능해야 하며, 이때 (   ), 전기차의 시장침투는 그만큼 제약될 수밖에 없다. 직접 충전을 하지 않더라도 적어도 언제 어디서나 충전이 가능하다는 인식이 자동차 운전자들에게 보편화되지 않는다면, 배터리에 충전된 전력이 다 소진되어, 도로 한가운데서 꼼짝달싹 할 수 없게 될 수도 있다는 두려움, 즉 주행가능거리에 대한 우려로 인해 기존 내연기관차에서 전기차로의 전환은 기피대상이 될 수밖에 없다.
>
> 결국 누구나 언제 어디서나 접근이 가능한 공공형 충전소가 도처에 설치되어야 하며, 이를 체계적으로 운영 관리하여 전기차 이용자들이 편하게 사용할 수 있는 분위기 마련이 시급하다. 이를 위해서는 무엇보다 전기차 충전서비스 시장이 두터워지고, 잘 작동해야 한다.

① 이동하고자 하는 거리가 너무 멀다면
② 충전 요금이 과도하게 책정된다면
③ 전기차 보급이 활성화되어 있지 않다면
④ 기존 내연기관보다 불편함이 있다면

13

　　전통 예술의 현대화나 민족 예술의 세계화라는 명제와 관련하여 흔히 사물놀이를 모범 사례로 든다. 전통의 풍물놀이 '농악을 무대 연주 음악으로 탈바꿈시킨 사물놀이는 짧은 역사에도 불구하고 한국 현대 예술에서 당당히 한 자리를 잡은 가운데 우리 전통 음악의 신명을 세계에 전하는 구실을 하고 있다.

　　그러나 문화계 일각에서는 사물놀이에 대한 비판적 관점도 제기되고 있다. 특히 전통 풍물을 살리기 위한 노력을 전개하는 쪽에서 적지 않은 우려를 나타내고 있다. 그들은 무엇보다도 사물놀이가 풍물놀이의 굿 정신을 잃었거나 또는 잃어 가고 있다는 데 주목한다. 풍물놀이는 흔히 '풍물굿'으로 불리는 것으로서 모두가 마당에서 함께 어울리는 가운데 춤·기예(技藝)와 더불어 신명나는 소리를 펼쳐내는 것이 본질적인 특성인데, 사물놀이는 리듬악이라는 좁은 세계에 안착함으로써 풍물놀이 본래의 예술적 다양성과 생동성을 약화시켰다는 것이다. 사물놀이에 의해 풍물놀이가 대체되는 흐름은 우리 민족 예술의 정체성 위기로까지도 이어질 수 있다는 의견이다. 사물놀이에 대한 우려는 그것이 창조적 발전을 거듭하지 못한 채 타성에 젖어 들고 있다는 측면에서도 제기된다. 많은 사물놀이 패가 새로 생겨났지만, 사물놀이의 창안자들이 애초에 이룩한 음악 어법이나 수준을 넘어서서 새로운 발전을 이루어 내지 못한 채 그 예술적 성과와 대중적 인기에 안주하고 있다는 것이다. 이는 사물놀이가 민족 예술로서의 정체성을 뚜렷이 갖추지 못한 데에 따른 결과로 분석되기도 한다. 이런 맥락에서 비판자들은 혹시라도 사물놀이가 (　　　　　　　　　　　)으로 흘러갈 경우 머지않아 위기를 맞게 될지도 모른다고 경고하고 있다.

① 대중이 일시적인 기호에 영합하는 방향

② 형식과 전통을 뛰어 넘는 방향

③ 서양 음악과의 만남을 시도하는 방향

④ 본래의 예술성과 생동성을 찾아가는 방향

14

문화 상품의 저작권 보호를 위해 기본적으로 필요한 요소는 (   ). 하지만 우리 소비자들은 수년간의 면역 효과로 인해 공짜 문화 상품의 맛에서 헤어 나오지 못하고 있다. 저작권에 대한 소비자의 의식에 획기적인 변화가 없는 한 문화 상품에 대한 가치는 어디서고 인정받지 못하게 될 것이고 문화 산업계가 꿈꾸고 있는 장밋빛 미래도 없을 것이라고 단언한다.

① 수출업자의 적극적인 홍보이다.
② 저작권 가치에 대한 소비자의 인식이다.
③ 제작자의 관대한 태도이다.
④ 제작자와 소비자의 대화와 화해이다.

15

웹 만화의 특징으로 들 수 있는 것은 인터넷상에서 두루마리처럼 아래로 길게 펼쳐 읽는 것이다. 일반적인 출판 만화는 한 편을 오른쪽에서 왼쪽으로 장을 넘겨 가며 읽는 책의 형식인 반면, 웹 만화는 마우스를 이용해 위에서 아래로 내려가며 읽는 형식을 취하고 있다. 이와 같은 웹 만화의 세로 읽기는 한 회의 만화를 끊어짐이 없이 읽어 내려가게 함으로써 (   ). 출판 만화의 경우 긴장이 고조된 장면이라고 할지라도 한 장 한 장 넘기며 읽어야 하기 때문에 감정의 흐름이 끊길 수 있지만, 웹 만화는 장면을 연속적으로 이어 볼 수 있으므로 긴장감을 지속적으로 유지해 나갈 수 있다.

① 궁금증을 유발할 수 있다.
② 독자의 흥미를 배가시킬 수 있다.
③ 더 빠르게 읽을 수 있다.
④ 독자의 피곤함을 덜 수 있다.

16

우리 속담 가운데 '콩 심은 데 콩 나고, 팥 심은 데 팥 난다.' 라는 말이 있다. 공부하지 않고 성적이 향상되기를 바라는 사람에게 주는 교훈이다. 농부가 씨앗을 잘 간수해 두었다가 때를 맞추어 뿌리고, 심고, 가꾸어야 풍성한 결실을 거둘 수 있다. 돈을 낭비하면 가난뱅이가 되고, 시간을 낭비하면 낙오자가 된다.

논밭을 망치는 것은 잡초요, 사람을 망치는 것은 허영이다. 모든 일은 심은 대로 거두는 것이다. 우리는 심은 것을 거두는 (   )(을)를 마음속에 되새겨야 할 것이다.

① 인과응보의 진리
② 자연이 주는 혜택
③ 긍정적 사고방식
④ 낭비하지 않는 습관

17 여름이 빨리 오고 오래 가다보니 의류업계에서 '쿨링'을 컨셉으로 하는 옷들을 앞 다퉈 내놓고 있다. 그물망 형태의 옷감에서 냉감(冷感)을 주는 멘톨(박하의 주성분)을 포함한 섬유까지 접근 방식도 제각각이다. 그런데 가까운 미래에는 미생물을 포함한 옷이 이 대열에 합류할지도 모르겠다. 박테리아 같은 미생물은 여름철 땀 냄새의 원인이라는데 어떻게 옷에 쓰일 수 있을까.

생물계에서 흡습형태변형은 널리 관찰되는 현상이다. 솔방울이 대표적인 예로 습도가 높을 때는 비늘이 닫혀있어 표면이 매끈한 덩어리로 보이지만 습도가 떨어지면 비늘이 삐죽삐죽 튀어나온 형태로 바뀐다. 밀이나 보리의 열매(낟알) 끝에 달려 있는 까끄라기도 습도가 높을 때는 한 쌍이 거의 나란히 있지만 습도가 낮아지면 서로 벌어진다. 이런 현상은 한쪽 면에 있는 세포의 길이(크기)가 반대 쪽 면에 있는 세포에 비해 습도에 더 민감하게 변하기 때문이다. 즉 습도가 낮아져 세포 길이가 짧아지면 그쪽 면을 향해 휘어지는 것이다.

MIT의 연구자들은 미생물을 이용해서도 이런 흡습형태변형을 구현할 수 있는지 알아보기로 했다. 즉 습도에 영향을 받지 않는 재질인 천연라텍스 천에 농축된 대장균 배양액을 도포해 막을 형성했다. 대장균은 별도의 접착제 없이도 소수성 상호작용으로 라텍스에 잘 달라붙는다. 라텍스 천의 두께는 150~500㎛(마이크로미터. 1㎛는 100만분의 1m)이고 대장균 막의 두께는 1~5㎛다.

이 천을 상대습도 15%인 건조한 곳에 두자 대장균 세포에서 수분이 빠져나가며 대장균 막이 도포된 쪽으로 휘어졌다. 이 상태에서 상대습도 95%인 곳으로 옮기자 천이 서서히 펴지며 다시 평평해졌다. 이 과정을 여러 차례 반복해도 같은 현상이 재현됐다.

연구자들은 원자힘현미경(AFM)으로 대장균 막을 들여다봤고 상대습도에 따라 크기(부피)가 변한다는 사실을 확인했다. 즉 건조한 곳에서는 대장균 세포부피가 30% 정도 줄어드는데 이 효과가 천에서 세포들이 나란히 배열된 쪽을 수축시키는 현상으로 나타나 그 방향으로 휘어지는 것이다. 연구자들은 이런 흡습형태변형이 대장균만의 특성인지 미생물의 일반 특성인지 알아보기 위해 몇 가지 박테리아와 단세포 진핵생물인 효모에 대해서도 같은 실험을 해봤다. 그 결과 정도의 차이는 있었지만 패턴은 동일했다.

다음으로 연구자들은 양쪽 면에 미생물이 코팅된 천이 쿨링 소재로 얼마나 효과적인지 알아보기로 했다. 연구팀은 흡습형태변형이 효과를 낼 수 있도록 독특한 형태로 옷을 디자인했다. 즉, ( ). 그 결과 공간이 생기면서 땀의 배출을 돕는다. 측정 결과 미생물이 코팅된 천으로 만든 옷을 입을 경우 같은 형태의 일반 천으로 만든 옷에 비해 피부 표면 공기의 온도가 2도 정도 낮아 쿨링 효과가 있는 것으로 나타났다.

① 미생물이 코팅된 천이 땀으로 인한 습도의 영향을 잘 받을 수 있도록 옷의 안쪽 면에 부착하여 옷의 바깥쪽과는 완전히 다른 환경을 유지할 수 있도록 디자인했다.

② 땀이 많이 나는 등 쪽에 칼집을 낸 형태로 만들어 땀이 나지 않을 때는 평평하다가 땀이 나면 피부 쪽 면의 습도가 높아져 미생물이 팽창해 천이 바깥쪽으로 휘어지도록 디자인했다.

③ 체온이 높은 등 쪽으로 천이 휘어지게 되는 성질을 이용해 평상시에는 옷이 바깥쪽으로 더 튀어나오도록 디자인했다.

④ 땀이 나서 습도가 올라가면 등 쪽의 세포 길이가 짧아질 것을 고려해 천이 안쪽으로 휘어져 공간이 생길 수 있도록 디자인했다.

18

일을 하다 보면 균형과 절제가 필요하다는 것을 알게 된다. 일의 수행 과정에서 부분적 잘못을 바로 잡으려다 정작 일 자체를 뒤엎어 버리는 경우가 왕왕 발생하기 때문이다. 흔히 속담에 "빈대 잡으려다 초가삼간 태운다."라는 말은 여기에 해당할 것이다. 따라서 부분적 결점을 바로 잡으려다 본질을 해치는 (   )의 어리석음을 저질러서는 안 된다.

① 개과불린(改過不吝)

② 경거망동(輕擧妄動)

③ 교각살우(矯角殺牛)

④ 부화뇌동(附和雷同)

19

사람을 비롯한 포유류에서 모든 피를 만드는 줄기세포는 뼈에 존재한다. 그러나 물고기의 조혈 줄기세포(조혈모세포)는 신장에 있다. 신체의 특정 위치 즉 '조혈 줄기세포 자리(blood stem cell niche)'에서 피가 만들어진다는 사실을 처음 알게 된 1970년대 이래, 생물학자들은 생물들이 왜 서로 다른 부위에서 이 기능을 수행하도록 진화돼 왔는지 궁금하게 여겨왔다. 그 40년 뒤, 중요한 단서가 발견됐다. 조혈 줄기세포가 위치한 장소는 (   )진화돼 왔다는 사실이다.

이번에 발견된 '조혈 줄기세포 자리' 퍼즐 조각은 조혈모세포 이식의 안전성을 증진시키는데 도움이 될 것으로 기대된다. 연구팀은 실험에 널리 쓰이는 동물모델인 제브라피쉬를 관찰하다 영감을 얻게 됐다.

프리드리히 카프(Friedrich Kapp) 박사는 "현미경으로 제브라피쉬의 조혈 줄기세포를 관찰하려고 했으나 신장 위에 있는 멜라닌세포 층이 시야를 가로막았다"고 말했다. 멜라닌세포는 인체 피부 색깔을 나타내는 멜라닌 색소를 생성하는 세포다.

카프 박사는 "장 위에 있는 멜라닌세포의 모양이 마치 파라솔을 연상시켜 이 세포들이 조혈줄기세포를 자외선으로부터 보호해 주는 것이 아닐까 하는 생각을 하게 됐다"고 전했다. 이런 생각이 들자 카프 박사는 정상적인 제브라피쉬와 멜라닌세포가 결여된 변이 제브라피쉬를 각각 자외선에 노출시켰다. 그랬더니 변이 제브라피쉬의 조혈 줄기세포가 줄어드는 현상이 나타났다. 이와 함께 정상적인 제브라피쉬를 거꾸로 뒤집어 자외선을 쬐자 마찬가지로 줄기세포가 손실됐다. 이 실험들은 멜라닌세포 우산이 물리적으로 위에서 내리쬐는 자외선으로부터 신장을 보호하고 있다는 사실을 확인시켜 주었다.

① 멜라닌 색소가 생성되기에 최적의 공간이 형성될 수 있도록
② 햇빛에 대한 멜라닌세포 층의 반응이 최소화될 수 있도록
③ 줄기세포에 일정한 양의 햇빛이 지속적으로 공급될 수 있도록
④ 햇빛의 유해한 자외선으로부터 이 줄기세포를 보호하도록

20 다음 글을 통해 알 수 있는 '풋 귤'의 특징으로 적절한 것은?

풋 귤이란 덜 익어서 껍질이 초록색인 감귤을 가리킨다. 감귤의 적정 생산량을 조절하기 위해 수확 시기보다 이르게 감귤나무에서 미숙한 상태로 솎아내는 과일이다. 얼마 전까지만 해도 풋 귤은 '청귤'로 많이 불렸다. 색깔이 노란색이 아닌 초록색이어서 붙여진 이름이다. 그런데 사실 이는 잘못된 일이다. 청귤은 엄연한 감귤의 한 품종으로서 제주의 고유 품종 중 하나다. 다른 감귤과 달리 꽃이 핀 이듬해인 2월까지 껍질이 푸르며, 3~4월이 지나서야 황색으로 변하게 된다. 여러 감귤 품종 중에서도 특히 추위와 질병에 강한 생태적 특성을 지닌 것으로 알려져 있다. 재래종인 만큼 한 때는 제주도에서 생산되는 감귤 중 상당량이 청귤이었지만, 개량된 감귤의 위세에 밀려 현재는 생산량이 많이 줄어든 상황이다. 따라서 감귤의 미숙과를 청귤이라고 부르는 것은 잘못된 호칭이며, 풋 귤이라 부르는 것이 보다 정확한 표현이다.

사실 풋 귤이 시장의 주목을 받기 시작한 것은 얼마 되지 않는다. 일정 품질과 당도를 유지하는 감귤을 만들기 위해 열매의 일부분이 익기도 전에 따서 버렸기에 제대로 된 이름조차 갖지 못했다. 그러던 풋 귤이 특색 있는 식재료로 인정받아 유통 품목의 하나로 자리를 잡기 시작한 것은 지난 2015년부터의 일이다. 영양학적 가치를 인정받았기 때문이다.

최근 들어서는 기존의 감귤 시장을 위협할 정도로 수요가 꾸준히 늘고 있다. 특히 수입과일인 레몬이나 라임 등을 대체할 수 있는 먹거리로 풋 귤이 떠오르면서 국내는 물론 해외에서도 관심의 대상이 되고 있다.

감귤연구소 연구진은 사람의 각질세포에 풋 귤에서 추출한 물질을 1% 정도만 처리해도 '히알루론산(hyaluronic acid)'이 40%나 증가한다는 사실을 확인했다. 히알루론산은 동물의 피부에 많이 존재하는 생체 합성 천연 물질이다. 수산화기(−OH)가 많은 친수성 물질이며 사람이나 동물 등의 피부에서 보습 작용 역할을 하는 것으로 알려져 있다. 이에 대해 감귤연구소 관계자는 "각질층에 수분이 충분해야 피부가 건강하고 탄력이 생긴다."라고 설명하며 "피부의 주름과 탄성에 영향을 주는 히알루론산이 많이 생성된 것을 볼 때 풋 귤의 보습효과는 탁월하다"라고 밝혔다.

풋 귤은 보습 효과 외에 염증 생성을 억제하는 효과도 뛰어난 것으로 드러났다. 연구진은 동물의 백혈구를 이용한 풋 귤 추출물의 염증 억제 실험을 진행했다. 그 결과 풋 귤 추출물을 200ug/mL 처리했더니 일산화질소 생성이 40%p 정도 줄었고, 염증성 사이토 카인의 생성도 대폭 억제되는 것으로 밝혀졌다. 일산화질소(NO)와 염증성 사이토카인(cytokine)은 염증 반응의 대표 지표 물질이다. 이에 대해 감귤연구소 관계자는 "풋 귤은 익은 감귤에 비해 총 폴리페놀(polyphenol)과 총 플라보노이드(flavonoid) 함량이 2배 이상 높은 것으로 나타났다"라고 강조했다.

① 풋 귤이 감귤보다 더 맛이 있다.
② 풋 귤은 일반 감귤이 덜 익은 상태로 수확된 것을 의미하는 것이 아니다.
③ 풋 귤에 함유된 폴리페놀과 플라보노이드는 염증 생성을 억제하는 기능을 한다.
④ 풋 귤은 다른 감귤보다 더 늦게 황색으로 변하며 더 오랜 시간 황색을 유지한다.

‖ 21-22 ‖ 다음 글을 읽고 회의 · 대담 참여자의 말하기 방식에 대한 설명으로 적절하지 않은 것을 고르시오.

21

> A : 요즘 날씨가 더워지면서 에너지 절약에 대한 문제가 심각한 거 다들 알고 계시죠? 작년에도 블랙아웃을 겪을 정도로 이 문제가 심각했습니다. 그래서 이번에는 사무실에서 할 수 있는 에너지 절약 방안에 대해 논의하고자 합니다. 에너지 절약에 대해 좋은 의견이 있으면 말씀해 주시기 바랍니다.
>
> B : 가끔 점심식사를 하고 들어오면 아무도 없는 사무실에 에어컨이 켜져 있는 것을 볼 수 있습니다. 사소한 것이지만 이런 것도 문제가 될 수 있다고 생각합니다.
>
> C : 맞습니다. 오늘 일찍 출근을 해보니 아무도 없는데 사무실의 에어컨이 켜져 있는 것을 보았습니다.
>
> D : 진짜입니까? 그렇다면 정말 위험할 뻔 했습니다. 자칫 과열되어 불이라도 났으며 어쩔 뻔 했습니까?
>
> E : 지금 에너지 절약 방안에 대한 회의를 하자고 한 것 아닙니까? 그에 맞는 논의를 했으면 좋겠습니다. 저는 담당자를 지정하여 사무실에 대한 에너지 관리를 하였으면 좋겠습니다. 예를 들어 에어컨이나 컴퓨터, 소등 등을 점검하고 확인하는 것입니다.
>
> F : 저는 에어컨 온도를 적정 수준 이상으로 올리지 않도록 규정온도를 정했으면 합니다.
>
> G : 그건 안 됩니다. 집도 덥고, 아침에 출근하고 나면 엄청 더운데 사무실에서까지 덥게 지내라는 것은 말이 안 됩니다. 사무실 전기세를 내가 내는 것도 아닌데 사무실에서만이라도 시원하게 지내야 된다고 생각합니다.
>
> H : 왜 그렇게 이기적이십니까? 에너지 문제는 우리 전체의 문제입니다.
>
> G : 뭐 제가 이기적이라고 말씀하신 겁니까?
>
> I : 감정적으로 대응하지 마시고 우리가 할 수 있는 방안을 생각해 보도록 하는 것이 좋을 것 같습니다.
>
> J : 저는 지금까지 나온 의견을 종합하는 것이 좋다고 생각합니다. 에너지 절약 담당자를 지정하여 에어컨 온도를 유지하고, 퇴근할 때 사무실 소등 및 점검을 하는 것이 좋다고 생각합니다.

① A : 참여자의 적극적 참여를 위해 화제의 필요성을 강조하며 회의를 시작하고 있다.

② D : 상대의 말에 동의하며 의사소통 상황에 맞게 의견을 개진하고 있다.

③ E : 잘못된 방향으로 흘러가는 화제를 조정하며 회의에 적극적으로 참여하고 있다.

④ I : 다수가 참여하는 의사소통에서 참여자의 갈등을 중재하여 담화의 흐름을 돕고 있다.

22

진행자 : 청취자 여러분, 안녕하세요. 오늘은 ○○ 법률 연구소에 계신 법률 전문가를 모시고 생활 법률 상식을 배워보겠습니다. 안녕하세요?

전문가 : 네, 안녕하세요. 오늘은 '정당행위'에 대해 말씀드리고자 합니다. 먼저 여러분께 문제를 하나 내 보겠습니다. 만약 스파이더맨이 도시를 파괴하려는 악당들과 싸우다 남의 건물을 부쉈다면, 부서진 건물은 누가 배상해야 할까요?

진행자 : 일반적인 경우라면 건물을 부순 사람이 보상해야겠지만, 이런 경우에 정의를 위해 악당과 싸운 스파이더맨에게 보상을 요구하는 것은 좀 지나친 것 같습니다.

전문가 : 청취자 여러분들도 이와 비슷한 생각을 하실 것 같은데요, 이런 경우에는 스파이더맨의 행위를 악당으로부터 도시를 지키기 위한 행위로 보고 민법 761조 1항에 의해 배상책임을 면할 수 있도록 하고 있습니다. 이때 스파이더맨의 행위를 '정당행위'라고 합니다.

진행자 : 아, 그러니까 악당으로부터 도시를 지키기 위해 싸운 스파이더맨의 행위가 '정당행위'이고, 정당행위로 인한 부득이한 손해는 배상할 필요가 없다는 뜻이군요.

전문가 : 네, 맞습니다. 그래야 스파이더맨의 경우처럼 불의를 보고 나섰다가 오히려 손해를 보는 일이 없겠죠.

진행자 : 그런데 문득 이런 의문이 드네요. 만약 스파이더맨에게 배상을 받을 수 없다면 건물 주인은 누구에게 배상을 받을 수 있을까요?

전문가 : 그래서 앞서 말씀드린 민법 동일 조항에서는 정당행위로 인해 손해를 입은 사람이 애초에 불법행위를 저질러 손해의 원인을 제공한 사람에게 배상을 청구할 수 있도록 하고 있습니다. 즉 건물 주인은 악당에게 손해배상을 청구할 수 있습니다.

① 진행자는 전문가가 한 말의 핵심 내용을 재확인함으로써 청취자들의 이해를 돕고 있다.
② 전문가는 청취자가 관심을 가질 질문을 던져 화제에 집중도를 높이고 있다.
③ 진행자는 전문가가 한 말의 핵심 내용을 재확인함으로써 청취자들의 이해를 돕고 있다.
④ 전문가는 추가적인 정보를 제시함으로써 진행자의 오해를 바로 잡고 있다.

23 다음 제시된 글에서 추론할 수 있는 것은?

가격분산이 발생하는 원인은 크게 판매자의 경제적인 이유에 의한 요인, 소비자 시장구조에 의한 요인, 재화의 특성에 따른 요인, 소비자에 의한 요인으로 구분할 수 있다. 첫째, 판매자 측의 경제적인 이유로는 소매상점의 규모에 따른 판매비용의 차이와 소매상인들의 가격 차별화 전략의 두 가지를 들 수 있다. 상점의 규모가 클수록 대량으로 제품을 구매할 수 있으므로 판매비용이 절감되어 보다 낮은 가격에 제품을 판매할 수 있다. 가격 차별화 전략은 소비자의 지불 가능성에 맞추어 그때그때 최고 가격을 제시함으로써 이윤을 극대화하는 전략을 말한다. 둘째, 소비자 시장구조에 의한 요인으로 소비자 시장의 불완전성과 시장 규모의 차이에서 기인하는 것이다. 새로운 판매자가 시장에 진입하거나 퇴거할 때 각종 가격 세일을 실시하는 것과 소비자의 수가 많고 적음에 따라 가격을 다르게 정할 수 있는 것을 예로 들 수 있다. 셋째, 재화의 특성에 따른 요인으로 하나의 재화가 얼마나 다른 재화와 밀접하게 관련되어 있느냐에 관한 것, 즉 보완재의 여부에 따라 가격분산을 가져올 수 있다. 넷째, 소비자에 의한 요인으로 가격과 품질에 대한 소비자의 그릇된 인지를 들 수 있다. 소비자가 가격분산의 정도를 잘못 파악하거나 가격분산을 과소평가하게 되면 정보 탐색을 적게 하고 이는 시장의 규율을 늦춤으로써 가격분산을 지속시키는 데 기여하게 되는 것이다.

① 가격분산이 큰 제품일수록 가격에 대한 신뢰도는 낮을 것이다.
② 정부의 엄격한 규제가 있으면 가격분산을 막을 수 있을 것이다.
③ 대체할 재화의 유무에 따라 가격분산이 발생할 수 있을 것이다.
④ 정보의 부재는 가격분산에 따른 소비자의 피해를 키우는 원인이 될 것이다.

24 두 과학자 A와 B의 진술 내용과 부합하지 않는 것은?

> 우리 은하와 비교적 멀리 떨어져 있는 은하들이 모두 우리 은하로부터 점점 더 멀어지고 있다는 사실이 확인되었다. 이 사실을 두고 우주의 기원과 구조에 대해 서로 다른 견해를 가진 두 과학자가 다음과 같이 논쟁하였다.
>
> A : 우주는 시간적으로 무한히 오래되었다. 우주가 팽창하는 것은 사실이다. 그렇다고 우리 견해가 틀렸다고 볼 필요는 없다. 우주는 팽창하지만 전체적으로 항상성을 유지한다. 은하와 은하가 멀어질 때 그 사이에서 물질이 연속적으로 생성되어 새로운 은하들이 계속 형성되기 때문이다. 비록 우주는 약간씩 변화가 있겠지만, 우주 전체의 평균 밀도는 일정하게 유지된다. 만일 은하 사이에서 새로 생성되는 은하를 관측한다면, 우리의 가설을 입증할 수 있다. 반면 우주가 자그마한 씨앗으로부터 대폭발에 의해 생겨났다는 주장은 터무니없다. 이처럼 방대한 우주의 물질과 구조가 어떻게 그토록 작은 점에 모여 있을 수 있겠는가?
>
> B : A의 주장은 터무니없다. 은하 사이에서 새로운 은하가 생겨난다면 도대체 그 물질은 어디서 온 것이라는 말인가? 은하들이 우리 은하로부터 점점 더 멀어지고 있다는 사실은 오히려 우리 견해가 옳다는 것을 입증할 뿐이다. 팽창하는 우주를 거꾸로 돌린다면 우주가 시공간적으로 한 점에서 시작되었다는 결론을 얻을 수 있다. 만일 우주 안의 모든 물질과 구조가 한 점에 있었다면 초기 우주는 현재와 크게 달랐을 것이다. 대폭발 이후 우주의 물질들은 계속 멀어지고 있으며 우주의 밀도는 계속 낮아지고 있다. 대폭발 이후 방대한 전자기파가 방출되었는데, 만일 우리가 이를 관측한다면, 우리의 견해가 입증될 것이다.

① A와 B는 인접한 은하들 사이의 평균 거리가 커진다는 것을 받아들인다.

② A에 따르면 우주는 국소적인 변화는 있으나 전체적으로는 변화가 없다.

③ A에 따르면 물질의 총질량이 보존되지 않는다.

④ A에 따르면 우주는 시작이 없고, B에 따르면 우주는 시작이 있다.

25 공문서를 작성할 경우, 명확한 의미의 전달은 의사소통을 하는 일에 있어 가장 중요한 요소라고 할 수 있다. 다음에 제시되는 문장 중 명확하지 않은 중의적인 의미를 포함하고 있는 문장이 아닌 것은 어느 것인가?

① 그녀를 기다리고 있던 성진이는 길 건너편에서 모자를 쓰고 있었다.

② 그곳까지 간 김에 나는 철수와 영희를 만나고 돌아왔다.

③ 대학 동기동창이던 하영이와 원태는 지난 달 결혼을 하였다.

④ 울면서 떠나는 영희에게 철수는 손을 흔들었다.

26 다음 글은 어떤 글을 쓰기 위한 서두 부분이다. 다음에 이어질 글을 추론하여 제목을 고르면?

> 우주선 안을 둥둥 떠다니는 우주비행사의 모습은 동화 속의 환상처럼 보는 이를 즐겁게 한다. 그러나 위아래 개념도 없고 무게도 느낄 수 없는 우주공간에서 실제 활동하는 것은 결코 쉬운 일이 아니다. 때문에 우주비행사들은 여행을 떠나기 전에 지상기지에서 미세중력(무중력)에 대한 충분한 훈련을 받는다. 그러면 무중력 훈련은 어떤 방법으로 하는 것일까?

① 비행사의 무중력 훈련

② 우주선의 신비

③ 우주선과 무중력

④ 무중력의 신비

27 다음 밑줄 친 상황을 가장 잘 나타낸 것은?

> 성아는 한동안 학교에도 모임에도 나오지 않고 그저 집에만 있었다. 무슨 일이 생긴 건지 연락도 되지 않아서 우리가 할 수 있는 것이라고는 그저 성아의 소식을 기다리는 것이 전부였다.

① 일편단심(一片丹心)

② 만시지탄(晚時之歎)

③ 두문불출(杜門不出)

④ 전전반측(輾轉反側)

28 다음 글의 중심 내용으로 적절한 것은?

> 전문적 읽기는 직업이나 학업과 관련하여 전문적으로 글을 읽는 방법을 말하는데, 주제 통합적 독서와 과정에 따른 독서가 여기에 포함된다. 주제 통합적 독서는 어떤 문제를 해결하려고 주제와 관련된 다양한 글을 서로 비교하여 읽고 자신의 관점을 정리하는 것을 말한다. 보고서를 쓰려고 주제와 관련된 여러 자료를 서로 비교하면서 읽는 것을 그 예로 들 수 있다. 과정에 따른 독서는 '훑어보기, 질문 만들기, 읽기, 확인하기, 재검토 하기' 등과 같은 순서로 읽는 방법을 말한다.

① 전문적 읽기 방법
② 주제 통합적 독서의 중요성
③ 학업과 관련한 독서 방법
④ 과정에 따른 독서의 순서

29 다음 사례를 가장 잘 표현한 것을 고르면?

> 처음 보는 사람을 평가할 때 몇 초 안에 첫인상이 모든 것을 좌우한다고 할 수 있다. 첫인상이 좋으면 이후에 발견되는 단점은 작게 느껴지지만 첫인상이 좋지 않으면 그의 어떠한 장점도 눈에 들어오지 않는 경우가 많다. 면접관들이 면접자들을 평가 할 때 그들의 부분적인 특성인 외모나 용모, 인상 등만을 보고 회사 업무에 잘 적응할 만한 사람이라고 판단하는 경우 이러한 효과가 작용했다고 할 수 있다. 미국 유명 기업 CEO들의 평균 신장이 180cm를 넘는다는 것 역시 큰 키에서 우러나오는 것들이 다른 특징들을 압도했다고 볼 수 있을 것이다.
>
> 소비자들이 가격이 비싼 명품 상품이나 인기 브랜드의 상품을 판단할 때 대상의 품질이나 디자인에 있어 다른 브랜드의 상품들에 비해 우수할 것이라고 생각하는 경우도 역시 이러한 내용이 작용한 결과라고 볼 수 있다. '브랜드의 명성'이라는 일부에 대한 특성이 품질, 디자인 등 대상의 전체적인 평가에까지 영향을 준 것이다.

① 고과자가 스스로가 가지고 있는 특성과 비교하여 피고과자를 고과하는 것이다.
② 어떤 한 부분에 있어 어떠한 사람에 대해서 호의적인 태도 등이 다른 부분에 있어서도 그 사람에 대한 평가에 영향을 주는 것이다.
③ 스스로가 지각할 수 있는 사실들을 집중적으로 조사해가면서, 알고 싶어 하지 않는 것들을 무시해 버리는 경향이다.
④ 근무성적평정 등에 있어서 평정 결과의 분포가 우수한 쪽으로 집중되는 경향을 말하는 것이다.

주먹과 손바닥으로 상징되는 이항 대립 체계는 롤랑 바르트도 지적하고 있듯이 서구 문화의 뿌리를 이루고 있는 기본 체계이다. 천사와 악마, 영혼과 육신, 선과 악, 괴물을 죽여야 공주와 행복한 결혼을 한다는 이른바 세인트 조지 콤플렉스가 바로 서구 문화의 본질이었다고 할 수 있다. 그러니까 서양에는 이항 대립의 중간항인 가위가 결핍되어 있었던 것이다. 주먹과 보자기만 있는 대립 항에서는 어떤 새로운 변화도 일어나지 않는다. 항상 이기는 보자기와 지는 주먹의 대립만이 존재한다.

서양에도 가위바위보와 같은 민속놀이가 있긴 하지만 그것은 동아시아에서 들어온 것이라고 한다. 그들은 이런 놀이를 들여옴으로써 서양 문화가 논리적 배중률이니 모순율이니 해서 극력배제하려고 했던 가위의 힘, 말하자면 세 손가락은 닫혀 있고 두 손가락은 펴 있는 양쪽의 성질을 모두 갖춘 중간항을 발견하였다. 열려 있으면서도 닫혀 있는 가위의 존재, 그 때문에 이항 대립의 주먹과 보자기의 세계에 새로운 생기와 긴장감이 생겨난다. 주먹은 가위를 이기고 가위는 보자기를 이기며 보자기는 주먹을 이기는, 그 어느 것도 정상에 이를 수 없으며 그 어느 것도 밑바닥에 깔리지 않는 서열 없는 관계가 형성되는 것이다.

유교에서 말하는 중용(中庸)도 가위의 기호 체계로 보면 정태론이 아니라 강력한 동태적 생성력으로 해석될 수 있을 것이다. 그것은 단순한 균형이나 조화가 아니라 주먹과 보자기의 가치 시스템을 파괴하고 새로운 질서를 끌어내는 혁명의 원리라고도 볼 수 있다. 〈역경(易經)〉을 서양 사람들이 변화의 서(書)라고 부르듯이 중용 역시 변화를 전제로 한 균형이며 조화라는 것을 잊어서는 안 된다. 쥐구멍에도 볕들 날이 있다는 희망은 이와 같이 변화의 상황에서만 가능한 꿈이라고 할 수 있다.

요즘 서구에서 일고 있는 '제3의 길'이란 것은 평등과 자유가 이항 대립으로 치닫고 있는 것을 새로운 가위의 패러다임으로 바꾸려는 시도라고 풀이할 수 있다. 지난 냉전 체제는 바로 정치 원리인 평등을 극단적으로 추구하는 구소련의 체제와 경제 원리인 자유를 극대화한 미국 체제의 충돌이었다고 할 수 있다. 이 '바위-보'의 대립 구조에 새로운 가위가 끼어들면서 구소련은 붕괴하고 자본주의는 승리라기보다 새로운 패러다임의 전환점에 서 있게 된 것이다. 새 천년의 21세기는 새로운 게임, 즉 가위바위보의 게임으로 상징된다고도 볼 수 있다. 화식과 생식의 요리 모델밖에 모르는 서구 문화에 화식(火食)도 생식(生食)도 아닌 발효식의 한국 김치가 들어가게 되면 바로 그러한 가위 문화가 생겨나게 되는 것이다.

역사학자 홉스봄의 지적대로 20세기는 극단의 시대였다. 이런 대립적인 상황이 열전이나 냉전으로 나타나 1억 8천만 명의 전사자를 낳는 비극을 만들었다. 전쟁만이 아니라 정신과 물질의 양극화로 환경은 파괴되고 세대의 갈등과 양성의 대립은 가족의 붕괴, 윤리의 붕괴를 일으키고 있다. 원래 예술과 기술은 같은 것이었으나 그것이 양극화되어 이상과 현실의 간극처럼 되고 인간 생활의 균형을 깨뜨리고 말았다. 이런 위기에서 벗어나기 위해 우리는 주먹과 보자기의 대립을 조화시키고 융합하는 방법을 찾아야 할 것이다.

① 동양 문화의 장점을 살려 새로운 문화를 창조해야 한다.

② 이분법적인 사고에서 벗어나 새로운 발상을 해야한다.

③ 냉전 시대의 해체로 화합과 조화의 자세가 요구된다.

④ 미래의 사회는 자유와 평등을 함께 구현해야한다.

31 다음 글의 중심내용으로 적절한 것은?

> 인간은 끊임없이 타인과 관계를 맺으며 살아가는 사회적 동물이기 때문에 공동체 생활을 통해 성장해 나가야 한다. 그러나 '나 홀로 전화기'와 함께하는 시간이 많다보니 타인의 즐거움에 같이 기뻐해 주고, 슬픔에 같이 공감해 주는 공동체 문화의 정신을 배울 기회가 줄어들었다. 타인과 어울려 서로의 감정에 공감하며 소속감을 느끼기보다 휴대 전화의 액정 화면에 얼굴을 묻고 자기만의 세계에 갇히게 된다. 휴대 전화와 함께하는 시간이 길어질수록 인간관계가 점점 단절될 수밖에 없는 것이다.

① 휴대 전화는 새로운 공간에서 소속감을 느끼게 해주는 매개체이다.

② 휴대 전화는 공동체 문화를 학습하는 데 도움이 된다.

③ 휴대 전화는 인간관계의 단절을 양산한다.

④ 인간은 홀로 살아갈 수 없다.

┃32-33┃ 다음 글을 읽고 물음에 답하시오.

조세는 국가의 재정을 마련하기 위해 경제 주체인 기업과 국민들로부터 거두어들이는 돈이다. 그런데 국가가 조세를 강제로 부과하다 보니 경제 주체의 의욕을 떨어뜨려 경제적 순손실을 초래하거나 조세를 부과하는 방식이 공평하지 못해 불만을 야기하는 문제가 나타난다. 따라서 조세를 부과할 때는 조세의 효율성과 공평성을 고려해야 한다.

우선 ㉠조세의 효율성에 대해서 알아보자. 상품에 소비세를 부과하면 상품의 가격 상승으로 소비자가 상품을 적게 구매하기 때문에 상품을 통해 얻는 소비자의 편익*이 줄어들게 되고, 생산자가 상품을 팔아서 얻는 이윤도 줄어들게 된다. 소비자와 생산자가 얻는 편익이 줄어드는 것을 경제적 순손실이라고 하는데 조세로 인하여 경제적 순손실이 생기면 경기가 둔화될 수 있다. 이처럼 조세를 부과하게 되면 경제적 순손실이 불가피하게 발생하게 되므로, 이를 최소화하도록 조세를 부과해야 조세의 효율성을 높일 수 있다.

㉡조세의 공평성은 조세 부과의 형평성을 실현하는 것으로, 조세의 공평성이 확보되면 조세 부과의 형평성이 높아져서 조세 저항을 줄일 수 있다. 공평성을 확보하기 위한 기준으로는 편익 원칙과 능력 원칙이 있다. 편익 원칙은 조세를 통해 제공되는 도로나 가로등과 같은 공공재*를 소비함으로써 얻는 편익이 클수록 더 많은 세금을 부담해야 한다는 원칙이다. 이는 공공재를 사용하는 만큼 세금을 내는 것이므로 납세자의 저항이 크지 않지만, 현실적으로 공공재의 사용량을 측정하기가 쉽지 않다는 문제가 있고 조세 부담자와 편익 수혜자가 달라지는 문제도 발생할 수 있다.

능력 원칙은 개인의 소득이나 재산 등을 고려한 세금 부담 능력에 따라 세금을 내야 한다는 원칙으로 조세를 통해 소득을 재분배하는 효과가 있다. 능력 원칙은 수직적 공평과 수평적 공평으로 나뉜다. 수직적 공평은 소득이 높거나 재산이 많을수록 세금을 많이 부담해야 한다는 원칙이다. 이를 실현하기 위해 특정 세금을 내야 하는 모든 납세자에게 같은 세율을 적용하는 비례세나 소득 수준이 올라감에 따라 점점 높은 세율을 적용하는 누진세를 시행하기도 한다.

수평적 공평은 소득이나 재산이 같을 경우 세금도 같게 부담해야 한다는 원칙이다. 그런데 수치상의 소득이나 재산이 동일하더라도 실질적인 조세 부담 능력이 달라, 내야 하는 세금에 차이가 생길 수 있다. 예를 들어 소득이 동일하더라도 부양가족의 수가 다르면 실질적인 조세 부담 능력에 차이가 생긴다. 이와 같은 문제를 해결하여 공평성을 높이기 위해 정부에서는 공제 제도를 통해 조세 부담 능력이 적은 사람의 세금을 감면해 주기도 한다.

* 편익 : 편리하고 유익함

* 공공재 : 모든 사람들이 공동으로 이용할 수 있는 재화나 서비스

32 윗글에 대한 설명으로 가장 적절한 것은?

① 통념을 반박하며 대상이 가진 속성을 새롭게 조명하고 있다.

② 대상을 기준에 따라 구분한 뒤 그 특성을 설명하고 있다.

③ 상반된 두 입장을 비교, 분석한 후 이를 절충하고 있다.

④ 대상의 개념을 그와 유사한 대상에 빗대어 소개하고 있다.

33 다음 중 ㉠, ㉡에 대한 설명으로 적절하지 않은 것은?

① ㉠은 ㉡과 달리 소득 재분배를 목적으로 한다.

② ㉡은 ㉠과 달리 조세 부과의 형평성을 실현하는 것이다.

③ ㉠은 조세가 경기에 미치는 영향과 관련되어 있다.

④ ㉡은 납세자의 조세 저항을 완화하는 데 도움이 된다.

사진이 등장하면서 회화는 대상을 사실적으로 재현(再現)하는 역할을 사진에 넘겨주게 되었고, 그에 따라 화가들은 회화의 의미에 대해 고민하게 되었다. 19세기 말 등장한 인상주의와 후기 인상주의는 전통적인 회화에서 중시되었던 사실주의적 회화 기법을 거부하고 회화의 새로운 경향을 추구하였다.

인상주의 화가들은 색이 빛에 의해 시시각각 변화하기 때문에 대상의 고유한 색은 존재하지 않는다고 생각하였다. 인상주의 화가 모네는 대상을 사실적으로 재현하는 회화적 전통에서 벗어나기 위해 빛에 따라 달라지는 사물의 색채와 그에 따른 순간적 인상을 표현하고자 하였다.

모네는 대상의 세부적인 모습보다는 전체적인 느낌과 분위기, 빛의 효과에 주목했다. 그 결과 빛에 의한 대상의 순간적 인상을 포착하여 대상을 빠른 속도로 그려 내었다. 그에 따라 그림에 거친 붓 자국과 물감을 덩어리로 찍어 바른 듯한 흔적이 남아 있는 경우가 많았다. 이로 인해 대상의 윤곽이 뚜렷하지 않아 색채 효과가 형태 묘사를 압도하는 듯한 느낌을 준다.

이와 같은 기법은 그가 사실적 묘사에 더 이상 치중하지 않았음을 보여 주는 것이었다. 그러나 모네 역시 대상을 '눈에 보이는 대로' 표현하려 했다는 점에서 이전 회화에서 추구했던 사실적 표현에서 완전히 벗어나지는 못했다는 평가를 받았다.

후기 인상주의 화가들은 재현 위주의 사실적 회화에서 근본적으로 벗어나는 새로운 방식을 추구하였다. 후기 인상주의 화가 세잔은 "회화에는 눈과 두뇌가 필요하다. 이 둘은 서로 도와야 하는데, 모네가 가진 것은 눈뿐이다."라고 말하면서 사물의 눈에 보이지 않는 형태까지 찾아 표현하고자 하였다. 이러한 시도는 회화란 지각되는 세계를 재현하는 것이 아니라 대상의 본질을 구현해야 한다는 생각에서 비롯되었다.

세잔은 하나의 눈이 아니라 두 개의 눈으로 보는 세계가 진실이라고 믿었고, 두 눈으로 보는 세계를 평면에 그리려고 했다. 그는 대상을 전통적 원근법에 억지로 맞추지 않고 이중 시점을 적용하여 대상을 다른 각도에서 바라보려 하였고, 이를 한 폭의 그림 안에 표현하였다. 또한 질서 있는 화면 구성을 위해 대상의 선택과 배치가 자유로운 정물화를 선호하였다.

세잔은 사물의 본질을 표현하기 위해서는 '보이는 것'을 그리는 것이 아니라 '아는 것'을 그려야 한다고 주장하였다. 그 결과 자연을 관찰하고 분석하여 사물은 본질적으로 구, 원통, 원뿔의 단순한 형태로 이루어졌다는 결론에 도달하였다. 이를 회화에서 구현하기 위해 그는 이중 시점에서 더 나아가 형태를 단순화하여 대상의 본질을 표현하려 하였고, 윤곽선을 강조하여 대상의 존재감을 부각하려 하였다. 회화의 정체성에 대한 고민에서 비롯된 ㉠그의 이러한 화풍은 입체파 화가들에게 직접적인 영향을 미치게 되었다.

34 글의 내용과 일치하지 않는 것은?

① 모네의 작품은 색채 효과가 형태 묘사를 압도하는 듯한 느낌을 주었다.

② 전통 회화는 대상을 사실적으로 묘사하는 것을 중시했다.

③ 모네는 대상의 교유한 색 표현을 위해 전통적인 원근법을 거부하였다.

④ 사진은 화가들이 회화의 의미를 거려하는 계기가 되었다.

35 <보기>를 바탕으로, 세잔의 화풍을 ㉠과 같이 평가한 이유로 가장 적절한 것은?

> <보기>
>
> 　입체파 화가들은 사물의 본질을 표현하고자 대상을 입체적 공간으로 나누어 단순화한 후, 여러 각도에서 바라보는 관점으로 사물을 해체하였다가 화폭 위에 재구성하는 방식을 취하였다. 이러한 기법을 통해 관찰자의 위치와 각도에 따라 각기 다르게 보이는 대상의 다양한 모습을 한 화폭에 담아내려 하였다.

① 시시각각 달라지는 자연을 관찰하고 분석하여 대상의 인상을 그려 내는 화풍을 정립하였기 때문에

② 대상을 복잡한 형태로 추상화하여 대상의 전체적인 느낌을 부각하는 방법을 시도하였기 때문에

③ 사물을 최대한 정확하게 묘사하기 위해 전통적 원근법을 독창적인 방법으로 변용시켰기 때문에

④ 대상의 본질을 드러내기 위해 다양한 각도에서 바라보아야 한다는 관점을 제공하였기 때문에

36 다음 글에 나타난 글쓴이의 태도로 적절한 것은?

삶을 수동적으로만 받아들이던 옛 사람이 아니더라도 구름의 모습에 관심을 가질 때, 그 구름이 갖는 어떤 상징을 느끼면, 고르지 못한 인생에 새삼 개탄을 하게 된다. 과학의 발달에 따라 인간의 이지(理智)가 모든 불합리성을 거부하게 되었다 할지라도, 이 '느낌'이란 것을 어찌할 수 없어, 우리는 지금도 달이라면 천체(天體) 사진을 통하여 본 달의 죽음의 지각(地殼)보다도, 먼저 계수나무의 환상을 머리에 떠올린다.

고도한 과학력은 또 인공운(人工雲)을 조성하여, 인공 강우까지도 가능케 하리라 한다. 그러나 인간의 의지로 발생한 인공 수정(人工受精)된 생명도 자연 생명과 같은 삶을 이어 갈 수밖에 없듯이, 인공으로 이루어졌다 하더라도 우리에게 오는 느낌은 자연운(自然雲)과 같은 허무(虛無) 그것일 뿐이다.

식자(識者)는 혹 이런 느낌을 황당하다고 웃을지 모르나, 그 옛날 나의 어린 정서를 흔들고 키워 준 구름에서 이제 나이 먹어 지친 지금은 또 다른 의미를 찾고자 한다. 흐르는 물과 일었다 스러지는 구름의 모습은 나에게 가르치는 것이 많다고 생각하는 것이다. 물은 언제나 흐르되 그 자리에 있고, 항상 그 자리를 채우는 것은 같은 물이 아니듯이, 하늘에 뜬 구름 역시 일었다 스러지나, 같은 모습을 띄우되 같은 것은 아니라는 것 − 그리고 모든 것은 그렇게 있게 마련이라는 것을 깨우쳐 준다. 이런 상념은 체념이 아니고 달관(達觀)이었으면 하는 것이 이즈음의 나의 소망인 것이다.

① 인간이 만든 과학의 성과에 대해 바판적으로 생각하고 있다.
② 인간이 과학으로 만들어낸 인조물과 자연의 균형을 추구하고 있다.
③ 자연을 스승으로 삼아서 인생의 교훈을 얻고자 한다.
④ 자연에 순응하지 않는 적극적인 삶의 태도를 갖고자 한다.

37 다음은 '저출산 문제 해결 방안'에 대한 글을 쓰기 위한 개요이다. ㈎에 들어갈 내용으로 가장 적절한 것은?

Ⅰ. 서론 – 저출산 문제의 심각성
Ⅱ. 본론
  1. 저출산 문제의 원인
    (1) 출산과 양육에 대한 부담 증가
    (2) 직장 일과 육아 병행의 어려움
  2. 저출산 문제의 해결 방안
    (1) 출산과 양육에 대한 사회적 책임 강화
    (2) (㈎   )
Ⅲ. 결론 – 해결 방안의 적극적 실천 당부

① 출산율 감소 원인
② 가정을 배려하는 직장 문화 조성
③ 미혼율 증가와 1인 가구 증가
④ 저출산으로 인한 각종 사회문제 발생

38 다음 글의 밑줄 친 부분을 고쳐 쓰기 위한 방안으로 절절하지 않은 것은?

봉사는 자발적으로 이루어지는 것이므로 원칙적으로 아무런 보상이 주어지지 않는다. ㉠그리고 적절한 칭찬이 주어지면 자발적 봉사자들의 경우에도 더욱 적극적으로 활동하게 된다고 한다. ㉡그러나 이러한 칭찬 대신 일정액의 보상을 제공하면 어떻게 될까? ㉢오히려 봉사자들의 동기는 약화된다고 한다. 왜냐하면 봉사에 대해 주어지는 금전적 보상은 봉사자들에게 그릇된 메시지를 전달하기 때문이다. 봉사에 보수가 주어지면 봉사자들은 다른 봉사자들도 무보수로 일하지 않는다고 생각할 것이고 언제나 보수를 기대하게 된다. 보수를 기대하게 되면 그것은 봉사라고 하기 어렵다. ㉣즉, 자발적 봉사가 사라진 자리를 이익이 남는 거래가 차지하고 만다.

① ㉠은 앞의 문장과 상반된 내용이므로 '하지만'으로 고쳐 쓴다.
② ㉡에서 만일의 상황을 가정하므로 '그러나'는 '만일'로 고쳐 쓴다.
③ ㉢은 뒤 내용이 일반적 예상과는 다른 결과가 될 것임을 암시하는데, 이는 적절하므로 그대로 둔다.
④ ㉣은 '예를 들면'으로 고쳐 쓴다.

39 다음 글을 통해 답을 찾을 수 없는 질문은?

사진은 자신의 주관대로 끌고 가야 한다. 일정한 규칙이 없는 사진 문법으로 의사 소통을 하고자 할 때 필요한 것은 대상이 되는 사물의 객관적 배열이 아니라 주관적 조합이다. 어떤 사물을 어떻게 조합해서 어떤 생각이나 느낌을 나타내는가 하는 것은 작가의 주관적 판단에 의할 수밖에 없다. 다만 철저하게 주관적으로 엮어야 한다는 것만은 확실하다. 주관적으로 엮고, 사물을 조합한다고 해서 소위 '만드는 사진'처럼 합성을 하고 이중 촬영을 하라는 뜻은 아니다. 특히 요즈음 디지털 사진이 보편화되면서 포토샵을 이용한 합성이 많이 보이지만, 그런 것을 권하려는 것이 아니다. 사물을 있는 그대로 찍되, 주위 환경과 어떻게 어울리게 하여 어떤 의미로 살려 낼지를 살펴서 그들끼리 연관을 지을 줄 아는 능력을 키우라는 뜻이다.

사람들 중에는 아직도 사진이 객관적인 매체라고 오해하는 사람들이 퍽 많다. 그러나 사진의 형태만 보면 객관적일 수 있지만, 내용으로 들어가 보면 객관성은 한 올도 없다. 어떤 대상을 찍을 것인가 하는 것부터가 주관적인 선택 행위이다. 아름다움을 표현하기 위해서 꽃을 찍는 사람이 있는가 하면 꽃 위를 나는 나비를 찍는 사람도 있을 것이고 그 곁의 여인을 찍는 사람도 있을 것이다. 이처럼 어떤 대상을 택하는가 하는 것부터가 주관적인 작업이며, 이것이 사진이라는 것을 머리에 새겨 두고 사진에 임해야 한다. 특히 그 대상을 어떻게 찍을 것인가로 들어가면 이제부터는 전적으로 주관적인 행위일 수밖에 없다. 렌즈의 선택, 셔터 스피드나 조리개 값의 결정, 대상과의 거리 정하기 등 객관적으로는 전혀 찍을 수 없는 것이 사진이다. 그림이나 조각만이 주관적 예술은 아니다.

때로 객관적이고자 하는 마음으로 접근할 수도 있기는 하다. 특히 다큐멘터리 사진의 경우 상황을 객관적으로 파악, 전달하고자 하는 마음은 이해가 되지만, 어떤 사람도 완전히 객관적으로 접근할 수는 없다. 그 객관이라는 것도 그 사람 입장에서의 객관이지 절대적 객관이란 이 세상에 있을 수가 없는 것이다. 더구나 예술로서의 사진으로 접근함에 있어서야 말할 것도 없는 문제이다. 객관적이고자 하는 시도도 과거의 예술에서 있기는 했지만, 그 역시 객관적이고자 실험을 해 본 것일 뿐 객관적 예술을 이루었다는 것은 아니다.

예술이 아닌 단순 매체로서의 사진이라 해도 객관적일 수는 없다. 그 이유는 간단하다. 사진기가 저 혼자 찍으면 모를까, 찍는 사람이 있는 한 그 사람의 생각과 느낌은 어떻게든지 그 사진에 작용을 한다. 하다못해 무엇을 찍을 것인가 하는 선택부터가 주관적인 행위이다. 더구나 예술로서, 창작으로서의 사진은 주관을 배제하고는 존재조차 할 수 없다는 사실을 깊이 새겨서, 언제나 '나는 이렇게 보았다. 이렇게 생각한다. 이렇게 느꼈다.'라는 점에 충실하도록 노력해야 할 것이다.

① 사진의 객관성을 살리기 위해서는 구체적으로 어떤 작업을 해야 하는가?

② 사진의 주관성을 염두에 두어야 하는 까닭은 무엇인가?

③ 단순 매체로서의 사진도 객관적일 수 없는 까닭은 무엇인가?

④ 사진을 찍을 때 사물을 주관적으로 엮고 조합하라는 것은 어떤 의미인가?

40 다음 글의 중심내용으로 적절한 것은?

> 정보 사회라고 하는 오늘날, 우리는 실제적 필요와 지식 정보의 획득을 위해서 독서하는 경우가 많다. 일정한 목적의식이나 문제의식을 안고 달려드는 독서일수록 사실은 능률적인 것이다. 르네상스적인 만능의 인물이었던 괴테는 그림에 열중하기도 했다. 그는 그림의 대상이 되는 집이나 새를 더 관찰하기 위해서 그리는 것이라고, 의아해 하는 주위 사람에게 대답했다고 전해진다. 그림을 그리겠다는 목적의식을 가지고 집이나 꽃을 관찰하면 분명하고 세밀하게 그 대상이 떠오를 것이다. 마찬가지로 일정한 주제 의식이나 문제의식을 가지고 독서를 할 때 보다 창조적이고 주체적인 독서 행위가 성립될 것이다.
>
> 오늘날 기술 정보 사회의 시민이 취득해야 할 상식과 정보는 무량하게 많다. 간단한 읽기, 쓰기와 셈하기 능력만 갖추고 있으면 얼마 전까지만 하더라도 문맹(文盲)상태를 벗어날 수 있었다. 오늘날 사정은 이미 동일하지 않다. 자동차 운전이나 컴퓨터 조작이 바야흐로 새 시대의 '문맹' 탈피 조건으로 부상하고 있다. 현대인 앞에는 그만큼 구비해야 할 기본적 조건과 자질이 수없이 기다리고 있다.
>
> 사회가 복잡해짐에 따라 신경과 시간을 바쳐야 할 세목도 증가하게 마련이다. 그러나 어느 시인이 얘기한 대로 인간 정신이 마련해 낸 가장 위대한 세계는 언어로 된 책의 마법 세계이다. 그 세계 속에서 현명한 주민이 되기 위해서는 무엇보다도 자기 삶의 방향에 맞게 시간을 잘 활용해야 할 것이다.

① 현대사회의 기본 조건과 자질의 필요성

② 목적의식을 가진 독서의 필요성

③ 정보량의 증가에 비례한 서적의 증가

④ 시대에 따라 변화하는 문맹의 조건

41 다음은 농어촌 주민의 보건복지 증진을 위해 추진하고 있는 방안을 설명하는 글이다. 주어진 단락 (가)~(라) 중 농어촌의 사회복지서비스를 소개하고 있는 단락은?

(가) 급격한 농어촌 고령화에 따라 농어촌 지역에 거주하는 보호가 필요한 거동불편노인, 독거노인 등에게 맞춤형 대책을 제공하기 위한 노인돌보기, 농어촌 지역 노인의 장기 요양 욕구 충족 및 부양가족의 부담 경감을 위한 노인요양시설 확충 등을 추진하고 있다.

(나) 「쌀 소득 등의 보전에 관한 법률」에 따른 쌀 소득 등 보전직접 지불금 등은 전액 소득인정액에 반영하지 않으며, 농어민 가구가 자부담한 보육비용의 일부, 농어업 직접 사용 대출금의 상환이자 일부 등을 소득 산정에서 제외하고 있다. 또한 경작농지 등 농어업과 직접 관련되는 재산의 일부에 대해서도 소득환산에서 제외하고 있다.

(다) 2019년까지 한시적으로 농어민에 대한 국민연금보험료 지원을 실시하고 있다. 기준소득 금액은 910천 원으로 본인이 부담할 연금 보험료의 1/2를 초과하지 않는 범위 내에서 2015년 최고 40,950원/월을 지원하였다.

(라) 농어촌 지역 주민의 암 조기발견 및 조기치료를 유도하기 위한 국가 암 검진 사업을 지속적으로 추진하고, 농어촌 재가암환자서비스 강화를 통하여 농어촌 암환자의 삶의 질 향상, 가족의 환자 보호·간호 등에 따른 부담 경감을 도모하고 있다.

① (가)   ② (나)

③ (다)   ④ (라)

42 문화체육관광부 홍보팀에 근무하는 김문화씨는 '탈춤'에 관한 영상물을 제작하는 프로젝트를 맡게 되었다. 제작계획서 중 다음의 제작 회의 결과가 제대로 반영되지 않은 것은?

- 제목 : 탈출 체험의 기록임이 나타나도록 표현
- 주 대상층 : 탈춤에 무관심한 젊은 세대
- 내용 : 실제 경험을 통해 탈춤을 알아가고 가까워지는 과정을 보여 주는 동시에 탈춤에 대한 정보를 함께 제공
- 구성 : 간단한 이야기 형식으로 구성
- 전달방식 : 정보들을 다양한 방식으로 전달

<제작 계획서>

제목		'기획 특집−탈춤 속으로 떠나는 10일간의 여행'	①
제작 의도		젊은 세대에게 우리 고유의 문화유산인 탈춤에 대한 관심을 불러일으킨다.	−
전체 구성	중심 얼개	• 대학생이 우리 문화 체험을 위해 탈춤이 전승되는 마을을 찾아가는 상황을 설정한다. • 탈춤을 배우기 시작하여 마지막 날에 공연으로 마무리한다는 줄거리로 구성한다.	②
	보조 얼개	탈춤에 대한 정보를 별도로 구성하여 중간 중간에 삽입한다.	−
전달 방식	해설	내레이션을 통해 탈춤에 대한 학술적 이견들을 깊이 있게 제시하여 탈춤에 조예가 깊은 시청자들의 흥미를 끌도록 한다.	③
	영상 편집	• 탈에 대한 정보를 시가 자료를 제시한다. • 탈춤의 종류, 지역별 탈춤의 특성 등에 대한 그래픽 자료를 보여준다. • 탈춤 연습 과정과 공연 장면을 현장감 있게 보여 준다.	④

이것은 퍽 우려할 일이다. 즉, 위에서 본 현대 사회의 중요한 문제들에 접해서 많은 선택과 결정을 내려야 할 사람들이 이들 문제의 바탕이 되는 과학의 내용을 이해하기는커녕, 접근하기조차 힘들 정도로 과학이 일반 지식인들로부터 유리(遊離)된 것은 커다란 문제인 것이다. 더구나 이런 실정이 쉽게 해결되기가 힘든 뚜렷한 이유, 즉 과학의 내용 자체가 가지는 어려움은 계속 존재하거나 심해질 것이기 때문에 문제는 더욱 심각하다.

그러나 이러한 과학의 유리 상태를 심화시키는 데에 과학 내용의 어려움보다도 더 크게 작용하는 것은 과학에 관해 널리 퍼져 있는 잘못된 생각이다. 흔히들 현대 사회의 많은 문제들이 과학의 책임인 것으로 생각한다. 즉, 과학이 인간의 윤리나 가치 같은 것은 무시한 채 맹목적으로 발전해서 많은 문제들 예를 들어, 무기 개발, 전쟁 유발, 환경오염, 인간의 기계화, 생명의 존귀성 위협을 야기(惹起)시키면서도 이에 대해서 아무런 책임을 지지 않고 있다는 생각이 그것이다.

대부분의 경우, 이런 생각의 바탕에는 과학이 가치중립적이거나 혹은 가치와 무관하다는 명제(命題)가 깔려 있다. 물론, 과학이 가치중립적이라는 생각은 여러 의미에서 타당한 생각이며 실제로 많은 사람들이 받아들이는 생각이다. 최근에 와서 이에 회의(懷疑)를 표시하는 사람들도 거의 대부분이 명제 자체를 부정하는 것보다는 과학에 가치중립적이 아닌 측면도 있음을 보이는 데에 그친다. 그러나 일반 사람들이 위의 문제들에 관한 책임을 과학에 돌리면서 흔히 가지는 생각은 과학의 가치중립성에 대한 잘못된 이해에서 연유할 때가 많다.

과학이 가치중립적이라는 말은 크게 보아서 다음 두 가지의 의미를 지니고 있다. 첫째는 자연 현상을 기술하는 데에 있어서 얻게 되는 과학의 법칙이나 이론으로부터 개인적 취향(趣向)이나 가치관에 따라 결론을 취사선택할 수 없다는 점이고, 둘째는 과학으로부터 얻은 결론, 즉 과학 지식이 그 자체로서 가치에 대한 판단이나 결정을 내려 주지 못한다는 점이다.

사람에 따라서는 이 중 첫째는 수긍하면서 둘째에 대해서는 반론(反論)을 제기하기도 한다. 예를 들어, 그들은 인간의 질병 중 어떤 것이 유전(遺傳)한다는 유전학의 지식이 유전성 질병이 있는 사람은 아기를 낳지 못하게 해야 한다는 결론을 내린다고 생각한다. 즉, 과학적 지식이 인간의 문제에 관하여 결정을 내려 준다고 생각한다. 그러나 보다 주의 깊게 살펴보면 이것이 착각이라는 것은 분명하다.

43 이 글의 내용과 일치하지 않는 것은?

① 과학은 가치중립적이다.
② 과학은 인간의 문제에 대해 결정을 내려주지 못한다.
③ 현대의 모든 문제는 과학으로부터 해결 방안을 찾을 수 있다.
④ 흔히 현대 사회의 많은 문제들이 과학의 책임이라고 생각한다.

44 이 글 다음에 이어질 내용으로 가장 적절한 것은?

① 과학의 발달 과정을 자세히 살펴보아야 한다.
② 인간 문제에 관해 결정을 내리는 것은 인간 자신이다.
③ 인간과 사회의 모든 문제점을 검토해 봐야 한다.
④ 인간에 관한 모든 문제는 과학이 책임져야 한다.

┃45-46┃ 다음 글을 읽고 물음에 답하시오.

인간 생활에 있어서 웃음은 하늘의 별과 같다. 웃음은 별처럼 한 가닥의 광명을 던져 주고, 신비로운 암시도 풍겨 준다. 웃음은 또한 봄비와도 같다. 이것이 없었던들 인생은 벌써 사막이 되어 버렸을 것인데, 감미로운 웃음으로 하여 인정의 초목은 무성을 계속하고 있는 것이다. 웃음에는 여러 가지 색채가 있다. 빙그레 웃는 파안대소가 있는가 하면, 갈갈대며 웃는 박장대소가 있다. 깨가 쏟아지는 간간대소가 있는가 하면, 허리가 부러질 정도의 포복절도도 있다. 이러한 종류의 웃음들은 우리 인생에 해로운 것이 조금도 없다. 그러나 웃음이 언제나 우리를 복된 동산으로만 인도하는 것은 아니다. 남을 깔보고 비웃는 냉소도 있고, 허풍도 떨고 능청을 부리는 너털웃음도 있다. 대상을 유혹하기 위하여 눈초리에 간사가 흐르는 눈웃음이 있는가 하면, 상대방의 호기심을 사기 위하여 지어서 웃는 선웃음이라는 것도 있다. 사람이 기쁠 때 웃고 슬플 때 운다고만 생각하면 잘못이다. 기쁨이 너무 벅차면 눈물이 나고 슬픔이 극도에 이르면 도리어 기막힌 웃음보가 터지지 않을 수 없다. 이것은 탄식의 웃음이요, 절망의 웃음이다. ㉠그러나 이것은 극단의 예술이요, 대체로 슬플 때 울고, 기쁠 때 웃는 것이 정상이요 일반적이 아닐 수 없다. 마음속에 괴어오르는 감정을 표면에 나타내지 않는 것으로써 군자의 덕을 삼는 동양에서는, 치자다소(痴者多笑)라 하여, 너무 헤프게 웃는 것을 경계하여 왔다. 감정적 동물인 인간으로부터, 희로애락(喜怒哀樂)을 불현어외(不顯於外)*하는 신의 경지에까지 접근하려는 노력과 욕구에서 오는 기우(杞憂)가 아니었을까.

* 불현어외(不顯於外) : 밖으로 드러내지 않음.

---

45 이 글에 대한 설명으로 적절하지 않은 것은?

① 웃음을 다양한 관점에서 고찰하고 있다.
② 웃음의 의미를 삶과 관련지어 평가하고 있다.
③ 웃음을 인격 완성의 조건으로 보고 있다.
④ 예리한 관찰과 비유적 표현이 나타나 있다.

46 ㉠에서 글쓴이가 경계하고 있는 삶의 태도는?

① 예의를 갖추지 않고 함부로 행동하려는 태도
② 체면을 중시하여 감정을 제대로 표현하지 않으려는 태도
③ 감정을 속여서 남에게 피해를 주려는 태도
④ 상황 판단을 못하여 비정상적인 감정을 표현하려는 태도

47 다음 글 (가)~(라)의 중심 내용으로 알맞지 않은 것은?

> (가) 표준어는 맞춤법이나 표준 발음의 대상이 된다. 즉, '한글맞춤법'은 "표준어를 소리대로 적되, 어법에 맞도록 함을 원칙으로 한다."고 하였으며, '표준 발음법'은 "표준어의 실제 발음을 따르되, 국어의 전통성과 합리성을 고려하여 정함을 원칙으로 한다."고 하였으니, 올바른 한글 표기와 표준 발음을 하기 위해서 표준어를 꼭 알아야 함은 물론이다.
>
> (나) 표준어를 정해서 쓰면, 모든 국민이 의사소통이 원활하게 되어, 통합이 용이해진다. 또한 표준어를 통하여 지식이나 정보를 얻을 수 있고, 문화생활도 누릴 수 있다. 그리고 교육적인 면에서도 효율적이며, 국어 순화에도 기여할 수 있다.
>
> (다) 표준어가 아닌 말은 모두 방언이라고 하는데, 방언 중에서 지역적 요인에 의한 것을 지역 방언이라고 하고, 사회적 요인에 의한 것을 사회 방언 또는 계급 방언이라고 한다. 그러나 좁은 의미에서의 방언은 지역 방언만을 의미한다. 지역 방언은 동일한 언어를 사용하는 사람들이 서로 다른 지역에서 살게 되면서 변이된 것이다. 그러므로 가까운 거리의 지역보다는 먼 지역 간의 방언 차이가 더 크며, 교통이 잘 발달되지 않은 지역이나, 옛날에 다른 나라에 속했던 지역 간에도 방언의 차이가 크게 나타난다.
>
> (라) 사회 방언은 언어의 사회적 요인에 의한 변이가 나타난 것인데, 대체로 계층, 세대, 성별, 학력, 직업 등이 중요한 사회적 요인이다. 사회 방언의 예를 들면, '물개'는 군인들이 '해군'을 의미하는 말로 쓰며, '낚다, 건지다'는 신문이나 방송에 종사하는 사람들이 '(좋은) 기사를 취재하다'라는 의미로 사용한다.

① (가) : 표준어의 기능
② (나) : 표준어 사용의 이점
③ (다) : 방언의 분류
④ (라) : 방언의 폐해

48 다음 상황을 나타내는 말로 가장 적절한 것은?

생체를 얼리고 녹이는 기술이 빠른 속도로 발전하면서 냉동 인간의 소생 가능성에 대한 관심이 높아지고 있다. 현재의 저온 생물학 기술은 1948년 인간의 정자를 최초로 냉동하는 데 성공한 이래, 크기가 가장 큰 세포인 난자에 대해서도 성공을 거두고 있다. 지금까지 개발된 세계 최고의 생체 냉동 기술은 세포 수준을 넘은 강낭콩 크기만한 사람의 난소를 얼려 보관한 뒤 이를 다시 녹여서 이식해 임신하도록 하는 수준이다. 이것 역시 한국의 의사들이 일궈 낸 것이다. 이제 냉동 인간에 대한 꿈은 세포 수준을 넘어 조직까지 그 영역을 넓히고 있다. 하지만 인체가 이보다 수백, 수천 배 큰 점을 감안하면 통째로 얼린 뒤 되살리는 기술의 개발에는 얼마나 긴 세월이 필요할지 짐작하기 힘들다. 한편 냉동 인간은 기술 개발과는 별개로 윤리적 문제도 야기하리라 예상된다. 냉동시킨 사람이 나중에 살아난 경우 친인척 사이에 연배 혼란이 생길 수 있고, 한 인간으로서의 존엄성을 인정받기가 곤란하다는 것이다. 특히 뇌만 냉동 보관하는 경우 뇌세포에서 체세포 복제 기술로 몸을 만들어 내야 하는 문제도 발생할 수 있다. 어쩌면 냉동 인간은 최근의 생명 복제 기술처럼 또 다른 윤리적 문제를 잉태한 채 탄생을 준비하고 있는지도 모른다.

① 양날의 칼
② 물 위의 기름
③ 어둠 속의 등불
④ 유리벽 속의 보석

49 다음 글의 주제로 가장 알맞은 것은?

한 개인의 창의성 발휘는 자기 영역의 규칙이나 내용에 대한 이해뿐만 아니라 현장에서 적용되는 평가기준과도 밀접한 관련을 가지고 있다. 어떤 미술 작품이 창의적인 것으로 평가받기 위해서는 당대 미술가들이나 비평가들이 작품을 바라보는 잣대에 들어맞아야 한다. 마찬가지로 문학 작품의 창의성 여부도 당대 비평가들의 평가기준에 따라 달라질 수 있다. 예를 들면, 라파엘로의 창의성은 미술사학, 미술 비평이론, 그리고 미적 감각의 변화에 따라 그 평가가 달라진다. 라파엘로는 16세기와 19세기에는 창의적이라고 여겨졌으나, 그 사이 기간이나 그 이후에는 그렇지 못했다. 라파엘로는 사회가 그의 작품에서 감동을 받고 새로운 가능성을 발견할 때 창의적이라 평가받을 수 있었다. 그러나 만일 그의 그림이 미술을 아는 사람들의 눈에 도식적이고 고리타분하게 보인다면, 그는 기껏해야 뛰어난 제조공이나 꼼꼼한 채색가로 불릴 수 있을 뿐이다.

① 창의성은 본질적으로 신비하고 불가사의한 영역이다.

② 상징에 의해 전달되는 지식은 우리의 외부에서 온다.

③ 창의성의 발휘는 평가 기준과 밀접한 관련이 있다.

④ 창의성은 일정한 준비 기간을 필요로 한다.

50 다음 글을 본론으로 할 때, 맺음말로 가장 적절한 것은?

> 요즘 우리나라에서도 비윤리적인 범죄들이 빈발하고 있는데, 그 주된 원인을 대가족제도의 혼란에서 찾는 사람들이 많습니다. 그래서 그 해결방안을 모색하는데 도움이 됐으면 하는 마음으로 우리나라의 전통적인 가족제도에 대해 한 말씀 드릴까 합니다. 우리나라는 전통적으로 농경사회와 유교적 이념을 배경으로 하여 가부장적인 대가족제도를 유지해 왔습니다. 전통사회에서 가정이라는 말보다는 집안이나 문중이라는 말이 일반적일 정도로 가족의 범위가 현대사회에 비해 훨씬 넓었으며, 그 기능도 다양하였습니다. 가족은 농경사회에서의 생산이나 소비의 단위일 뿐만 아니라 교육의 기본단위이기도 하였습니다. 이 가족 안에서의 교육을 바탕으로 사회나 국가의 윤리와 질서가 유지되었던 것입니다. 물론 전통적 가족제도는 상하관계를 중시하는 수직구조였으나, 그것이 강압에 의한 것이 아니라 서로 간의 애정과 이해를 바탕으로 한 것임은 말할 필요도 없습니다. 예컨대 남편은 남편으로서, 아내는 아내로서, 자식은 자식으로서 자신의 본분을 지켜가며 서로를 신뢰하고 존중하는 것을 기본전제로 해서 형성된 것이 전통적인 가족제도였습니다. 물론 이러한 전통적 가족제도가 현대의 기술, 공업사회에 적합한 것은 결코 아닙니다. 그러나 현대사회의 한 특징인 핵가족화와 그로 인한 가정의 기능상실, 더 나아가 여기에서 파생되는 사회 기초윤리의 소멸 등이 문제점으로 부각되고 있는 지금 전통적인 가족제도는 우리에게 많은 암시를 주고 있다고 할 것입니다.

① 다시 한 번 말하지만 대가족제도가 무너진 것은 바로 현대사회의 산업화에 기인하는 것입니다.

② 온고지신(溫故知新)이라는 말이 결코 공허한 표어가 아님을 우리는 깊이 인식해야 할 것입니다.

③ 전통적인 가족제도는, 물론 현대를 사는 우리에게 맞지 않는 측면이 많다는 것은 인정합니다.

④ 어느 사회에서고 그 사회를 지탱하는 가장 기본이 되는 것은 바로 가정이라고 할 수 있습니다.

02 수리능력

정답 및 해설 p.227

1 강을 따라 60km 떨어진 A지점과 B지점을 배로 왕복했더니 하류에서 상류로 올라갈 때는 10시간, 상류에서 하류로 내려갈 때는 6시간 걸렸다. 이 강의 유속은 얼마인가?

① 1.0km/h

② 1.5km/h

③ 2.0km/h

④ 2.5km/h

2 영진이가 서로 다른 주사위 3개를 굴려서 2개는 짝수가, 1개는 홀수가 나올 확률은?

① $\dfrac{1}{8}$

② $\dfrac{3}{8}$

③ $\dfrac{5}{16}$

④ $\dfrac{7}{16}$

3 연못의 둘레가 2.2km인데, 연못 둘레를 분속 76m인 미진이와 분속 64m인 민수가 동시에 같은 지점에서 반대 방향으로 나아갔다. 10분 후 두 사람이 떨어져 있는 거리는 얼마인가?

① 760m

② 800m

③ 850m

④ 880m

4 다음 중 등속도 운동을 하는 엘리베이터가 1층에서 4층까지 가는 데 걸리는 시간이 24초일 때, 9층까지 가는데 걸리는 시간은 얼마인가?

① 64초

② 72초

③ 80초

④ 88초

5   A 쇼핑몰은 1개에 300원짜리 과자와 1개에 100원짜리 사탕을 넣어 종합선물세트를 만들어 4,000원에 판매하고 있다. 이 선물세트 안에 들어있는 제품의 총 개수는 20개이고, 400원의 이윤을 남기고 있다면, 선물세트 안에 들어있는 과자의 개수는 몇 개인가?

① 7개   ② 8개
③ 9개   ④ 10개

6   야구장의 매표소에서는 1분에 20명이 표를 끊고, 15명이 새로 줄을 선다. 현재 100명이 표를 구입하기 위해 대기하고 있다면, 대기자가 0명이 되는 데 걸리는 시간은 얼마인가?

① 10분   ② 12분
③ 15분   ④ 20분

7   A, B, C, D, E 5명의 학생은 영어와 수학시험을 보았다. A를 제외한 학생들의 영어 평균은 83점이었으며, 5명의 영어 평균은 84점이라고 한다. A의 수학성적은 영어보다 5점 낮으며, A와 E를 제외한 학생들의 수학 성적 평균은 90점이고, 5명의 수학 성적 평균은 85점일 때, E의 수학 점수는?

① 72점   ② 74점
③ 76점   ④ 78점

8   준현이는 노트 1박스를 구매하여 같은 반에 있는 친구 15명에게 나누어 주려고 한다. 15명에게 3권씩 노트를 나누어 주면 4권이 남는다. 12명에게 5권씩 노트를 나누면 몇 개가 부족한가?

① 9권   ② 10권
③ 11권   ④ 12권

9 어느 학급의 남학생과 여학생의 비율이 5:5였다. 몇 명의 남학생이 전학을 와 남녀 비율이 6:5가 되었고, 총 학생은 55명이 되었다. 이 때 전학 온 남학생은 몇 명인가?

① 1명

② 3명

③ 5명

④ 7명

10 A 야구단의 어른 입장료와 어린이 입장료의 비율은 7:3이었는데, 입장료를 각각 5,000원씩 인상하게 되자 그 비율이 2 : 1이 되었다. 이 때 인상 후의 어린이 입장료는 얼마인지 구하면?

① 10,000원

② 15,000원

③ 20,000원

④ 25,000원

11 반지름이 2인 원이 4바퀴 굴러간 길이와 동일한 길이의 밑변 둘레를 가진 원뿔의 부피가 96일 때, 원뿔의 높이는? (단, 원주율은 3으로 계산한다.)

① 1

② 1.5

③ 2

④ 2.5

12 A사는 1억 원을 투자하여 연간 15%의 수익률을 올리는 것을 목표로 새로운 택배서비스를 시작하였다. 이 때, 택배서비스의 목표수입가격은 얼마가 적당한가? (단, 예상 취급량 30,000개/연, 택배서비스 취급원가 1,500원/개)

① 1,000원

② 1,500원

③ 2,000원

④ 2,500원

13 형과 동생은 매월 일정액을 예금하고 있다. 현재 형의 예금액이 10,000원, 동생의 예금액은 7,000원이다. 형은 매월 700원을, 동생은 매월 1,000원을 예금하는데 형과 동생의 예금액이 같아지는 것은 몇 개월 후인가?

① 6개월 후

② 10개월 후

③ 14개월 후

④ 18개월 후

14 어떤 일을 하는데 수빈이는 16일, 혜림이는 12일이 걸린다. 처음에는 수빈이 혼자서 3일 동안 일하고, 그 다음은 수빈이와 혜림이가 같이 일을 하다가 마지막 하루는 혜림이만 일하여 일을 끝냈다. 수빈이와 혜림이가 같이 일 한 기간은 며칠인가?

① 3일   ② 4일

③ 5일   ④ 6일

15 다음은 Y년도의 각 발전소 지원 예정금액을 책정해 놓은 자료이다. 전체 인원의 1인당 평균 지원 금액과 발전소당 평균 운영비는 각각 얼마인가?

(단위 : 원)

구분	기장군(고리)	영광군(영광)	울진군(울진)	울주군(신고리)	경주시(월성)
1인당 인건비	450,000	450,000	506,000	281,000	449,000
인원수(명)	8	8	9	7	8
운영비	148,000	169,000	129,000	123,000	77,000

① 432,825원, 131,250원

② 427,535원, 129,200원

③ 432,825원, 129,200원

④ 427,535원, 131,250원

16 야산 한 쪽에 태양광 설비 설치를 위해 필요한 부품을 트럭에서 내려 설치 장소까지 리어카를 이용하여 시속 4km로 이동한 K씨는 설치 후 트럭이 있는 곳까지 시속 8km의 속도로 다시 돌아왔다. 처음 트럭을 출발하여 작업을 마치고 다시 트럭의 위치로 돌아오니 총 4시간이 걸렸다. 작업에 소요된 시간이 1시간 30분이라면, 트럭에서 태양광 설치 장소까지의 거리는 얼마인가? (거리는 반올림하여 소수 둘째 자리까지 표시함)

① 약 4.37km ② 약 4.95km
③ 약 5.33km ④ 약 6.67km

17 원가가 500원인 지우개가 있다. 처음에 x%의 이윤을 남겨 정가로 정하여 10개를 판매했다. 하지만 잘 팔리지 않아 정가의 x%를 할인하여 50개를 판매하였다. 이때 이윤이 0원이었다면, x의 값은?

① 5 ② 10
③ 15 ④ 20

18 용구는 집에서 회사에 출근할 때 자동차를 타고 시속 40km로 출근하였고, 퇴근해서 집에 돌아올 때는 자전거를 타고 시속 20km로 돌아왔다. 출퇴근 시 걸렸던 시간은 총 3시간 걸렸고, 오고 갈 때 같은 길을 모두 이용하였다면 집에서 회사까지의 거리는 얼마인가?

① 30km ② 35km
③ 40km ④ 45km

19 다음에 제시된 왼쪽 네모 칸의 수들이 일정한 규칙에 의하여 오른쪽 네모 칸의 같은 위치의 수들과 대응관계를 이룰 때, 빈 칸에 들어갈 알맞은 숫자는 어느 것인가?

53	62
63	41

→

82	84
93	( )

① 72 ② 74
③ 53 ④ 93

20 A사의 직원은 총 180명이고, 이 중 남직원의 62.5%와 여직원의 85%가 안경을 착용하고 있다. A사에서 안경을 쓴 직원이 전체 직원의 75%일 때, 안경을 쓴 여직원의 수는 얼마인가?

① 70명
② 75명
③ 80명
④ 85명

21 다음은 건강보험공단에서 신규로 등록한 장애인 보장용구인 A제품에 대한 사용자들의 응답을 토대로 평점을 기록한 표이다. 다음 중 A제품의 평균 평점으로 올바른 것은 어느 것인가?

평점 구분	응답자 수
20점 미만	12명
20점 ~ 40점 미만	15명
40점 ~ 60점 미만	28명
60점 ~ 80점 미만	36명
80점 ~ 100점 미만	14명
100점	25명
합계	130명

① 약 63.5점
② 약 65.3점
③ 약 66.4점
④ 약 67.2점

22 A는 회사의 영업사원으로 매월 기본급 300만 원에 총 판매 이익의 5%를 수당으로 받는다. 판매 제품의 정가가 5만 원이고, 20%의 이익이 남는다고 할 때 A의 월급이 450만 원이 되려면 한 달 동안 몇 개를 판매해야 하는가?

① 2,000개
② 2,500개
③ 3,000개
④ 3,500개

23 수박 50개는 20%의 이익을 남기며 팔고, 복숭아 30개는 40% 이익을 남기며 팔았다. 수박은 모두 팔았고, 복숭아는 10개는 못 팔고 남아, 남은 복숭아는 10%의 이익을 남기며 팔았다. 수박이 원래 500원이었고, 모두 판매한 시점에 총 69,000원을 벌었다면 복숭아는 원래 얼마였는가?

① 800원   ② 850원

③ 900원   ④ 1,000원

24 H전자는 올해 10,000대의 TV를 판매하였다. TV 한 대를 판매할 때마다 복권 한 장씩 고객에게 주었는데, 연말에 추첨하여 다음과 같은 상금을 주려고 한다. 이 쿠폰 한 장의 기댓값은 얼마인가?

상금	쿠폰의 수
10,000,000	1
5,000,000	2
1,000,000	10
100,000	100
10,000	1,000

① 5,000원   ② 10,000원

③ 50,000원   ④ 100,000원

25 다음은 A, B, C 3개 지역의 커피 전문점 개수 현황을 나타낸 표이다. Y-3년의 커피 전문점 개수를 지역 순서대로 올바르게 나열한 것은 어느 것인가?

(단위 : %, 개)

	Y-3년 대비 Y-2년의 증감률	Y-2년의 Y-1년 대비 증감 수	Y-1년의 Y년 대비 증감 수	Y년의 개수
A지역	10	-3	1	35
B지역	15	2	-2	46
C지역	12	-5	3	30

① 30, 40, 25개   ② 32, 42, 25개

③ 30, 45, 20개   ④ 35, 40, 26개

26 이번 달 1, 2, 3일 연속으로 비가 내렸는데, 2일에는 전날 대비 40% 더 내렸으며, 3일에는 전날 대비 20% 덜 내려 3일 동안 총 176mm의 비가 왔다고 한다. 그렇다면 3일에는 1일에 비해 비가 얼마나 더 내린 것인가?

① 6mm

② 8mm

③ 10mm

④ 12mm

27 다음 자료를 참고할 때, 산림율이 가장 큰 국가부터 순서대로 알맞게 나열된 것은 어느 것인가? (모든 수치는 반올림하여 소수 첫째 자리까지 표시함)

(단위 : 만 명, 명/㎢)

국가	인구수	인구밀도	산림 인구밀도
갑	1,200	24	65
을	1,400	36	55
병	2,400	22	30
정	3,500	40	85

* 인구밀도=인구수÷국토 면적
* 산림 인구밀도=인구수÷산림 면적
* 산림율=산림 면적÷국토 면적×100

① 병 – 을 – 정 – 갑

② 을 – 병 – 정 – 갑

③ 병 – 을 – 갑 – 정

④ 병 – 정 – 을 – 갑

28 2007년의 총 자동차 대수가 1천만 대였으며, 교통사고 발생률이 3.1%였다. 2016년의 총 자동차 교통사고 발생률이 1.7%로 2017년과 교통사고 건수가 동일할 때, 2016년의 총 자동차 대수는 몇 대인가? (반올림하여 천의 자리까지 표시함)

① 17,508천 대

② 17,934천 대

③ 18,011천 대

④ 18,235천 대

29 A와 B가 형태가 네모인 운동장을 뛰려고 하고 있다. 서로 반대 방향으로 뛰면, 16분 후에 다시 만난다. A의 속력은 100m/분, B의 속력이 70m/분이라면 운동장의 둘레는 몇 m인가?

① 2,500m   ② 2,580m

③ 2,680m   ④ 2,720m

30 농도 10%의 소금물 500g에 8%의 소금물을 섞었다. 이 소금물에서 물 30g을 증발시키고 나니, 9%의 소금물이 되었다. 8%의 소금물을 몇 g 섞은 것인가?

① 660g   ② 770g

③ 880g   ④ 990g

31 지름의 길이가 1cm인 동전이 20바퀴와 15바퀴를 굴러간 거리가 책상 가로 · 세로의 길이와 동일하다면 책상의 넓이는? (원주율은 3.14로 계산하고, 소수점 첫째자리에서 반올림하시오.)

① $2,948cm^2$ ② $2,957cm^2$

③ $2,958cm^2$ ④ $2,967cm^2$

32 다음은 A사의 직원들을 대상으로 대중교통을 이용하는 횟수에 대한 설문 조사를 한 결과를 나타낸 자료이다. 설문에 참여한 총 인원의 월 평균 대중교통을 이용하는 횟수가 65회라면, 빈 칸에 들어갈 알맞은 인원 수는 몇 명인가?

월 평균 대중교통 이용 횟수(회)	인원 수(명)
0~20	10
20~40	20
40~60	30
60~80	( )
80~100	25
100~120	20

① 30 ② 32
③ 35 ④ 38

33 다음은 서울 시민의 '이웃에 대한 신뢰도'를 나타낸 자료이다. 다음 자료를 올바르게 분석하지 못한 것은 어느 것인가?

(단위 : %, 10점 만점)

구분		신뢰하지 않음	보통	신뢰함	평균(10점)
전체		18.9	41.1	40.0	5.54
성	남성	18.5	42.2	39.3	5.54
	여성	19.2	40.1	40.7	5.54
연령	10대	22.6	38.9	38.5	5.41
	20대	21.8	41.6	36.5	5.35
	30대	18.9	42.8	38.2	5.48
	40대	18.8	42.4	38.8	5.51
	50대	17.0	42.0	41.1	5.65
	60세 이상	17.2	38.2	44.6	5.70

① 서울 시민 10명 중 4명은 이웃을 신뢰한다.
② 이웃을 신뢰하는 사람의 비중과 평점의 연령별 증감 추이는 동일하지 않다.
③ 20대 이후 연령층에서는 고령자일수록 이웃을 신뢰하는 사람의 비중이 더 높다.
④ 남성과 여성은 같은 평점을 주었으나, 이웃을 신뢰하는 사람의 비중은 남성이 1%p 이상 낮다.

34 커피숍에서 커피 한 잔의 원가에 α %의 이익을 붙여 4,000원에 판매하고 있었는데 한달 동안 기존의 판매 가격을 α % 인하하여 3,000원으로 판매하기로 하였다. 커피 한잔의 원가는 얼마인가?

① 2,800원   ② 3,000원

③ 3,200원   ④ 3,400원

35 다음은 주어진 문제에 대한 갑과 을의 대화이다. 을이 갑의 풀이가 옳지 않다고 했을 때, 책의 쪽수가 될 수 없는 것은?

> 어떤 책을 하루에 40쪽씩 읽으면 13일째에 다 읽는다고 한다. 이 책은 모두 몇 쪽인가?

> 갑 : 하루에 40쪽씩 읽고 13일째에 다 읽으니까 40×13＝520(쪽), 즉 이 책의 쪽수는 모두 520 쪽이네.
> 을 : 꼭 그렇지만은 않아.

① 480쪽   ② 485쪽

③ 490쪽   ④ 500쪽

36 0, 1, 2, 3, 4, 5의 숫자가 각각 표시되어 있는 6장의 카드 중 3장을 뽑아 만들 수 있는 세 자리의 정수의 개수는 몇 개인가?

① 10개　　　　　　　　　　　② 30개

③ 50개　　　　　　　　　　　④ 100개

37 A지점에서 B지점까지는 120km이다. 명수는 자전거를 타고 A에서 B까지 시속 30km로 가고, 돌아올 때는 시속 60km로 왔다. 왕복 시간의 평균 시속은 얼마인가?

① 35km　　　　　　　　　　　② 40km

③ 45km　　　　　　　　　　　④ 50km

38 영희는 집에서 학교까지 분속 60m로 걸어가고 있다. 영희가 집에서 나간 지 10분 후, 중요한 준비물을 가져가지 않았다는 것을 안 어머니가 분속 120m로 자전거를 타고 뒤쫓아 갔다. 어머니가 영희를 만나는 것은 몇 분 후 인가?

① 8분 후　　　　　　　　　　② 10분 후

③ 12분 후　　　　　　　　　　④ 15분 후

39 다음 표는 어느 분야의 각 국가별 특허 출원 및 논문 발표 현황을 나타낸다. 다음 설명 중 옳은 것은?

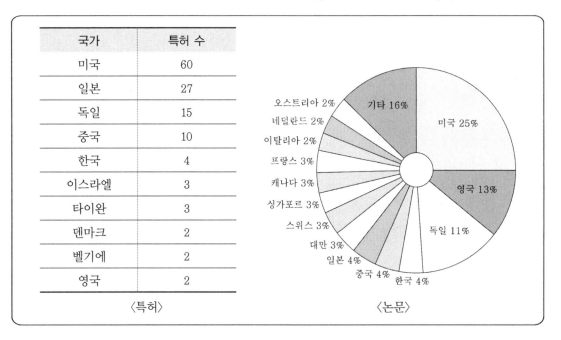

국가	특허 수
미국	60
일본	27
독일	15
중국	10
한국	4
이스라엘	3
타이완	3
덴마크	2
벨기에	2
영국	2

〈특허〉   〈논문〉

⊙ 미국의 논물 발표 수는 2위와 3위 국가의 논문 발표 수를 합친 것보다 많다.
ⓒ 중국은 한국보다 특허 수가 많다.
ⓒ 이스라엘은 타이완보다 특허 수가 많다.
ⓒ 표시되지 않은 국가에서 발표한 논문 수는 영국에서 발표한 논문 수보다 적다.

① ㉠㉡   ② ㉠㉢
③ ㉡㉣   ④ ㉢㉣

40 사무실에 두 대의 복사기가 있는데 1대는 1분에 100쪽, 다른 1대는 1분에 150쪽을 복사할 수 있다. 이 두 대의 복사기를 효율적으로 이용하여 50쪽짜리 유인물 50부를 최단시간에 복사하고자 할 때, 1분에 100쪽을 복사하는 복사기로는 몇 부 복사하여야 하는가?

① 10부   ② 13부
③ 15부   ④ 20부

❚41-42❚ 다음 자료는 각국의 아프가니스탄 지원금 약속현황 및 집행현황을 나타낸 것이다. 물음에 답하시오.

(단위 : 백만 달러, %)

지원국	약속금액	집행금액	집행비율
미국	10,400	5,022	48.3
EU	1,721	ⓛ	62.4
세계은행	1,604	853	53.2
영국	1,455	1,266	87.0
일본	1,410	1,393	98.8
독일	1,226	768	62.6
캐나다	㉠	731	93.8
이탈리아	424	424	100.0
스페인	63	26	㉢

41 ㉠, ⓛ, ㉢에 들어갈 숫자들의 합을 구하시오.(금액은 소수점 첫째자리에서, 비율은 소수점 둘째자리에서 반올림하여 구한다.)

① 1891.1 ② 1892.4

③ 1893.2 ④ 1894.3

42 위 표에 대한 설명으로 옳지 않은 것은?

① 지원국 전체의 약속금액 대비 전체 집행금액은 65% 미만이다.
② 집행금액이 가장 큰 나라는 전체 집행금액의 약 43%를 차지한다.
③ 집행비율이 가장 낮은 나라는 전체 집행금액의 약 1~2%를 차지한다.
④ 50% 미만의 집행비율을 나타내는 나라는 2개국이다.

| 43-44 | 다음 자료를 보고 이어지는 물음에 답하시오.

〈연도별 교통사고 발생건수 현황〉

(단위 : 건)

| 연도 | 구분 | 교통사고 발생건수 | | |
		합계	서울	경기
2011	계	3,937	1,663	2,274
	시내버스	3,390	1,451	1,939
	시외버스	547	212	335
2012	계	4,139	1,630	2,509
	시내버스	3,578	1,413	2,165
	시외버스	561	217	344
2013	계	4,173	1,727	2,446
	시내버스	3,670	1,507	2,163
	시외버스	503	220	283
2014	계	4,234	1,681	2,553
	시내버스	3,723	1,451	2,272
	시외버스	511	230	281
2015	계	4,401	1,615	2,786
	시내버스	3,859	1,412	2,447
	시외버스	542	203	339

43 위의 도표에 대한 올바른 분석을 다음 〈보기〉에서 모두 고른 것은 어느 것인가?

〈보기〉

가. 2011~2015년 동안 전체 교통사고 발생 건수는 지속적으로 증가하였다.

나. 경기 지역의 2011~2015년의 연간 평균 시외버스 교통사고 발생건수는 300건이 넘는다.

다. 2015년의 시외버스 사고건수 1건당 시내버스 사고건수는 서울지역이 더 많다.

라. 전체 사고건수 중 시외버스가 차지하는 비율은 2011~2015년 동안 모두 2%p 이내의 차이를 보인다.

① 나, 다, 라 　　　　　　　② 가, 나, 다

③ 가, 다, 라 　　　　　　　④ 가, 나, 라

44 위 데이터의 연도별, 버스 종류별 수치를 한눈에 비교해 보기 위하여 그래프를 추가하려고 한다. 다음 보기 중 수치를 비교해 보기 위한 가장 적절한 그래프는 어느 것인가?

① 원 그래프

② 막대그래프

③ 레이더 차트

④ 점 그래프

45 다음 도표의 빈 칸 ㉠, ㉡에 들어갈 알맞은 수치는 순서대로 각각 어느 것인가? (금액은 소수점 이하 절삭 후 원 단위 표시, 증감률은 반올림하여 소수점 첫째 자리까지 표시함)

〈연도별 자산 및 부채 현황〉

(단위 : 만 원, %)

	자산 총액	금융 자산	저축액	전월세 보증금	실물 자산	부동산	부채 총액	금융 부채	임대 보증금	순 자산 액
2011	29,765	6,903	5,023	1,880	22,862	21,907	5,205	3,597	1,608	24,560
2012	32,324	8,141	5,910	2,231	24,184	22,505	5,450	3,684	1,766	26,875
2013	32,688	8,827	6,464	2,363	23,861	22,055	5,858	3,974	1,884	26,831
2014	33,539	9,013	6,676	2,338	24,526	22,678	6,051	4,118	1,933	27,488
2015	34,685	9,290	6,926	2,363	25,396	23,649	6,256	4,361	1,896	28,429
2016	36,637	9,638	7,186	2,453	26,999	25,237	6,719	4,721	1,998	29,918
2017	( )	(㉠)	( )	2,501	28,380	26,635	7,022	4,998	2,024	31,138
증감률	4.2	( )	1.3	(㉡)	5.1	5.5	4.5	5.9	1.3	4.1

① 9,650 / 1.9

② 9,685 / 2.0

③ 9,735 / 1.5

④ 9,780 / 2.0

46 논벼의 수익성을 다음 표와 같이 나타낼 때, 빈칸 (A), (B)에 들어갈 수치는 차례대로 각각 얼마인가?

(단위 : 원, %, %p)

구분	2016년	2017년	전년대비 증감	전년대비 증감률
□ 총 수 입(a)	856,165	974,553	118,388	13.8
□ 생 산 비(b)	674,340	691,374	17,033	2.5
□ 경 영 비(c)	426,619	(A)	6,484	1.5
□ 순 수 익(a)-(b)	181,825	283,179	101,355	55.7
○ 순수익률*	21.2	29.1	7.8	
□ 소 득(a)-(c)	429,546	541,450	111,904	26.1
○ 소 득 률*	(B)	55.6	5.4	

* 순수익률=(순수익÷총수입)×100, 소득률=(소득÷총수입)×100

① 433,103 / 45.2

② 433,103 / 50.2

③ 423,605 / 45.2

④ 423,605 / 50.2

47 주희가 극장에서 영화를 보고 있는데 현재 시간은 1시 35분이고, 영화는 30분 전에 시작하였다. 2시간 25분 동안 영화가 상영된다면 이 때 종료시각의 시침과 분침의 각도차는 얼마인가?

① 45도

② 60도

③ 75도

④ 90도

48 핸드폰을 제조하는 S전자는 고가 폰인 A와 중저가 폰인 B, 두 종류의 핸드폰을 생산한다. 지난주 두 제품의 총 생산량은 1만 대였다. 이번 주 생산량은 지난주의 총 생산량보다 3%가 증가하였으나 A는 지난주 보다 10% 감소, B는 10% 생산량이 증가하였다. 이번 주 A의 생산량은 몇 개인가?

① 3,000개

② 3,150개

③ 3,370개

④ 3,590개

49 다음은 '갑' 지역의 연도별 65세 기준 인구의 분포를 나타낸 자료이다. 이에 대한 올바른 해석은 어느 것인가?

구분	인구 수(명)		
	계	65세 미만	65세 이상
2010년	66,557	51,919	14,638
2011년	68,270	53,281	14,989
2012년	150,437	135,130	15,307
2013년	243,023	227,639	15,384
2014년	325,244	310,175	15,069
2015년	465,354	450,293	15,061
2016년	573,176	557,906	15,270
2017년	659,619	644,247	15,372

① 65세 미만 인구수는 조금씩 감소하였다.

② 전체 인구수는 매년 지속적으로 증가하였다.

③ 65세 이상 인구수는 매년 지속적으로 증가하였다.

④ 65세 이상 인구수는 매년 전체의 5% 이상이다.

50 다음은 A지역에서 개최하는 전시회의 연도별, 기업별 부스 방문객 현황을 나타낸 자료이다. 이를 통해 알 수 있는 내용으로 적절하지 않은 것은?

(단위 : 명)

전시기업 \ 연도	2013	2014	2015	2016	2017	2018
甲 기업	1,742	2,011	2,135	2,243	2,413	2,432
乙 기업	2,418	2,499	2,513	2,132	2,521	2,145
丙 기업	3,224	3,424	3,124	3,017	3,114	3,011
丁 기업	1,245	1,526	1,655	1,899	2,013	2,114
戊 기업	2,366	2,666	2,974	3,015	3,115	3,458
己 기업	524	611	688	763	1,015	1,142
庚 기업	491	574	574	630	836	828
전체	12,010	13,311	13,663	13,699	15,027	15,130

① 전시회의 연도별 전체 방문객 방문 현황을 알 수 있다.

② 전시회 참여 업체의 평균 방문객 수를 알 수 있다.

③ 각 기업별 전시회 참여를 통한 매출 변동을 알 수 있다.

④ 방문객이 가장 많은 기업의 연도별 방문객 변동 내역을 확인할 수 있다.

정답 및 해설 p.236

1 연철이는 이번 여름휴가에 친구들이랑 강릉으로 여행을 계획하고 있다. 그러던 중 여러 가지 교통수단을 생각하게 되었다. 아래의 표를 참조하여 보완적 평가방식을 활용해 연철이와 친구들이 강릉까지 이동 가능한 교통운송 수단을 고르면 어떤 대안이 선택될 수 있는가?

평가 기준	중요도	교통운송수단에 관한 평가			
		비행기	기차	고속버스	승용차
경제성	20	4	5	4	3
디자인	30	4	4	5	7
승차감	40	7	5	7	8
속도	50	9	8	5	6

① 기차

② 비행기

③ 고속버스

④ 승용차

2 김대리는 모스크바 현지 영업소로 출장을 갈 계획이다. 4일 오후 2시 모스크바에서 회의가 예정되어 있어 모스크바 공항에 적어도 오전 11시 이전에는 도착하고자 한다. 인천에서 모스크바까지 8시간이 걸리며, 시차는 인천이 모스크바보다 6시간이 더 빠르다. 김대리는 인천에서 늦어도 몇 시에 출발하는 비행기를 예약하여야 하는가?

① 3일 09 : 00

② 3일 19 : 00

③ 4일 09 : 00

④ 4일 11 : 00

3 한국전자는 영업팀 6명의 직원(A~F)과 관리팀 4명의 직원(갑~정)이 매일 각 팀당 1명씩 총 2명이 당직 근무를 선다. 2일 날 A와 갑 직원이 당직 근무를 서고 팀별 순서(A~F, 갑~정)대로 돌아가며 근무를 선다면, E와 병이 함께 근무를 서는 날은 언제인가? (단, 근무를 서지 않는 날은 없다고 가정한다)

① 10일   ② 11일

③ 12일   ④ 13일

4 T사에서는 새롭게 출시한 제품의 판매율 제고를 위한 프로모션 아이디어 회의를 진행 중이다. 브레인스토밍을 통하여 다양한 아이디어를 수집하려는 회의 운영 방식에 적절하지 않은 의견은 어느 것인가?

① "팀장인 나는 그냥 참관인 자격으로 지켜볼 테니 거침없는 의견들을 마음껏 제시해 보세요."

② "많은 의견이 나올수록 좋으며, 중요하다 싶은 의견은 그때그때 집중 논의하여 적용 여부를 결정하고 넘어가야 해요."

③ "엊그제 입사한 신입사원들도 적극적으로 의견을 개진해 주세요. 아직 회사 사정을 잘 몰라도 상관없어요."

④ "우선 책상 배열을 좀 바꿔보면 어떨까요? 서로를 쳐다볼 수 있도록 원형 배치가 좋을 것 같습니다."

5 다음에 제시된 정보를 종합할 때, 서류장 10개와 의자 10개의 가격은 테이블 몇 개의 가격과 같은가?

• 홍보팀에서는 테이블, 의자, 서류장을 다음과 같은 수량으로 구입하였다.
• 테이블 5개와 의자 10개의 가격은 의자 5개와 서류장 10개의 가격과 같다.
• 의자 5개와 서류장 15개의 가격은 의자 5개와 테이블 10개의 가격과 같다.

---

① 8개   ② 9개

③ 10개   ④ 11개

6 다음 주어진 관계에 따라 가돌이가 좋아할 가능성이 있는 사람으로만 묶인 것은?

> '랄라'라는 마을에는 한 사람이 다른 사람을 일방적으로 좋아하는 경우는 없다. 즉 A가 B를 좋아한다는 것은 B도 A를 좋아한다는 것을 뜻한다. 그리고 랄라 마을에 사는 사람들은 애매한 관계를 싫어하기 때문에 이들의 관계는 좋아하거나 좋아하지 않는 것 두 가지 뿐이다. 이 마을에는 가돌, 나돌, 다돌, 라돌, 마돌, 바돌만이 살고 있으며 이들의 관계는 다음과 같다.
> ㉠ 가돌이가 마돌이를 좋아하면 라돌이는 가돌이를 좋아하지 않는다.
> ㉡ 나돌이는 가돌이를 좋아하거나 가돌이는 다돌이를 좋아한다.
> ㉢ 바돌이가 가돌이를 좋아하면 라돌이는 다돌이를 좋아하거나 가돌이는 라돌이를 좋아한다.
> ㉣ 마돌이가 가돌이를 좋아하지 않으면 가돌이를 좋아하는 사람은 아무도 없다.
> ㉤ 다돌이는 가돌이를 좋아하지 않는 사람들은 좋아하지 않는다.
> ㉥ 가돌이와 나돌이가 서로 좋아하지 않고 가돌이가 다돌이를 좋아하지 않으면 가돌이는 아무도 좋아하지 않는다.

① 나돌, 라돌

② 나돌, 다돌, 라돌

③ 나돌, 다돌, 마돌

④ 다돌, 마돌, 바돌

7 다음 조건을 바탕으로 을순이의 사무실과 어제 갔던 식당이 위치한 곳을 올바르게 짝지은 것은?

> • 갑동, 을순, 병호는 각각 10동, 11동, 12동 중 한 곳에 사무실이 있으며 서로 같은 동에 사무실이 있지 않다.
> • 이들 세 명은 어제 각각 자신의 사무실이 있는 건물이 아닌 다른 동에 있는 식당에 갔었으며, 서로 같은 동의 식당에 가지 않았다.
> • 병호는 12동에서 근무하며, 갑동이와 을순이는 어제 11동 식당에 가지 않았다.
> • 을순이는 병호가 어제 갔던 식당이 있는 동에서 근무한다.

	사무실	식당
①	11동	10동
②	10동	11동
③	12동	12동
④	11동	12동

8 甲은 자신의 전시회 오픈 파티에 동창인 A, B, C, D, E, F 6명을 초대하였다. 6인의 친구들은 서로가 甲의 전시회에 초대 받은 사실을 알고 있으며 다음과 같은 원칙을 정하여 참석하기로 했다. 참석하게 될 최대 인원은 몇 명인가?

> • A가 파티에 참석하면 C와 F도 참석한다.
> • E는 D가 참석하는 경우에만 파티에 참석하고, C는 B가 참석하는 경우에만 파티에 참석할 예정이다.
> • A와 B는 서로 사이가 좋지 않아 B가 참석하면 A는 파티에 참석하지 않을 예정이다.
> • D나 F가 참석하면 A는 파티에 참석한다.

① 1명

② 2명

③ 3명

④ 4명

9 〈보기〉는 문제를 지혜롭게 처리하기 위한 단계별 방법을 나열한 것이다. 올바른 문제처리 절차에 따라 ㈎～㈖의 순서를 재배열한 것은 어느 것인가?

> 〈보기〉
> ㈎ 당초 장애가 되었던 문제의 원인들을 해결안을 사용하여 제거한다.
> ㈏ 문제로부터 도출된 근본 원인을 효과적으로 해결할 수 있는 최적의 해결방안을 수립한다.
> ㈐ 파악된 핵심문제에 대한 분석을 통해 근본 원인을 도출해 본다.
> ㈑ 선정된 문제를 분석하여 해결해야 할 것이 무엇인지를 명확히 결정한다.
> ㈒ 해결해야 할 전체 문제를 파악하여 우선순위를 정하고, 선정문제에 대한 목표를 명확히 한다.

① ㈒－㈑－㈐－㈏－㈎

② ㈑－㈒－㈐－㈎－㈏

③ ㈑－㈐－㈏－㈎－㈒

④ ㈎－㈏－㈒－㈑－㈐

10 영업팀 직원인 갑, 을, 병 3명은 어젯밤 과음을 한 것으로 의심되고 있다. 이에 대한 이들의 진술이 다음과 같을 때, 과음을 한 것이 확실한 직원과 과음을 하지 않은 것이 확실한 직원을 순서대로 바르게 짝지은 것은? (단, 과음을 한 직원은 거짓말을 하고, 과음을 하지 않은 직원은 사실을 말하였다)

> 갑 : "우리 중 1명만 거짓말을 하고 있습니다."
> 을 : "우리 중 2명이 거짓말을 하고 있습니다."
> 병 : "갑, 을 중 1명만 거짓말을 하고 있습니다."

① 갑, 을
② 을, 아무도 없음
③ 갑, 아무도 없음
④ 갑과 을, 병

11 A, B, C는 같은 지점에서 출발하여 임의의 순서로 나란히 이웃한 놀이동산, 영화관, 카페에 자가용, 지하철, 버스 중 한 가지를 이용하여 갔다. 다음 조건을 만족할 때, 다음 중 옳은 것은?

> • 가운데에 위치한 곳에 간 사람은 버스를 통해 이동했다.
> • B와 C는 서로 이웃해 있지 않은 곳으로 갔다.
> • C는 가장 먼 곳으로 갔다.
> • 카페에 영화관은 서로 이웃해있다.
> • B는 영화관에 갔다.
> • 놀이동산에 갈 수 있는 유일한 방법은 지하철이다.

① 놀이동산 – 영화관 – 카페 순서대로 이웃해있다.
② C는 지하철을 타고 놀이동산에 가지 않았다.
③ 영화관에 가기 위해 자가용을 이용해야 한다.
④ A는 버스를 이용하고, B는 지하철을 이용한다.

12 다음 글에서 엿볼 수 있는 문제의 유형과 사고력의 유형이 알맞게 짝지어진 것은?

> 대한상사는 가전제품을 수출하는 기업이다. 주요 거래처가 미주와 유럽에 있다 보니 대한상사는 늘 환율 변동에 대한 리스크를 안고 있다. 최근 북한과 중동의 급변하는 정세 때문에 연일 환율이 요동치고 있어 대한상사는 도저히 향후 손익 계획을 가름해 볼 수 없는 상황이다. 이에 따라 가격 오퍼 시 고정 환율을 적용하거나 현지에 생산 공장을 설립하는 문제를 심각하게 검토하고 있다.

	문제의 유형	사고력 유형
①	탐색형 문제	논리적 사고
②	설정형 문제	논리적 사고
③	탐색형 문제	비판적 사고
④	설정형 문제	창의적 사고

13 아이디어를 얻기 위해 의도적으로 시험할 수 있는 7가지 규칙인 SCAMPER 기법에 대한 설명으로 옳지 않은 것은?

① S : 기존의 것을 다른 것으로 대체해 보라.

② C : 제거해 보라.

③ A : 다른 데 적용해 보라.

④ M : 변경, 축소, 확대해 보라.

14 K지점으로부터 은행, 목욕탕, 편의점, 미용실, 교회 건물이 각각 다음과 같은 조건에 맞게 위치해 있다. 모두 K지점으로부터 일직선상에 위치해 있다고 할 때, 다음 설명 중 올바른 것은 어느 것인가? (언급되지 않은 다른 건물은 없다고 가정한다)

- K지점으로부터 50m 이상 떨어져 있는 건물은 목욕탕, 미용실, 은행이다.
- 목욕탕과 교회 건물 사이에는 편의점을 포함한 2개의 건물이 있다.
- 5개의 건물은 각각 K지점에서 15m, 40m, 60m, 70m, 100m 떨어진 거리에 있다.

① 목욕탕과 편의점과의 거리는 40m이다.
② 연이은 두 건물 간의 거리가 가장 먼 것은 은행과 편의점이다.
③ 미용실과 편의점의 사이에는 1개의 건물이 있다.
④ K지점에서 미용실이 가장 멀리 있다면 은행과 교회는 45m 거리에 있다.

15 빵, 케이크, 마카롱, 쿠키를 판매하고 있는 베이커리에서 A~F 6명이 제품을 섭취하고 알레르기가 발생했다는 민원이 제기되었다. 아래의 사례를 참고할 때, 다음 중 반드시 거짓인 경우는?

- 알레르기 유발 원인이 된 제품은 빵, 케이크, 마카롱, 쿠키 중 하나이다.
- 6명이 섭취한 제품과 알레르기 유무는 아래와 같다.

구분	섭취 제품	알레르기 발생 유무
A	빵과 케이크를 먹고 마카롱과 쿠키를 먹지 않음	유
B	빵과 마카롱을 먹고 케이크와 쿠키를 먹지 않음	무
C	빵과 쿠키를 먹고 케이크와 마카롱을 먹지 않음	유
D	케이크와 마카롱을 먹고 빵과 쿠키를 먹지 않음	유
E	케이크와 쿠키를 먹고 빵과 마카롱을 먹지 않음	무
F	마카롱과 쿠키를 먹고 빵과 케이크를 먹지 않음	무

① A, B, D의 사례만을 고려하면, 케이크가 알레르기의 원인이다.
② A, C, E의 사례만을 고려하면, 빵이 알레르기의 원인이다.
③ B, D, F의 사례만을 고려하면, 케이크가 알레르기의 원인이다.
④ C, D, F의 사례만을 고려하면, 마카롱이 알레르기의 원인이다.

16 다음은 5가지의 영향력을 행사하는 방법과 수민, 홍진이의 발언이다. 수민이와 홍진이의 발언은 각각 어떤 방법에 해당하는가?

〈영향력을 행사하는 방법〉

• 합리적 설득 : 논리와 사실을 이용하여 제안이나 요구가 실행 가능하고, 그 제안이나 요구가 과업 목표 달성을 위해 필요하다는 것을 보여주는 방법
• 연합 전술 : 영향을 받는 사람들이 제안을 지지하거나 어떤 행동을 하도록 만들기 위해 다른 사람의 지지를 이용하는 방법
• 영감에 호소 : 이상에 호소하거나 감정을 자극하여 어떤 제안이나 요구사항에 몰입하도록 만드는 방법
• 교환 전술 : 제안에 대한 지지에 상응하는 대가를 제공하는 방법
• 합법화 전술 : 규칙, 공식적 방침, 공식 문서 등을 제시하여 제안의 적법성을 인식시키는 방법

〈발언〉

• 수민 : 이번에 내가 제안한 기획안이 이사회의 허락을 얻으면 당신이 오랜 기간 공들인 사업이 폐지될 수 있다는 것을 잘 알고 있습니다. 하지만 이번에 당신이 나를 도와 이 기획안을 지지해준다면 이번 기획을 통해 성사되는 계약의 성과 중 일부를 당신과 나누도록 하겠습니다.
• 홍진 : 이 계획은 앞서 본부에서 한 달 전에 각 지사에 시달한 공문에 근거한 것입니다. 또한 이 계획을 시행될 사업과 관련한 세부적인 방법도 이미 본부에서 마련하였고, 절차상 아무 문제도 없습니다.

	수민	홍진
①	교환 전술	영감에 호소
②	교환 전술	합법화 전술
③	영감에 호소	합법화 전술
④	합리적 설득	연합 전술

17 Z회사에 근무하는 7명의 직원이 교육을 받으려고 한다. 교육실에서 직원들이 앉을 좌석의 조건이 다음과 같을 때 직원 중 빈자리 바로 옆 자리에 배정받을 수 있는 사람은?

〈교육실 좌석〉

첫 줄	A	B	C
중간 줄	D	E	F
마지막 줄	G	H	I

〈조건〉

- 직원은 강훈, 연정, 동현, 승만, 문성, 봉선, 승일 7명이다.
- 서로 같은 줄에 있는 좌석들끼리만 바로 옆 자리일 수 있다.
- 봉선의 자리는 마지막 줄에 있다.
- 동현이의 자리는 승만이의 바로 옆 자리이며, 또한 빈 자리 바로 옆이다.
- 승만이의 자리는 강훈이의 바로 뒷 자리이다.
- 문성이와 승일이는 같은 줄의 좌석을 배정받았다.
- 문성이나 승일이는 누구도 강훈이의 바로 옆 자리에 배정받지 않았다.

① 승만   ② 문성

③ 연정   ④ 봉선

18 직장인인 기원, 현욱, 은영, 정아는 아침을 못먹어서 출근길에 우유를 사먹었다. 자신이 먹은 우유에 대한 진술과 주어진 정보를 종합했을 때 A~D 중 은영이가 먹은 우유는 무엇인가?

〈진술〉

- 기원 : 나는 흰우유를 먹었어.
- 현욱 : 내가 먹은 우유는 정아가 먹은 우유보다 용량이 많았어.
- 은영 : 내가 먹은 우유는 가장 비싼 우유는 아니야.
- 정아 : 내가 먹은 우유는 다른 누군가가 먹은 우유와 종류가 같았어.

〈정보〉

	종류	용량(ml)	가격(원)
A	흰우유	190	1,100
B	흰우유	200	1,200
C	딸기우유	200	1,200
D	바나나우유	350	1,500

① A ② B

③ C ④ D

19 편의점에 우유, 콜라, 사이다, 이온음료, 오렌지주스로 구성된 다섯 가지 음료가 진열돼 있다. 아래 조건을 만족시킬 때 왼쪽에서 두 번째에 진열될 수 있는 음료가 아닌 것은?

- 우유는 오렌지주스보다 왼쪽에 진열돼 있다.
- 콜라와 사이다 사이에는 반드시 음료 하나가 진열돼야 한다.
- 이온음료는 가장 오른쪽에 진열돼 있다.

① 우유
② 콜라
③ 사이다
④ 오렌지주스

20 빨간색, 파란색, 노란색 구슬이 각각 한 개씩 있다. 이 세 개의 구슬을 A, B, C 세 사람에게 하나씩 나누어 주고, 세 사람 중 한 사람만 진실을 말하도록 하였더니 구슬을 받고 난 세 사람이 다음과 같이 말하였다.

> A : 나는 파란색 구슬을 가지고 있다.
> B : 나는 파란색 구슬을 가지고 있지 않다.
> C : 나는 노란색 구슬을 가지고 있지 않다.

빨간색, 파란색, 노란색의 구슬을 받은 사람을 차례대로 나열한 것은?

① A, B, C

② A, C, B

③ B, A, C

④ C, B, A

21 다음과 같은 구조를 가진 어느 호텔에 A~H 8명이 투숙하고 있다. B의 방은 204호이며 알 수 있는 정보가 다음과 같을 때, 투숙하고 있는 방과 사람이 바르게 짝지어진 것은? (단, 한 방에는 한 명씩 투숙한다.)

a 라인	201	202	203	204	205
복도					
b 라인	210	209	208	207	206

- 비어있는 방은 한 라인에 하나씩 있고, a라인에 A, B, F, H가 투숙하고 있다.
- A와 C는 복도를 사이에 두고 마주보고 있다.
- F의 방은 203호이고, 맞은 편 방은 비어있다.
- C의 오른쪽 방은 비어있고, 그 옆방에는 E가 투숙하고 있다.
- B의 옆방은 비어있다.
- H와 D는 누구보다 멀리 떨어진 방에 투숙하고 있다.

① D−206호

② G−207호

③ A−201호

④ E−209호

22 어떤 사람이 가격이 1,000만 원인 자동차를 구매하기 위해 은행에서 상품 A, B, C에 대해 상담을 받았다. 다음 상담 내용을 참고하여 옳은 것을 고르시오.(단, 총비용으로 은행에 내야하는 금액과 수리비만을 고려하고, 등록비용 등 기타 비용은 고려하지 않는다.)

- A상품
  고객님이 자동차를 구입하여 소유권을 취득하실 때, 은행이 자동차 판매자에게 즉시 구입금액 1,000만 원을 지불해드립니다. 그리고 그 날부터 매월 1,000만 원의 1%를 이자로 내시고, 1년이 되는 시점에 1,000만 원을 상환하시면 됩니다.
- B상품
  고객님이 원하시는 자동차를 구매하여 고객님께 전달해 드리고, 고객님께서는 1년 후에 자동차 가격에 이자를 추가하여 총 1,200만 원을 상환하시면 됩니다. 자동차의 소유권은 고객님께서 1,200만 원을 상환하시는 시점에 고객님께 이전되며, 그 때까지 발생하는 모든 수리비는 저희가 부담합니다.
- C상품
  고객님이 원하시는 자동차를 구매하여 고객님께 임대해 드립니다. 1년 동안 매월 90만원의 임대료를 내시면 1년 후에 그 자동차는 고객님의 소유가 되며, 임대기간 중 발생하는 모든 수리비는 저희가 부담합니다.

ⓐ 사고 여부와 관계없이 자동차 소유권 취득 시까지의 총비용 측면에서 B상품보다 C상품을 선택하는 것이 유리하다.
ⓑ 최대한 빨리 자동차 소유권을 얻고 싶다면 A상품을 선택하는 것이 다른 두 선택지보다 유리하다.
ⓒ 자동차 소유권을 얻기까지 은행에 내야 하는 총금액은 A상품이 가장 적다.
ⓓ 1년 내에 사고가 발생해 50만 원의 수리비가 소요될 것으로 예상한다면 총비용 측면에서 A상품보다 B, C 상품을 선택하는 것이 유리하다.

① ⓐⓑ
② ⓑⓒ
③ ⓐⓑⓒ
④ ⓑⓒⓓ

23 다음은 수미의 소비상황과 각종 신용카드 혜택 정보이다. 수미가 가장 유리한 하나의 신용카드만을 결제수단으로 사용할 때 적절한 소비수단은?

- 뮤지컬, OO 테마파크 및 서점은 모두 B 신용카드의 문화 관련업에 해당한다.
- 신용카드 1포인트는 1원이고, 문화상품권 1매는 1만 원으로 가정한다.
- 혜택을 금전으로 환산하여 액수가 많을수록 유리하다.
- 액수가 동일한 경우 할인혜택, 포인트 적립, 문화상품권 지급 순으로 유리하다.
- 혜택의 액수 및 혜택의 종류가 동일한 경우 혜택 부여시기가 빠를수록 유리하다(현장 할인은 결제 즉시 할인되는 것을 말하며, 청구할인은 카드대금 청구 시 할인 되는 것을 말한다).

〈수미의 소비상황〉

서점에서 여행서적(정가 각 3만 원) 3권과 DVD 1매(정가 1만 원)를 구입(직전 1개월 간 A 신용카드 사용금액은 15만 원이며, D신용카드는 가입 후 미사용 상태임)

〈각종 신용카드의 혜택〉

A 신용카드	○○테마파크 이용 시 본인과 동행 1인의 입장료의 20% 현장 할인(단, 직전 1개월 간 A신용카드 사용금액이 30만 원 이상인 경우에 한함)
B 신용카드	문화 관련 가맹업 이용 시 총액의 10% 청구 할인(단, 할인되는 금액은 5만 원을 초과할 수 없음)
C 신용카드	이용 시마다 사용금액의 10%를 포인트로 즉시 적립. 사용금액이 10만 원을 초과하는 경우에는 사용금액의 20%를 포인트로 즉시 적립
D 신용카드	가입 후 2만 원 이상에 상당하는 도서류(DVD 포함) 구매 시 최초 1회에 한하여 1만 원 상당의 문화상품권 증정(단, 문화상품권은 다음달 1일에 일괄 증정)

① A 신용카드
② B 신용카드
③ C 신용카드
④ D 신용카드

24 甲회사 인사부에 근무하고 있는 H부장은 각 과의 요구를 모두 충족시켜 신규직원을 배치하여야 한다. 각 과의 요구가 다음과 같을 때 홍보과에 배정되는 사람은 누구인가?

〈신규직원 배치에 대한 각 과의 요구〉

• 관리과 : 5급이 1명 배정되어야 한다.

• 홍보과 : 5급이 1명 배정되거나 6급이 2명 배정되어야 한다.

• 재무과 : B가 배정되거나 A와 E가 배정되어야 한다.

• 총무과 : C와 D가 배정되어야 한다.

〈신규직원〉

• 5급 2명(A, B)

• 6급 4명(C, D, E, F)

---

① A

② B

③ C와 D

④ E와 F

┃25-26┃ 다음은 ○○협회에서 주관한 학술세미나 일정에 관한 것으로 다음 세미나를 준비하는 데 필요한 일, 각각의 일에 걸리는 시간, 일의 순서 관계를 나타낸 표이다. 제시된 표를 바탕으로 물음에 답하시오. (단, 모든 작업은 동시에 진행할 수 없다)

■ 세미나 준비 현황

구분	작업	작업시간(일)	먼저 행해져야 할 작업
가	세미나 장소 세팅	1	바
나	현수막 제작	2	다, 마
다	세미나 발표자 선정	1	라
라	세미나 기본계획 수립	2	없음
마	세미나 장소 선정	3	라
바	초청자 확인	2	라

25 현수막 제작을 시작하기 위해서는 최소 며칠이 필요하겠는가?

① 3일   ② 4일

③ 5일   ④ 6일

26 세미나 기본계획 수립에서 세미나 장소 세팅까지 모든 작업을 마치는 데 필요한 시간은?

① 10일   ② 11일

③ 12일   ④ 13일

27 사과 사탕, 포도 사탕, 딸기 사탕이 각각 2개씩 있다. 甲~戊 다섯 명의 사람 중 한 명이 사과 사탕 1개와 딸기 사탕 1개를 함께 먹고, 다른 네 명이 남은 사탕을 각각 1개씩 먹었다. 모두 진실을 말하였다고 할 때, 사과 사탕 1개와 딸기 사탕 1개를 함께 먹은 사람과 戊가 먹은 사탕을 옳게 짝지은 것은?

> 甲 : 나는 포도 사탕을 먹지 않았어.
> 乙 : 나는 사과 사탕만을 먹었어.
> 丙 : 나는 사과 사탕을 먹지 않았어.
> 丁 : 나는 사탕을 한 종류만 먹었어.
> 戊 : 너희 말을 다 듣고 아무리 생각해봐도 나는 딸기 사탕을 먹은 사람 두 명 다 알 수는 없어.

① 甲, 포도 사탕 1개

② 甲, 딸기 사탕 1개

③ 丙, 포도 사탕 1개

④ 丙, 딸기 사탕 1개

어린이집 입소기준

• 어린이집의 장은 당해시설에 결원이 생겼을 때마다 '명부 작성방법' 및 '입소 우선순위'를 기준으로 작성된 명부의 선 순위자를 우선 입소조치 한다.

명부작성방법
• 동일 입소신청자가 1·2순위 항목에 중복 해당되는 경우, 해당 항목별 점수를 합하여 점수가 높은 순으로 명부를 작성함
• 1순위 항목 당 100점, 2순위 항목 당 50점 산정
- 다만, 2순위 항목만 있는 경우 점수합계가 1순위 항목이 있는 자보다 같거나 높더라도 1순위 항목이 있는 자보다 우선순위가 될 수 없으며, 1순위 항목점수가 동일한 경우에 한하여 2순위 항목에 해당될 경우 추가합산 가능함
• 영유아가 2자녀 이상인 가구가 동일 순위일 경우 다자녀가구 자녀가 우선입소
• 대기자 명부 조정은 매분기 시작 월 1일을 기준으로 함

입소 우선순위
• 1순위
- 국민기초생활보장법에 따른 수급자
- 국민기초생활보장법 제24조의 규정에 의한 차상위계층의 자녀
- 장애인 중 보건복지부령이 정하는 장애 등급 이상에 해당하는 자의 자녀
- 아동복지시설에서 생활 중인 영유아
- 다문화가족의 영유아
- 자녀가 3명 이상인 가구 또는 영유아가 2자녀 가구의 영유아
- 산업단지 입주기업체 및 지원기관 근로자의 자녀로서 산업 단지에 설치된 어린이집을 이용하는 영유아
• 2순위
- 한부모 가족의 영유아
- 조손 가족의 영유아
- 입양된 영유아

28 어린이집에 근무하는 A씨가 점수합계를 내보니, 두 영유아가 1순위 항목에서 동일한 점수를 얻었다. 이 경우에는 어떻게 해야 하는가?

① 두 영유아 모두 입소조치 한다.
② 다자녀가구 자녀를 우선 입소조치 한다.
③ 한부모 가족의 영유아를 우선 입소조치 한다.
④ 2순위 항목에 해당될 경우 1순위 항목에 추가합산 한다.

29 다음에 주어진 영유아들의 입소순위로 높은 것부터 나열한 것은?

┌───┐
│ ㉠ 혈족으로는 할머니가 유일하나, 현재는 아동복지시설에서 생활 중인 영유아 │
│ ㉡ 아버지를 여의고 어머니가 근무하는 산업단지에 설치된 어린이집을 동생과 함께 이용하는 │
│   영유아 │
│ ㉢ 동남아에서 건너온 어머니와 가장 높은 장애 등급을 가진 한국인 아버지가 국민기초생활보 │
│   장법에 의한 차상위 계층에 해당되는 영유아 │
└───┘

① ㉠-㉡-㉢
② ㉡-㉠-㉢
③ ㉡-㉢-㉠
④ ㉢-㉡-㉠

30 다음 조건을 읽고 〈보기〉에서 옳은 설명을 고르면?

- 과일 A에는 씨가 2개, 과일 B에는 씨가 1개 있다.
- 철수와 영수는 각각 과일 4개씩을 먹었다.
- 철수는 영수보다 과일 A를 1개 더 먹었다.
- 철수는 같은 수로 과일 A와 B를 먹었다.

〈보기〉

A : 영수는 B과일을 3개 먹었다.
B : 두 사람이 과일을 다 먹고 나온 씨의 개수 차이는 1개이다.

---

① A만 옳다.
② B만 옳다.
③ A와 B 모두 옳다.
④ A와 B 모두 그르다.

31 다음 명제가 전부 참일 때, 항상 참인 것은?

- 물가가 오른다면 긴축정책을 시행하지 않는다.
- 경제가 어려워지거나 부동산이 폭락한다.
- 경제가 어려워지면 긴축정책이 시행된다.
- 부동산이 폭락한 것은 아니다.

---

① 부동산은 폭락할 수 없다.
② 물가가 오르지 않는다.
③ 긴축정책을 시행하지 않는다.
④ 경제가 어렵지 않다.

32 다음의 진술을 참고할 때, 1층~5층 중 각기 다른 층에 살고 있는 사람들의 거주 위치에 관한 설명이 참인 것은 어느 것인가?

> - 을은 갑과 연이은 층에 거주하지 않는다.
> - 병은 무와 연이은 층에 거주하지 않는다.
> - 정은 무와 연이은 층에 거주하지 않는다.
> - 정은 1층에 위치하며 병은 2층에 위치하지 않는다.

① 갑은 5층에 거주한다.
② 을은 5층에 거주한다.
③ 병은 4층에 거주한다.
④ 무가 3층에 거주한다면 병은 5층에 거주한다.

33 다음 조건을 읽고 옳은 설명을 고르면?

> - 날씨가 시원하면 기분이 좋다.
> - 배고프면 라면이 먹고 싶다.
> - 기분이 좋으면 마음이 차분하다.
> - '마음이 차분하면 배고프다'는 명제는 참이다.

> A : 날씨가 시원하면 라면이 먹고 싶다.
> B : 배고프면 마음이 차분하다.

① A만 옳다.
③ A와 B 모두 옳다.
② B만 옳다.
④ A와 B 모두 그르다.

34 A교육연구소 아동청소년연구팀에 근무하는 甲은 다음과 같은 연구를 시행하여 결과를 얻었다. 연구결과를 상사에게 구두로 보고하자 결과를 뒷받침할 만한 직접적인 근거를 추가하여 보고서를 작성해 오라는 지시를 받았다. 다음 〈보기〉 중 근거로 추가할 수 있는 자료를 모두 고른 것은?

[연구개요] 한 아동이 다른 사람을 위하여 행동하는 매우 극적인 장면이 담긴 'Lassie'라는 프로그램을 매일 5시간 이상 시청한 초등학교 1~2학년 아동들은 이와는 전혀 다른 내용이 담긴 프로그램을 시청한 아동들보다 훨씬 더 협조적이고 타인을 배려하는 행동을 보여주었다. 반면에 텔레비전을 통해 매일 3시간 이상 폭력물을 시청한 아동과 청소년들은 텔레비전 속에서 보이는 성인들의 폭력행위를 빠른 속도로 모방하였다.

[연구결과] 텔레비전 속에서 보이는 폭력이 아동과 청소년의 범죄행위를 유발시킬 가능성이 크다.

〈보기〉

㉠ 전국의 소년교도소에 폭행죄로 수감되어 있는 재소자들은 6세 이후 폭력물을 매일 적어도 4시간 이상씩 시청했었다.

㉡ 전국의 성인교도소에 폭행죄로 수감되어 있는 재소자들은 6세 이후 폭력물을 매일 적어도 6시간 이상씩 시청했었다.

㉢ 전국의 소년교도소에 폭행죄로 수감되어 있는 청소년들은 매일 저녁 교도소 내에서 최소한 3시간씩 폭력물을 시청한다.

㉣ 6세에서 12세 사이에 선행을 많이 하는 아동들이 성인이 되어서도 선행을 많이 한다.

---

① ㉠

② ㉠, ㉡

③ ㉠, ㉡, ㉢

④ ㉡, ㉢, ㉣

35 다음은 5가지의 영향력을 행사하는 방법과 순정, 석일이의 발언이다. 순정이와 석일이의 발언은 각각 어떤 방법에 해당하는가?

〈영향력을 행사하는 방법〉
• 합리적 설득 : 논리와 사실을 이용하여 제안이나 요구가 실행 가능하고, 그 제안이나 요구가 과업 목표 달성을 위해 필요하다는 것을 보여주는 방법
• 연합 전술 : 영향을 받는 사람들이 제안을 지지하거나 어떤 행동을 하도록 만들기 위해 다른 사람의 지지를 이용하는 방법
• 영감에 호소 : 이상에 호소하거나 감정을 자극하여 어떤 제안이나 요구사항에 몰입하도록 만드는 방법
• 교환 전술 : 제안에 대한 지지에 상응하는 대가를 제공하는 방법
• 합법화 전술 : 규칙, 공식적 방침, 공식 문서 등을 제시하여 제안의 적법성을 인식시키는 방법

〈발언〉
• 순정 : 이 기획안에 대해서는 이미 개발부와 재정부가 동의했습니다. 여러분들만 지지해준다면 계획을 성공적으로 완수할 수 있을 것입니다.
• 석일 : 이 기획안은 우리 기업의 비전과 핵심가치들을 담고 있습니다. 이 계획이야말로 우리가 그동안 염원했던 가치를 실현함으로써 회사의 발전을 이룩할 수 있는 기회라고 생각합니다. 여러분이 그동안 고생한 만큼 이 계획은 성공적으로 끝마쳐야 합니다.

① 순정 : 합리적 설득, 석일 : 영감에 호소
② 순정 : 연합 전술, 석일 : 영감에 호소
③ 순정 : 연합 전술, 석일 : 합법화 전술
④ 순정 : 영감에 호소, 석일 : 합법화 전술

36 다음 진술이 참이 되기 위해 꼭 필요한 전제를 〈보기〉에서 고르면?

〈진술〉

반장은 반에서 인기가 많다.

〈보기〉

㉠ 머리가 좋은 친구 중 몇 명은 반에서 인기가 많다.

㉡ 얼굴이 예쁜 친구 중 몇 명은 반에서 인기가 많다.

㉢ 반장은 머리가 좋다.

㉣ 반장은 얼굴이 예쁘다.

㉤ 머리가 좋거나 얼굴이 예쁘면 반에서 인기가 많다.

㉥ 머리가 좋고 얼굴이 예쁘면 반에서 인기가 많다.

① ㉠㉢   ② ㉡㉣

③ ㉢㉥   ④ ㉣㉤

37 주어진 표를 보고 단기계약을 체결한 민하가 납부해야 할 수도요금으로 옳은 것은?

<요금 단가>

(단위: 원/m^3)

구분	계	기본요금	사용요금
원수	233.7	70.0	163.7
정수	432.8	130.0	302.8
침전수	328.0	98.0	230.0

<단기계약>

구분		내용
계약기간		1년 이내, 계약량 변경(6회/년) 가증
요금		기본요금+사용요금
계산방법	기본요금	계약량×기본요금단가 ※ 사용량이 계약량을 초과하는 경우 기본요금은 월간사용량의 120% 한도액으로 적용
	사용요금	사용량×사용요금단가 ※ 월간계약량의 120%를 초과하여 사용한 경우 다음을 가산 사용금단가×월간계약량의 120% 초과사용량

<민하네 수도사용량>

• 원수 사용
• 월간 계약량 100m^3
• 월간 사용량 125m^3

① 22,552원   ② 26,876원

③ 29,681원   ④ 31,990원

38 다음 글과 상황으로 판단할 때, A, B, C 각 지역에 설치될 것으로 예상되는 발전기 모델명을 순서대로 짝지은 것은?

<풍력발전기 모델>

풍력발전기는 회전축의 방향에 따라 수직과 수평축 발전기로 구분된다. 수평축 풍력발전기는 구조가 간단하고 설치가 용이하며, 에너지 변화효율이 우수하다. 하지만 바람에 많은 영향을 받기 때문에 바람의 방향이 일정한 지역에서만 설치가 가능하다. 수직축 풍력발전기는 바람의 방향에 영향을 받지 않아 바람의 방향이 일정하지 않은 지역에서도 설치가 가능하며, 이로 인해 사막이나 평원에도 설치가 가능하다. 하지만 부품이 비싸고 수평축 풍력발전기에 비해 에너지 변환효율이 떨어진다는 단점이 있다.

모델명	W	X	Y	Z
시간당 최소 발전량	20	20	150	400
시간당 최대 발전량	100	100	750	2,000
발전기 높이	50	68	80	84
회전축 방향	수직	수평	수직	수평

<풍력발전기 설치 계획>

A, B, C 지역에 각 1기를 설치할 계획이다. A지역은 산악지대로 바람의 방향이 일정하며, 최소 150kw 이상의 시간당 발전량이 필요하다. B지역은 평원지대로 바람의 방향이 일정하지 않으며, 철새보호를 위해 발전기의 높이가 70m를 넘어가면 안 된다. C지역은 사막지대로 바람의 방향이 일정하지 않으며, 주민 편의를 위해 풍속 600kw 이상의 시간당 발전량이 필요하다. 복수의 모델이 각 지역의 조건을 충족할 경우, 에너지 변환효율이 높은 모델을 사용한다.

① Y, W, Y
② Z, W, Y
③ Y, X, Z
④ Z, X, W

39 다음 상황과 조건을 근거로 판단할 때 옳은 것은?

> <상황>
>
> 보건소에서는 4월 1일(월)부터 한 달 동안 재학생을 대상으로 금연교육, 금주교육, 성교육을 각각 4, 3, 2회 실시하려는 계획을 가지고 있다.
>
> <조건>
> • 금연교육은 정해진 같은 요일에만 주 1회 실시하고, 화·수·목요일 중 해야 한다.
> • 금주교육은 월·금요일을 제외한 다른 요일에 시행하며, 주 2회 이상 실시하지 않는다.
> • 성교육은 10일 이전, 같은 주에 이틀 연속으로 실시한다.
> • 22~26일은 중간고사 기간이며, 이 기간에는 어떠한 교육도 실시할 수 없다.
> • 교육은 하루에 하나만 실시할 수 있으며, 주말에는 교육을 실시할 수 없다.
> • 모든 교육은 반드시 4월내에 완료해야 한다.

① 성교육이 가능한 일정 조합은 두 가지 이상이다.

② 금연교육이 가능한 요일은 화·수요일이다.

③ 금주교육은 마지막 주에도 실시된다.

④ 4월의 마지막 날에도 교육이 있다.

40 주어진 전제가 참일 때, 결론을 옳은 것은?

> • 사람을 좋아하는 사람은 동호회를 선호하는 사람이다.
> • 책을 좋아하는 사람은 동호회를 선호하지 않는 사람이다.
> • 나는 동호회를 선호하는 사람이다.

① 나는 사람을 좋아하지 않는다.
② 동호회를 선호하는 사람은 사람을 좋아한다.
③ 나는 책을 좋아하지 않는 사람이다.
④ 동호회를 선호하지 않는 사람은 책을 좋아한다.

41 다음에서 설명하는 일탈 이론에 부합하는 사례로 옳은 것은?

> 같은 행동이라도 아무 일 없으면 그냥 '일상'이 되고 문제가 생기면 '일탈'이 된다. 누구나 살면서 잘못을 저지르지만 적발되지 않으면 별 문제 없이 지나간다. 하지만 그것이 다른 사람들에게 적발되고 세상에 알려지면 상황은 급격히 변화한다. 자신을 대하는 사회적 시선이 예전과 달라졌음을 인식하게 되면서 그는 점점 일탈을 내면화하고 정상적인 사회 규범과 멀어진다.

① 실직 가장이 일확천금을 꿈꾸며 도박판에 뛰어들어 남은 재산을 모두 탕진한다.
② 폭행을 당한 피해자가 법에 호소하는 대신 친구들을 동원해 가해자에게 보복을 한다.
③ 교도소에서 소매치기 기술을 배운 전과자가 출소한 후 길거리에서 다른 사람의 지갑을 훔친다.
④ 부유층 아이의 싸움은 자연스러운 성장 과정으로, 빈민층 아이의 싸움은 비행으로 가는 과정으로 간주한다.

42 다음 A, B 두 조직에 대한 옳은 설명을 〈보기〉에서 고른 것은?

> • A와 B는 모두 인위적으로 형성되었다.
> • A는 목표 달성을 위해 능률의 논리에 따라 구성되나, B는 감정의 논리에 따라 구성된다.
> • A는 그 조직의 모든 구성원들을 포함하는 데 비해, B는 A의 일부 구성원들만으로 이루어지며 소집단의 성격을 띤다.

> 〈보기〉
> ㉠ A는 구성원의 역할과 책임이 명확하다.
> ㉡ A보다 B는 가입과 탈퇴가 자유롭다.
> ㉢ A와 달리 B는 2차적 관계가 형성된다.
> ㉣ B는 A의 경직성을 강화하는 데 기여한다.

① ㉠, ㉡
② ㉠, ㉢
③ ㉡, ㉢
④ ㉡, ㉣

43 노인 문제를 바라보는 A~C의 대화에 대한 설명으로 옳은 것은?

> A : 산업화로 인해 가족의 기능이 약화되면서 생기는 문제야.
> B : 중년층 중심의 사회 구조로 인해 중년층이 노인들의 사회적 역할을 빼앗아 가기 때문에 발생하는 문제야.
> C : 사람들이 노인들을 늙고 의존적인 존재로 인식하고 있으며, 노인들도 자신을 쓸모없는 존재로 인식하기 때문에 발생하는 문제야.

① A는 개인에게 영향을 미치는 사회 구조의 힘을 간과한다.
② B는 사회를 유기체에 비유할 것이다.
③ C는 개인을 구속하는 사회 구조의 힘에 주목한다.
④ A는 B와 달리 사회적 역할이 대다수 성원의 합의에 의한 것이라고 본다.

44 다음 두 사례에서 공통적으로 부각되어 있는 문화의 속성에 대한 진술로 가장 적절한 것은?

> • 우리나라 사람들이 돌무더기 탑을 지날 때 돌 하나를 얹는 이유를 외국 사람들은 알지 못한다.
> • 요즘 청소년들이 여러 단어의 첫 음절만을 이용하여 만든 줄임말의 의미를 기성세대는 알지 못한다.

① 문화는 환경의 특수성과 관계없이 공통성을 갖는다.
② 문화는 부분들이 모여 전체로서 하나의 체계를 이룬다.
③ 문화는 경험과 상징을 통해 세대 간에 전승되고 축적된다.
④ 문화는 구성원 간에 사고와 행동의 동질성을 형성하게 해 준다.

45 (가)~(다)는 관료제에서 나타날 수 있는 일반적인 문제점이다. 이와 관련한 설명으로 옳지 않은 것은?

> (가) 복잡한 규정으로 많은 서류가 만들어지는 과정에서 본연의 업무 처리가 지연될 수 있다.
> (나) 의사 결정권이 상위 직급에 집중되어 권력의 남용이나 쏠림이 일어날 수 있다.
> (다) 승진 시 경력을 중시하므로 무능한 사람이 자기 능력 이상의 자리를 차지할 수 있다.

① (나)는 다양한 의사 결정 구조와 방식을 적용함으로써 완화할 수 있다.
② (다)는 인사 관리에서 연공서열보다 성과를 중시함으로써 완화할 수 있다.
③ (가)는 업무 처리의 형식적 절차를, (나)는 의사 결정의 일방성을 강조하는 과정에서 발생한다.
④ (나), (다)는 조직의 과업과 목적에 따라 조직 형태가 수시로 변화하는 과정에서 발생한다.

46. 포항으로 홀로 여행을 떠난 율희는 오후 늦게서야 배고픔을 느끼게 되어 주변 A횟집으로 들어갔다. 하지만 메뉴판을 보는 순간 너무나 많은 종류의 회를 보고 율희는 무엇을 선택해야 할지 고민하고 있다. 다음 중 아래와 같은 선택에 대한 평가기준이 제시된 경우 보완적 평가방식에 의해 율희가 선택하게 되는 횟감의 종류는 무엇인가?

평가기준	중요도	횟감 종류에 대한 평가			
		광어	우럭	물회	참치
가격	40	2	2	1	7
반찬 종류	30	2	3	1	5
서비스 수준	50	2	2	2	4

① 광어
② 우럭
③ 물회
④ 참치

47. ㉠~㉣ 중 글의 흐름으로 볼 때 삭제해도 되는 문장은?

> 토의는 어떤 공통된 문제에 대해 최선의 해결안을 얻기 위하여 여러 사람이 의논하는 말하기 양식이다. ㉠패널 토의, 심포지엄 등이 그 대표적 예이다. ㉡토의가 여러 사람이 모여 공동의 문제를 해결하는 것이라면 토론은 의견을 모으지 못한 어떤 쟁점에 대하여 찬성과 반대로 나뉘어 각자의 주장과 근거를 들어 상대방을 설득하는 것이라 할 수 있다. ㉢패널 토의는 3~6인의 전문가들이 사회자의 진행에 따라, 일반 청중 앞에서 토의 문제에 대한 정보나 지식, 의견이나 견해 등을 자유롭게 주고받는 유형이다. ㉣심포지엄은 전문가가 참여한다는 점, 청중과 질의·응답 시간을 갖는다는 점에서는 패널토의와 비슷하다. 다만 전문가가 토의 문제의 하위 주제에 대해 서로 다른 관점에서 연설이나 강연의 형식으로 10분 정도 발표한다는 점에서는 차이가 있다.

① ㉠
② ㉡
③ ㉢
④ ㉣

48 다음과 같은 문제 상황을 인지한 A사는 甲의 행위를 절도로 판단하고 이를 위한 대책을 수립하려고 한다. 이러한 문제 상황에 봉착한 A사가 가장 먼저 해야 할 일로 적절한 것은 다음 보기 중 어느 것인가?

> 甲은 A사의 기술연구소 기술고문으로 근무하면서 주도적으로 첨단기술 제조공법을 개발했음에도 뚜렷한 상여금이나 인센티브를 받지 못하고 승진에서도 누락된 사실을 알고 불만을 품게 됐다. 당시 반도체 분야에 새로이 진출하고자 하는 경쟁업체인 B사에서 이와 같은 사실을 알고 甲이 A사에서 받던 급여조건보다 월등하게 좋은 연봉, 주택제공 등의 조건을 제시하여 甲을 영입하기로 했다.
> 甲은 B사의 상무이사로 입사하기로 하고, A사의 기술 및 영업 자료를 향후 B사의 생산 및 판매 자료로 활용할 것을 마음먹고 A사 사무실에서 회사의 기술상·영업상의 자료들인 매출단가 품의서, 영업추진계획, 반도체 조립공정 문제점 및 개선대책 등을 서류가방에 넣어 가지고 나와 이를 B사에 넘겨주었다.

① 자료 유출 시의 전 직원에 대한 강화되고 엄격해진 규정을 마련하여 즉시 실시한다.
② 강화된 보안 대책과 함께 컴퓨터 파일 유출을 방지할 수 있는 기술 도입을 검토한다.
③ 인센티브나 승진 문제 등 甲의 행위가 촉발된 근본 원인을 찾아낸다.
④ 어떻게 자료 유출이 가능했는지를 확인하고 甲과 B사에 대한 대응방안을 정확히 수립한다.

49 8층에서 엘리베이터를 타게 된 갑, 을, 병, 정, 무 5명은 5층부터 내리기 시작하여 마지막 다섯 번째 사람이 1층에서 내리게 되었다. 다음 〈조건〉을 만족할 때, 1층에서 내린 사람은 누구인가?

> 〈조건〉
> • 2명이 함께 내린 층은 4층이며, 나머지는 모두 1명씩만 내렸다.
> • 을이 내리기 직전 층에서는 아무도 내리지 않았다.
> • 무는 정의 바로 다음 층에서 내렸다.
> • 갑과 을은 1층에서 내리지 않았다.

① 갑   ② 을
③ 병   ④ 정

50 다음 SWOT 분석기법에 대한 설명과 분석 결과 사례를 토대로 한 대응 전략으로 가장 적절한 것은?

　　SWOT 분석은 내부 환경요인과 외부 환경요인의 2개의 축으로 구성되어 있다. 내부 환경요인은 자사 내부의 환경을 분석하는 것으로 분석은 다시 자사의 강점과 약점으로 분석된다. 외부환경요인은 자사 외부의 환경을 분석하는 것으로 분석은 다시 기회와 위협으로 구분된다. 내부환경요인과 외부환경요인에 대한 분석이 끝난 후에 매트릭스가 겹치는 SO, WO, ST, WT에 해당되는 최종 분석을 실시하게 된다. 내부의 강점과 약점을, 외부의 기회와 위협을 대응시켜 기업의 목표를 달성하려는 SWOT 분석에 의한 발전전략의 특성은 다음과 같다.

- SO전략 : 외부 환경의 기회를 활용하기 위해 강점을 사용하는 전략 선택
- ST전략 : 외부 환경의 위협을 회피하기 위해 강점을 사용하는 전략 선택
- WO전략 : 자신의 약점을 극복함으로써 외부 환경의 기회를 활용하는 전략 선택
- WT전략 : 외부 환경의 위협을 회피하고 자신의 약점을 최소화하는 전략 선택

[분석 결과 사례]

강점 (Strength)	• 해외 조직 관리 경험 풍부 • 자사 해외 네트워크 및 유통망 다수 확보
약점 (Weakness)	• 순환 보직으로 인한 잦은 담당자 교체로 업무 효율성 저하 • 브랜드 이미지 관리에 따른 업무 융통성 부족
기회 (Opportunity)	• 현지에서 친숙한 자사 이미지 • 현지 정부의 우대 혜택 및 세제 지원 약속
위협 (Threat)	• 일본 경쟁업체와의 본격 경쟁체제 돌입 • 위안화 환율 불안에 따른 환차손 우려

내부환경 외부환경	강점(Strength)	약점(Weakness)
기회(Opportunity)	① 세제 혜택을 통하여 환차손 리스크 회피 모색	② 타 해외 조직의 운영 경험을 살려 업무 효율성 벤치마킹
위협(Threat)	③ 다양한 유통채널을 통하여 경쟁체제 우회 극복	④ 해외 진출 경험으로 축적된 우수 인력 투입으로 업무 누수 방지

▌1-2▐ 다음 조건을 순차적으로 처리할 때 다음 시스템에서 취해야 할 행동은?

1

<조건>

① 레버 3개의 위치에 따라 다음과 같이 오류값을 선택한다. 오류값을 선택할 때에는 음영처리가 된 오류값만 선택한다.
- 레버 3개 중 1개만 위로 올라가 있다. → 오류값 중 가장 큰 수와 가장 작은 수의 차이
- 레버 3개 중 2개만 위로 올라가 있다. → 오류값 중 가장 큰 수와 가장 작의 수의 합
- 레버 3개가 모두 위로 올라가 있다. → 오류값들의 평균값(소수 첫째자리에서 반올림)

② 오류값에 따라 다음과 같이 상황을 판단한다.

오류값 허용 범위	상황	상황별 행동
오류값<5	안전	아무 버튼도 누르지 않는다.
5≤오류값<10	경고	파란 버튼을 누른다. 단, 올라간 레버가 2개 이상이면 빨간 버튼도 함께 누른다.
10≤오류값<15	위험	빨간 버튼을 모두 누른다.
15≤오류값	차단	전원을 차단한다.

③ 계기판 수치가 5이하면 무조건 안전, 15 이상이면 무조건 경고
④ 음영 처리된 오류값이 2개 이하이면 한 단계 격하, 음영 처리된 오류값이 5개 이상이면 한 단계 격상
⑤ 안전단계에서 격하되어도 안전 상태를 유지, 위험단계에서 격상되어도 위험단계를 유지

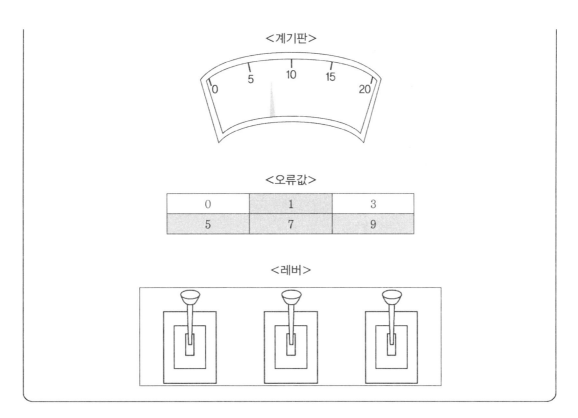

① 아무 버튼도 누르지 않는다.

② 파란 버튼과 빨간 버튼을 모두 누른다.

③ 파란 버튼을 누른다.

④ 전원을 차단한다.

2

<조건>

① 오류값 중 제일 아래 행에 있는 값들이 음영 처리된 경우, 다음과 같이 행동한다. 단, 다음 3개 중 &와 함께 음영 처리가 되면 &에 관련된 행동을 먼저 취한다.

오류값	행동
&	음영 처리 반전
0	오류값 3, 6은 무조건 음영 처리된 것으로 판단
#	오류값 2, 5는 무조건 음영 처리되지 않은 것으로 판단

② 레버 3개의 위치에 따라 다음과 같이 오류값을 선택한다. 오류값을 선택할 때에는 음영처리가 된 오류값만 선택한다.
- 레버 3개 중 1개만 아래로 내려가 있다. → 오류값의 총합
- 레버 3개 중 2개만 아래로 내려가 있다. → 오류값 중 가장 큰 수
- 레버 3개가 모두 아래로 내려가 있다. → 오류값 중 가장 작은 수

③ 오류값에 따라 다음과 같이 상황을 판단한다.

오류값 허용 범위	상황	상황별 행동
오류값<5	안전	아무 버튼도 누르지 않는다.
5≤오류값<10	경고	노란 버튼을 누른다. 단, 내려간 레버가 2개 이상이면 초록 버튼을 누른다.
10≤오류값<15	위험	노란 버튼과 초록 버튼을 모두 누른다.
15≤오류값	차단	전원을 차단한다.

④ 음영 처리된 오류값이 2개 이하이면 무조건 안전, 5개 이상이면 무조건 경고
⑤ 계기판의 바늘 2개가 겹치면 한 단계 격상, 겹치지 않으면 아무 변화 없음
⑥ 계기판이 두 바늘이 가리키는 수치가 하나라도 15 이상이면 한 단계 격상
⑦ 위험단계에서 격상되어도 위험상태를 유지

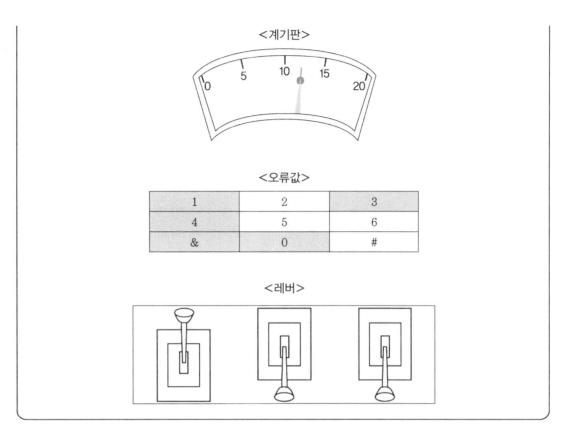

① 초록 버튼을 누른다.

② 노란 버튼과 초록 버튼을 누른다.

③ 노란 버튼을 누른다.

④ 아무 버튼도 누르지 않는다.

3 다음과 같은 시트에서 이름에 '철'이라는 글자가 포함된 사람의 수를 세어보려고 한다. 이를 위해 사용해야 하는 함수로 옳은 것은?

	A	B	C	D
1	이름	편집부	영업부	관리부
2	박초롱	89	65	92
3	강원철	69	75	85
4	김수현	75	86	35
5	민수진	87	82	80
6	신해철	55	89	45
7	안진철	98	65	95

① =COUNT(A2, "*철*")

② =COUNT(A2:A7, "*철*")

③ =COUNTIF(A7, "*철*")

④ =COUNTIF(A2:A7, "*철*")

4 다음 워크시트에서 부서명[E2:E4]을 번호[A2:A11] 순서대로 반복하여 발령부서[C2:C11]에 배정하고자 한다. 다음 중 [C2] 셀에 입력할 수식으로 옳은 것은?

	A	B	C	D	E
1	번호	이름	발령부서		부서명
2	1	황현아	기획팀		기획팀
3	2	김지민	재무팀		재무팀
4	3	정미주	총무팀		총무팀
5	4	오민아	기획팀		
6	5	김혜린	재무팀		
7	6	김윤중	총무팀		
8	7	박유미	기획팀		
9	8	김영주	재무팀		
10	9	한상미	총무팀		
11	10	서은정	기획팀		

① =INDEX($E$2:$E$4, MOD(A2, 3))

② =INDEX($E$2:$E$4, MOD(A2, 3)+1)

③ =INDEX($E$2:$E$4, MOD(A2-1, 3)+1)

④ =INDEX($E$2:$E$4, MOD(A2-1, 3)-1)

5 다음 워크시트에서 매출액[B3:B9]을 이용하여 매출 구간별 빈도수를 [F3:F6] 영역에 계산하고자 한다. 다음 중 이를 위한 배열수식으로 옳은 것은?

	A	B	C	D	E	F
1						
2		매출액		매출구간		빈도수
3		75		0	50	1
4		93		51	100	2
5		130		101	200	3
6		32		201	300	1
7		123				
8		257				
9		169				

① {=PERCENTILE(B3:B9, E3:E6)}

② {=PERCENTILE(E3:E6, B3:B9)}

③ {=FREQUENCY(B3:B9, E3:E6)}

④ {=FREQUENCY(E3:E6, B3:B9)}

6 한컴오피스 흔글 프로그램에서 단축키 Alt + V는 어떤 작업을 실행하는가?

① 불러오기

② 모두 선택

③ 저장하기

④ 다른 이름으로 저장하기

7 다음은 엑셀 프로그램의 논리 함수에 대한 설명이다. 옳지 않은 것은?

① AND : 인수가 모두 TRUE이면 TRUE를 반환한다.

② OR : 인수가 하나라도 TRUE이면 TRUE를 반환한다.

③ IF : 조건식이 참이면 '참일 때 값', 거짓이면 '거짓일 때 값'을 출력한다.

④ XOR : 모든 인수의 논리 배타적 AND를 반환한다. 배타적 OR을 반환한다.

8 다음 설명에 해당하는 엑셀 기능은?

> 입력한 데이터 정보를 기반으로 하여 데이터를 미니 그래프 형태의 시각적 표시로 나타내 주는 기능

① 클립아트
② 스파크라인
③ 하이퍼링크
④ 워드아트

9 다음 중 '자료', '정보', '지식'의 관계에 대한 설명으로 옳지 않은 것은?

① 객관적 실제의 반영이며, 그것을 전달할 수 있도록 기호화한 것을 자료라고 한다.
② 특정 상황에서 그 가치가 평가된 데이터를 정보와 지식이라고 말한다.
③ 자료를 가공하여 이용 가능한 정보로 만드는 과정을 자료처리(data processing)라고도 하며 일반적으로 컴퓨터가 담당한다.
④ 업무 활동을 통해 알게 된 세부 데이터를 컴퓨터로 일목요연하게 정리해 둔 것을 지식이라고 볼 수 있다.

▌10-11▐ 다음은 left shift 연산자와 right shift 연산자에 대한 설명이다. 다음을 참고하여 물음에 답하시오.

컴퓨터에서는 숫자들이 이진수로 변경되어 저장된다. 이때, 저장되는 이진수의 bit, 즉 자릿수는 8 자리가 된다. left shift 연산자는 데이터를 좌측으로 이동시켜 비어있는 자리는 0으로 채우고 자릿수가 넘어가는 데이터는 버리는 연산자이며, right shift 연산자는 데이터를 우측으로 이동시켜 비어있는 자리를 0으로 채우고 자릿수가 넘어가는 데이터는 버리는 연산자이다.

<left shift 연산자의 예시>

• 처음 숫자

1	0	0	1	0	0	1	1

• left shift 1번 적용

0	0	1	0	0	1	1	0

• left shift 2번 적용(1회 적용에서 한 번 더 적용)

0	1	0	0	1	1	0	0

<right shift 연산자의 예시>

• 처음 숫자

1	0	0	1	0	0	1	1

• right shift 1번 적용

0	1	0	0	1	0	0	1

• right shift 2번 적용(1회 적용에서 한 번 더 적용)

0	0	1	0	0	1	0	0

10 10진수 39를 left shift를 2번 우선 적용시킨 뒤 right shift를 한번 적용한 수는?

① 60 ② 71

③ 78 ④ 89

11 10진수 226를 112로 바꾸기 위한 left shit와 right shift연산자의 적용 방법은?

① left → right

② right → left

③ left → left → right

④ right → right → left

12 주기억장치 관리기법 중 "Best Fit" 기법 사용 시 8K의 프로그램은 주기억장치 영역 중 어느 곳에 할당되는가?

영역1	9K
영역2	15K
영역3	10K
영역4	30K

① 영역1 ② 영역2

③ 영역3 ④ 영역4

┃13-14┃ **다음 사례를 읽고 물음에 답하시오.**

NS그룹의 오 대리는 상사로부터 스마트폰 신상품에 대한 기획안을 제출하라는 업무를 받았다. 이에 오 대리는 먼저 기획안을 작성하기 위해 필요한 정보가 무엇인지 생각을 하였는데 이번에 개발하고자 하는 신상품이 노년층을 주 고객층으로 한 실용적이면서도 조작이 간편한 제품이기 때문에 우선 50~60대의 취향을 파악할 필요가 있었다. 따라서 오 대리는 50~60대 고객들이 현재 사용하고 있는 스마트폰의 모델과 좋아하는 디자인, 사용하면서 불편해 하는 사항, 지불 가능한 액수 등에 대한 정보가 필요함을 깨달았고 이러한 정보는 사내에 저장된 고객정보를 통해 얻을 수 있음을 인식하였다. 오 대리는 다음 주까지 기획안을 작성하여 제출해야 하기 때문에 이번 주에 모든 정보를 수집하기로 마음먹었고 기획안 작성을 위해서는 방대한 고객정보 중에서도 특히 노년층에 대한 정보만 선별할 필요가 있었다. 이렇게 사내에 저장된 고객정보를 이용할 경우 따로 정보수집으로 인한 비용이 들지 않는다는 사실도 오 대리에게는 장점으로 작용하였다. 여기까지 생각이 미치자 오 대리는 고객정보를 얻기 위해 고객센터에 근무하는 조 대리에게 관련 자료를 요청하였고 가급적 연령에 따라 분류해 줄 것을 당부하였다.

13 다음 중 오 대리가 수집하고자 하는 고객정보 중에서 반드시 포함되어야 할 사항으로 옳지 않은 것은?

① 연령　　　　　　　　　　　　　　② 사용하고 있는 모델
③ 거주지　　　　　　　　　　　　　④ 사용 시 불편사항

14 다음 〈보기〉의 사항들 중 위 사례에 포함된 사항은 모두 몇 개인가?

〈보기〉

- WHAT(무엇을?)
- WHEN(언제까지?)
- WHO(누가?)
- HOW MUCH(얼마나?)
- WHERE(어디에서?)
- WHY(왜?)
- HOW(어떻게?)

① 4개　　　　　　　　　　　　　　② 5개
③ 6개　　　　　　　　　　　　　　④ 7개

15 검색엔진을 사용하여 인터넷에서 이순신 장군이 지은 책이 무엇인지 알아보려고 한다. 정보검색 연산자를 사용할 때 가장 적절한 검색식은 무엇인가? (단, 사용하려는 검색엔진은 AND 연산자로 '&', OR 연산자로 '+', NOT 연산자로 '!', 인접검색 연산자로 '~'을 사용한다.)

① 이순신 + 책   ② 장군 & 이순신

③ 이순신 & 책   ④ 장군 ~ 이순신

16 다음은 K쇼핑몰의 날짜별 판매상품 정보 중 일부이다. 다음의 파일에 표시된 대분류 옆의 ▼를 누르면 많은 종류의 상품 중 보고 싶은 대분류(예를 들어, 셔츠)만을 한 눈에 볼 수 있다. 이 기능은 무엇인가?

	A	B	C	D	E	F	G
1	날짜 ▼	상품코드 ▼	대분류 ▼	상품명 ▼	사이즈 ▼	원가 ▼	판매가 ▼
2	2013-01-01	9E2S_NB4819	셔츠	플라워 슬리브리스 롱 셔츠	55	16,000	49,000
3	2013-01-01	9E2S_PT4845	팬츠	내추럴 스트링 배기 팬츠	44	20,000	57,800
4	2013-01-01	9E2S_OPS5089	원피스	뉴클래식컬러지퍼원피스	44	23,000	65,500
5	2013-01-01	9E2S_SK5085	스커트	더블플라운스밴딩스커트	44	12,000	41,500
6	2013-01-01	9E2S_VT4980	베스트	드로잉 포켓 베스트	44	19,000	55,500
7	2013-01-01	9E2S_PT5053	팬츠	라이트모드롤업9부팬츠	44	10,000	38,200
8	2013-01-01	9E2S_CD4943	가디건	라인 패턴 니트 볼레로	55	9,000	36,000
9	2013-01-02	9E2S_OPS4801	원피스	러블리 레이스 롱 체크 원피스	55	29,000	79,800
10	2013-01-02	9E2S_BL4906	블라우스	러블리 리본 플라워 블라우스	44	15,000	46,800
11	2013-01-02	9E2S_OPS4807	원피스	러블리 벌룬 쉬폰 원피스	55	25,000	70,000
12	2013-01-02	9E2S_OPS4789	원피스	러블리브이넥 레이스 원피스	55	25,000	70,000
13	2013-01-03	9E2S_OPS5088	원피스	레오파드사틴포켓원피스	44	21,000	60,500
14	2013-01-04	9E2S_OPS4805	원피스	로맨틱 언밸런스 티어드 원피스	55	19,000	55,500
15	2013-01-04	9E2S_BL4803	블라우스	로맨팅 서링 베스트 블라우스	44	14,000	43,500
16	2013-01-04	9E2S_TS4808	티셔츠	루즈핏스트라이프슬리브리스	44	8,000	33,000

① 조건부 서식   ② 찾기

③ 필터   ④ 정렬

17 다음 중 아래의 설명에 해당하는 용어는?

> • 정보의 형태나 형식을 변환하는 처리나 처리 방식이다.
> • 파일의 용량을 줄이거나 화면크기를 변경하는 등 다양한 방법으로 활용된다.

① 인코딩(encoding)   ② 리터칭(retouching)

③ 렌더링(rendering)   ④ 디코더(decoder)

▌18-20 ▌ 다음의 알고리즘을 보고 물음에 답하시오.

18 다음의 알고리즘에서 인쇄되는 S는?

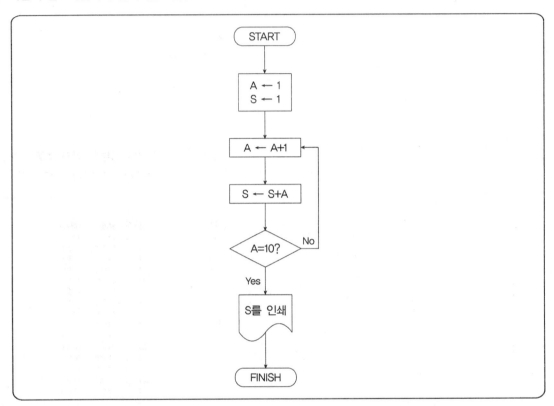

① 36

② 45

③ 55

④ 66

19 다음의 알고리즘에서 인쇄되는 A는?

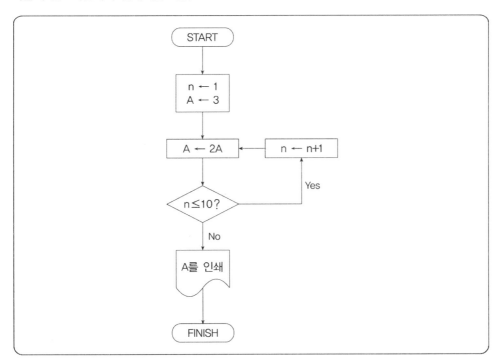

① $2^9\cdot3$

② $2^{10}\cdot3$

③ $2^{11}\cdot3$

④ $2^{12}\cdot3$

20 다음 알고리즘에서 결과로 23이 인쇄되었다면 ㈎에 들어갈 수식으로 알맞은 것은?

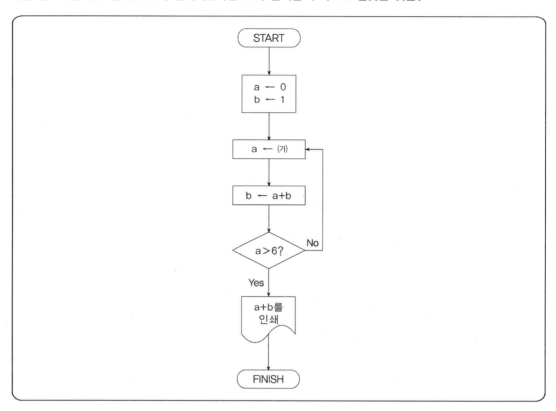

① a+2

② a+b

③ b+1

④ a+b−1

21 박 대리는 보고서를 작성하던 도중 모니터에 '하드웨어 충돌'이라는 메시지 창이 뜨자 혼란에 빠지고 말았다. 이 문제점을 해결하기 위해 할 수 있는 행동으로 옳은 것은?

① [F8]을 누른 후 메뉴가 표시되면 '부팅 로깅'을 선택한 후 문제의 원인을 찾는다.

② 사용하지 않는 Windows 구성 요소를 제거한다.

③ [Ctrl] + [Alt] + [Delete] 또는 [Ctrl] + [Shift] + [Esc]를 누른 후 [Windows 작업 관리자]의 '응용 프로그램'탭에서 응답하지 않는 프로그램을 종료한다.

④ [시스템] → [하드웨어]에서 〈장치 관리자〉를 클릭한 후 '장치 관리자'창에서 확인하여 중복 설치된 장치를 제거 후 재설치한다.

22 다음은 오디오데이터에 대한 설명이다. (가), (나)에 들어갈 용어를 바르게 짝지은 것은?

(가)	• 아날로그 형태의 소리를 디지털 형태로 변형하는 샘플링 과정을 통하여 작성된 데이터 • 실제 소리가 저장되어 재생이 쉽지만, 용량이 큼 • 파일의 크기 계산 : 샘플링 주기 × 샘플링 크기 × 시간 × 재생방식(모노 = 1, 스테레오 = 2)
MIDI	• 전자악기 간의 디지털 신호에 의한 통신이나 컴퓨터와 전자악기 간의 통신 규약 • 음성이나 효과음의 저장은 불가능하고, 연주 정보만 저장되므로 크기가 작음 • 시퀀싱 작업을 통해 작성되며, 16개 이상의 악기 동시 연주 가능
(나)	• 고음질 오디오 압축의 표준 형식 • MPEG-1의 압축 방식을 이용하여, 음반 CD 수준의 음질을 유지하면서 1/12 정도까지 압축

	(가)	(나)
①	WAVE	AVI
②	WAVE	MP3
③	MP3	WAVE
④	MP3	3AVI

23 다음은 A가 C언어로 코딩을 하여 만들려는 홀짝 게임 프로그램의 알고리즘 순서도이다. 그런데 오류가 있었는지 잘못된 값을 도출하였다. 다음 중 잘못된 부분은?

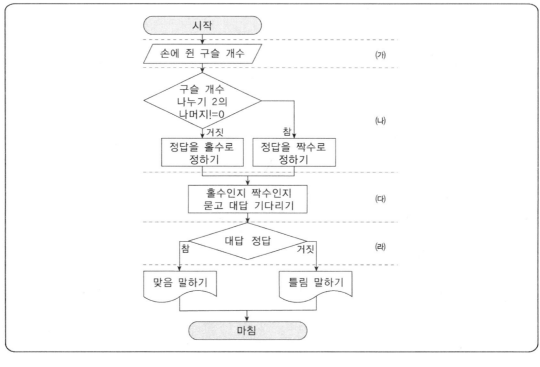

① (가)

② (나)

③ (다)

④ (라)

24 T회사에 다니는 S대리는 직원들의 컴퓨터에 문제가 생기거나 할 때 잘 봐주곤 한다. 최근 신입사원으로 들어온 Y씨는 컴퓨터 네트워크 프린터를 공유하려고 하는데 이를 잘 몰라서 S대리에게 부탁을 했다. Y씨의 컴퓨터가 한글 Windows XP라고 할 때 공유 수행과정으로 옳은 것은?

> ㉠ 프린터 찾아보기
> ㉡ 프린터 추가 마법사 실행
> ㉢ 네트워크 프린터 또는 로컬 프린터의 선택
> ㉣ 기본 프린터 사용 여부

① ㉡→㉢→㉠→㉣　　　　　　② ㉡→㉣→㉢→㉠

③ ㉣→㉠→㉢→㉡　　　　　　④ ㉣→㉡→㉠→㉢

25 다음은 한글 바로가기 단축키이다. 다음 중 잘못된 내용은?

F1	도움말	Ctrl + A	전체 선택
F2	찾기 … ㉠	Ctrl + C	복사
F3	블록설정	Ctrl + X	잘라내기
Ctrl + Esc	[시작] 메뉴 표시	Ctrl + V	붙여넣기
Alt + Enter↵	등록 정보 표시		
Alt + F4	창 닫기, 프로그램 종료 … ㉡		
PrtSc ★	화면 전체를 클립보드로 복사		
Alt + PrtSc ★	실행 중인 프로그램을 순서대로 전환 … ㉢		
Alt + ⬅↱	실행 중인 프로그램 목록을 보여 주면서 프로그램 전환		
Ctrl + Alt + Del	'Windows 작업관리자' 대화상자 호출(Ctrl + Shift + Esc) … ㉣		
Shift	CD 삽입시 자동 실행 기능 정지		

① ㉠　　　　　　② ㉡

③ ㉢　　　　　　④ ㉣

26 지민 씨는 회사 전화번호부를 1대의 핸드폰에 저장하였다. 핸드폰 전화번호부에서 검색을 했을 때 나타나는 결과로 옳은 것은? ('6'을 누르면 '5468', '7846' 등이 뜨고 'ㅌ'을 누르면 '전태승' 등이 뜬다.)

구분	이름	번호
총무팀	이서경	0254685554
마케팅팀	김민종	0514954554
인사팀	최찬웅	0324457846
재무팀	심빈우	0319485574
영업팀	민하린	01054892464
해외사업팀	김혜서	01099843432
전산팀	전태승	01078954654

① 'ㅎ'을 누르면 4명이 뜬다.

② '32'를 누르면 2명이 뜬다.

③ '55'를 누르면 2명이 뜬다.

④ 'ㅂ'을 누르면 아무도 나오지 않는다.

▌27-31▐ 다음은 시스템 모니터링 중에 나타난 화면이다. 다음 화면에 나타나는 정보를 이해하고 시스템 상태를 파악하여 적절한 input code를 고르시오.

〈시스템 화면〉

System is checking........

Run.....

Error Found!

Index GTEMSHFCBA of file WODRTSUEAI

input code : _____

항목	세부사항
index '__' of file '__'	• 오류 문자 : Index 뒤에 나타나는 10개의 문자 • 오류 발생 위치 : file 뒤에 나타나는 10개의 문자
Error Value	오류 문자와 오류 발생 위치를 의미하는 문자에 사용된 알파벳을 비교하여 일치하는 알파벳의 개수를 확인(단, 알파벳의 위치와 순서는 고려하지 않으며 동일한 알파벳이 속해 있는지만 확인한다.)
input code	Error Value를 통하여 시스템 상태를 판단

판단 기준	시스템 상태	input code
일치하는 알파벳의 개수가 0개인 경우	안전	safe
일치하는 알파벳의 개수가 1~3개인 경우	경계	alert
일치하는 알파벳의 개수가 4~6개인 경우		vigilant
일치하는 알파벳의 개수가 7~9개인 경우	위험	danger
일치하는 알파벳의 개수가 10개인 경우	복구 불능	unrecoverable

27

〈시스템 화면〉

System is checking.......
Run.....

Error Found!
Index DRHIZGJUMY of file OPAULMBCEX

input code : _____

① alert   ② vigilant
③ danger   ④ unrecoverable

28

〈시스템 화면〉

System is checking.......
Run.....

Error Found!
Index QWERTYUIOP of file POQWIUERTY

input code : _____

① alert   ② vigilant
③ danger   ④ unrecoverable

29

> 〈시스템 화면〉
>
> System is checking........
> Run.....
>
>
> Error Found!
> Index QAZWSXEDCR of file EDCWSXPLMO
>
>
> input code : _____

① safe   ② alert

③ vigilant   ④ danger

30

> 〈시스템 화면〉
>
> System is checking........
> Run.....
>
>
> Error Found!
> Index ZXCVBNMASD of file LKAJHGFDSP
>
>
> input code : _____

① safe   ② alert

③ vigilant   ④ danger

31

〈시스템 화면〉

System is checking........
Run.....

Error Found!
Index OKMIJNUHBY of file GVTFCRDXES

input code : _____

① safe   ② alert

③ vigilant   ④ danger

32 다음 워크시트에서 [A1:B2] 영역을 선택한 후 채우기 핸들을 사용하여 드래그 했을 때 [A5:B5]영역 값으로 바르게 짝지은 것은?

	A	B
1	A	13.9
2	B	14.9
3		
4		
5		

① B, 17.9   ② A, 17.9

③ C, 14.9   ④ E, 16.9

33 터미널 노드는 자식이 없는 노드를 말한다. 다음 트리에서 터미널노드의 수는?

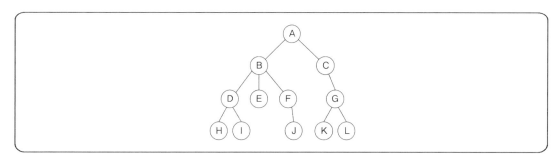

① 9개

② 8개

③ 7개

④ 6개

❙34-35❙ 다음 트리를 보고 물음에 답하시오.

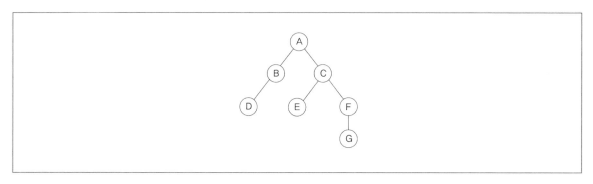

34 위 트리를 전위 순회했을 때의 출력 결과는?

① ABCDEFG

② ABDCEFG

③ DBAECFG

④ DBACEFG

35 위 트리를 후위 순회했을 때의 출력 결과는?

① BFEDCBA

② GFECDBA

③ DBAECFG

④ DBEGFCA

36 다음 워크시트에서처럼 주민등록번호가 입력되어 있을 때, 이 셀의 값을 이용하여 [C1] 셀에 성별을 '남' 또는 '여'로 표시하고자 한다. [C1] 셀에 입력해야 하는 수식은? (단, 주민등록번호의 8번째 글자가 1이면 남자, 2이면 여자이다)

	A	B	C
1	임나라	870808-2235672	
2	정현수	850909-1358527	
3	김동하	841010-1010101	
4	노승진	900202-1369752	
5	은봉미	890303-2251547	

① =CHOOSE(MID(B1,8,2), "남", "여")

② =CHOOSE(MID(B1,8,1), "남", "여")

③ =IF(RIGHT(B1,8)="1", "남", "여")

④ =IF(RIGHT(B1,8)="2", "남", "여")

▌37-39▐ 다음 완소그룹 물류창고의 책임자와 각 창고 내 보관된 제품의 코드 목록을 보고 물음에 답하시오.

책임자	제품코드번호	책임자	제품코드번호
권두완	17015N0301200013	노완희	17028S0100500023
공덕영	17051C0100200015	박근동	16123G0401800008
심근동	17012F0200900011	양균호	17026P0301100004
정용준	16113G0100100001	박동신	17051A0200700017
김영재	17033H0301300010	권현종	17071A0401500021

ex) 제품코드번호

2017년 3월에 성남 3공장에서 29번째로 생산된 주방용품 앞치마 코드

1703	–	1C	–	01005	–	00029
(생산연월)		(생산공장)		(제품종류)		(생산순서)

생산연월	생산공장			제품종류			생산순서
	지역코드		고유번호	분류코드		고유번호	
• 1611 – 2016년 11월 • 1706 – 2017년 6월	1	성남	A 1공장	01	주방용품	001 주걱	• 00001부터 시작하여 생산 순서대로 5자리의 번호가 매겨짐
			B 2공장			002 밥상	
			C 3공장			003 쟁반	
	2	구리	D 1공장			004 접시	
			E 2공장			005 앞치마	
			F 3공장			006 냄비	
	3	창원	G 1공장	02	청소도구	007 빗자루	
			H 2공장			008 쓰레받기	
			I 3공장			009 봉투	
	4	서산	J 1공장			010 대걸레	
			K 2공장	03	가전제품	011 TV	
			L 3공장			012 전자레인지	
	5	원주	M 1공장			013 가스레인지	
			N 2공장			014 컴퓨터	
	6	강릉	O 1공장	04	세면도구	015 치약	
			P 2공장			016 칫솔	
	7	진주	Q 1공장			017 샴푸	
			R 2공장			018 비누	
	8	합천	S 1공장			019 타월	
			T 2공장			020 린스	

37 완소그룹의 제품 중 2017년 5월에 합천 1공장에서 36번째로 생산된 세면도구 비누의 코드로 알맞은 것은?

① 17058S0401800036

② 17058S0401600036

③ 17058T0402000036

④ 17058T0401800036

38 2공장에서 생산된 제품들 중 현재 물류창고에 보관하고 있는 가전제품은 모두 몇 개인가?

① 1개

② 2개

③ 3개

④ 4개

39 다음 중 창원 1공장에서 생산된 제품을 보관하고 있는 물류창고의 책임자들끼리 바르게 연결된 것은?

① 김영재 – 박동신
② 정용준 – 박근동
③ 권두완 – 양균호
④ 공덕영 – 권현종

▌40-41▌ 다음은 H사의 물품 재고 창고에 적재되어 있는 제품 보관 코드 체계이다. 다음 표를 보고 이어지는 질문에 답하시오.

〈예시〉

2010년 12월에 중국 '2 Stars' 사에서 생산된 아웃도어 신발의 15번째 입고 제품

→ 1012 – 1B – 04011 – 00015

생산 연월	공급처				입고 분류				입고품 수량
	원산지 코드		제조사 코드		용품 코드		제품별 코드		
• 2012년 9월 – 1209 • 2010년 11월 – 1011	1	중국	A	All-8	01	캐주얼	001	청바지	00001부터 다섯 자리 시리얼 넘버가 부여됨.
			B	2 Stars			002	셔츠	
			C	Facai			003	원피스	
	2	베트남	D	Nuyen	02	여성	004	바지	
			E	N-sky			005	니트	
	3	멕시코	F	Bratos			006	블라우스	
			G	Fama			007	점퍼	
	4	한국	H	혁진사	03	남성	008	카디건	
			I	K상사			009	모자	
			J	영스타			010	용품	
	5	일본	K	왈러스	04	아웃도어	011	신발	
			L	토까이			012	래쉬가드	
			M	히스모	05	베이비	013	내복	
	6	호주	N	오즈본			014	바지	
			O	Island					
	7	독일	P	Kunhe					
			Q	Boyer					

40 2011년 10월에 생산된 '왈러스' 사의 여성용 블라우스로 10,215번째 입고된 제품의 코드로 알맞은 것은 무엇인가?

① 1010 − 5K − 02006 − 00215

② 1110 − 5K − 02060 − 10215

③ 1110 − 5K − 02006 − 10215

④ 2011 − 5K − 02006 − 01021

41 제품 코드 0810 − 3G − 04011 − 00910에 대한 설명으로 옳지 않은 것은 무엇인가?

① 해당 제품의 입고 수량은 적어도 910개 이상이다.

② 중남미에서 생산된 제품이다.

③ 여름에 생산된 제품이다.

④ 캐주얼 제품이 아니다.

42   다음은 H회사의 승진후보들의 1차 고과 점수 및 승진시험 점수이다. "생산부 사원"의 승진시험 점수의 평균을 알기 위해 사용해야 하는 함수는 무엇인가?

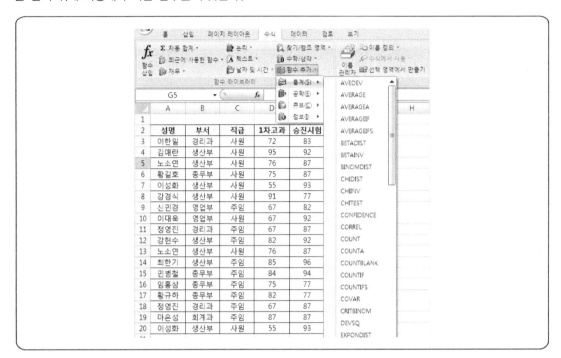

① AVERAGE

② AVERAGEA

③ AVERAGEIF

④ AVERAGEIFS

SE-11-KOR-3A-1512	CH-08-CHA-2C-1308	SE-07-KOR-2C-1503
CO-14-IND-2A-1511	JE-28-KOR-1C-1508	TE-11-IND-2A-1411
CH-19-IND-1C-1301	SE-01-KOR-3B-1411	CH-26-KOR-1C-1307
NA-17-PHI-2B-1405	AI-12-PHI-1A-1502	NA-16-IND-1B-1311
JE-24-PHI-2C-1401	TE-02-PHI-2C-1503	SE-08-KOR-2B-1507
CO-14-PHI-3C-1508	CO-31-PHI-1A-1501	AI-22-IND-2A-1503
TE-17-CHA-1B-1501	JE-17-KOR-1C-1506	JE-18-IND-1C-1504
NA-05-CHA-3A-1411	SE-18-KOR-1A-1503	CO-20-KOR-1C-1502
AI-07-KOR-2A-1501	TE-12-IND-1A-1511	AI-19-IND-1A-1503
SE-17-KOR-1B-1502	CO-09-CHA-3C-1504	CH-28-KOR-1C-1308
TE-18-IND-1C-1510	JE-19-PHI-2B-1407	SE-16-KOR-2C-1505
CO-19-CHA-3A-1509	NA-06-KOR-2A-1401	AI-10-KOR-1A-1509

〈코드 부여 방식〉

[제품 종류]-[모델 번호]-[생산 국가]-[공장과 라인]-[제조연월]

〈예시〉

TE-13-CHA-2C-1501

2015년 1월에 중국 2공장 C라인에서 생산된 텔레비전 13번 모델

제품 종류 코드	제품 종류	생산 국가 코드	생산 국가
SE	세탁기	CHA	중국
TE	텔레비전	KOR	한국
CO	컴퓨터	IND	인도네시아
NA	냉장고	PHI	필리핀
AI	에어컨		
JE	전자레인지		
GA	가습기		
CH	청소기		

43 위의 코드 부여 방식을 참고할 때 옳지 않은 내용은?

① 창고에 있는 기기 중 세탁기는 모두 한국에서 제조된 것들이다.

② 창고에 있는 기기 중 컴퓨터는 모두 2015년에 제조된 것들이다.

③ 창고에 있는 기기 중 청소기는 있지만 가습기는 없다.

④ 창고에 있는 기기 중 2013년에 제조된 것은 청소기 뿐이다.

44 회사에 다니는 Y씨는 가전제품 코드 목록을 파일로 불러와 검색을 하고자 한다. 검색의 결과로 옳지 않은 것은?

① 창고에 있는 세탁기가 몇 개인지 알기 위해 'SE'를 검색한 결과 7개임을 알았다.

② 창고에 있는 기기 중 인도네시아에서 제조된 제품이 몇 개인지 알기 위해 'IND'를 검색한 결과 10개임을 알았다.

③ 모델 번호가 19번인 제품을 알기 위해 '19'를 검색한 결과 4개임을 알았다.

④ 1공장 A라인에서 제조된 제품을 알기 위해 '1A'를 검색한 결과 6개임을 알았다.

45 2017년 4월에 한국 1공장 A라인에서 생산된 에어컨 12번 모델의 코드로 옳은 것은?

① AI − 12 − KOR − 1A −1704

② AI − 11 − PHI − 1A − 1704

③ CH − 12 − KOR − 1A − 1704

④ CH − 11 − KOR − 3A − 1705

46 T회사에서 근무하고 있는 N씨는 엑셀을 이용하여 작업을 하고자 한다. 엑셀에서 바로 가기 키에 대한 설명이 다음과 같을 때 괄호 안에 들어갈 내용으로 알맞은 것은?

> 통합 문서 내에서 (㉠) 키는 다음 워크시트로 이동하고 (㉡) 키는 이전 워크시트로 이동한다.

	㉠	㉡
①	〈Ctrl〉+〈Page Down〉	〈Ctrl〉+〈Page Up〉
②	〈Shift〉+〈Page Down〉	〈Shift〉+〈Page Up〉
③	〈Tab〉+←	〈Tab〉+→
④	〈Alt〉+〈Shift〉+↑	〈Alt〉+〈Shift〉+↓

47 다음 워크시트에서 [A2] 셀 값을 소수점 첫째자리에서 반올림하여 [B2] 셀에 나타내도록 하고자 한다. [B2] 셀에 알맞은 함수식은?

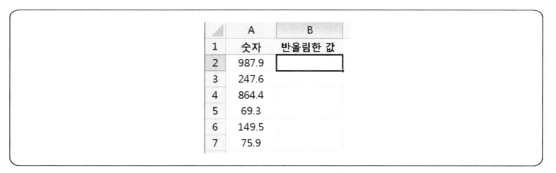

① ROUND(A2, −1)

② ROUND(A2, 0)

③ ROUNDDOWN(A2, 0)

④ ROUNDUP(A2, −1)

| 48-49 | **다음은 선택정렬에 관한 설명과 예시이다. 이를 보고 물음에 답하시오.**

선택정렬(Selection sort)는 주어진 데이터 중 최솟값을 찾고 최솟값을 정렬되지 않은 데이터 중 맨 앞에 위치한 값과 교환한다. 교환은 두 개의 숫자가 서로 자리를 맞바꾸는 것을 말한다. 정렬된 데이터를 제외한 나머지 데이터를 같은 방법으로 교환하여 반복하면 정렬이 완료된다.

〈예시〉

68, 11, 3, 82, 7을 정렬하려고 한다.

• 1회전 (최솟값 3을 찾아 맨 앞에 위치한 68과 교환)

68	11	3	82	7

3	11	68	82	7

• 2회전 (정렬이 된 3을 제외한 데이터 중 최솟값 7을 찾아 11과 교환)

3	11	68	82	7

3	7	68	82	11

• 3회전 (정렬이 된 3, 7을 제외한 데이터 중 최솟값 11을 찾아 68과 교환)

3	7	68	82	11

3	7	11	82	68

• 4회전 (정렬이 된 3, 7, 11을 제외한 데이터 중 최솟값 68을 찾아 82와 교환)

3	7	11	82	68

3	7	11	68	82

48 다음 수를 선택정렬을 이용하여 오름차순으로 정렬하려고 한다. 2회전의 결과는?

> 5, 3, 8, 1, 2

① 1, 2, 8, 5, 3
② 1, 2, 5, 3, 8
③ 1, 2, 3, 5, 8
④ 1, 2, 3, 8, 5

49 다음 수를 선택정렬을 이용하여 오름차순으로 정렬하려고 한다. 3회전의 결과는?

> 55, 11, 66, 77, 22

① 11, 22, 66, 55, 77
② 11, 55, 66, 77, 22
③ 11, 22, 66, 77, 55
④ 11, 22, 55, 77, 66

50 버블 정렬(bubble sort)은 서로 이웃한 데이터를 비교하여 가장 큰 데이터를 가장 뒤로 보내며 정렬하는 방식이다. 다음 수를 버블정렬을 이용하여 오름차순으로 정렬했을 때, 몇 번을 회전해야 왼쪽이 오른쪽과 같이 변하는가?(1회전이란 왼쪽에서 이웃한 숫자 비교를 시작으로 오른쪽 끝까지(오른쪽에 가장 큰 숫자가 올 때까지) 비교를 했을 때를 말한다.)

> 15, 11, 8, 1, 3 → 1, 3, 8, 11, 15

① 1회전   ② 2회전
③ 3회전   ④ 4회전

PART

IV

NCS 면접

01 면접의 기본

❶ 면접준비

(1) 면접의 기본 원칙

① **면접의 의미** … 면접이란 다양한 면접기법을 활용하여 지원한 직무에 필요한 능력을 지원자가 보유하고 있는지를 확인하는 절차라고 할 수 있다. 즉, 지원자의 입장에서는 채용 직무수행에 필요한 요건들과 관련하여 자신의 환경, 경험, 관심사, 성취 등에 대해 기업에 직접 어필할 수 있는 기회를 제공받는 것이며, 기업의 입장에서는 서류전형만으로 알 수 없는 지원자에 대한 정보를 직접적으로 수집하고 평가하는 것이다.

② **면접의 특징** … 면접은 기업의 입장에서 서류전형이나 필기전형에서 드러나지 않는 지원자의 능력이나 성향을 볼 수 있는 기회로, 면대면으로 이루어지며 즉흥적인 질문들이 포함될 수 있기 때문에 지원자가 완벽하게 준비하기 어려운 부분이 있다. 하지만 지원자 입장에서도 서류전형이나 필기전형에서 모두 보여주지 못한 자신의 능력 등을 기업의 인사담당자에게 어필할 수 있는 추가적인 기회가 될 수도 있다.

[서류 · 필기전형과 차별화되는 면접의 특징]

- 직무수행과 관련된 다양한 지원자 행동에 대한 관찰이 가능하다.
- 면접관이 알고자 하는 정보를 심층적으로 파악할 수 있다.
- 서류상의 미비한 사항과 의심스러운 부분을 확인할 수 있다.
- 커뮤니케이션 능력, 대인관계 능력 등 행동 · 언어적 정보도 얻을 수 있다.

③ **면접의 유형**

   ㉠ **구조화 면접** : 구조화 면접은 사전에 계획을 세워 질문의 내용과 방법, 지원자의 답변 유형에 따른 추가 질문과 그에 대한 평가 역량이 정해져 있는 면접 방식으로 표준화 면접이라고도 한다.

     - 표준화된 질문이나 평가요소가 면접 전 확정되며, 지원자는 편성된 조나 면접관에 영향을 받지 않고 동일한 질문과 시간을 부여받을 수 있다.

     - 조직 또는 직무별로 주요하게 도출된 역량을 기반으로 평가요소가 구성되어, 조직 또는 직무에서 필요한 역량을 가진 지원자를 선발할 수 있다.

     - 표준화된 형식을 사용하는 특성 때문에 비구조화 면접에 비해 신뢰성과 타당성, 객관성이 높다.

   ㉡ **비구조화 면접** : 비구조화 면접은 면접 계획을 세울 때 면접 목적만을 명시하고 내용이나 방법은 면접관에게 전적으로 일임하는 방식으로 비표준화 면접이라고도 한다.

- 표준화된 질문이나 평가요소 없이 면접이 진행되며, 편성된 조나 면접관에 따라 지원자에게 주어지는 질문이나 시간이 다르다.
- 면접관의 주관적인 판단에 따라 평가가 이루어져 평가 오류가 빈번히 일어난다.
- 상황 대처나 언변이 뛰어난 지원자에게 유리한 면접이 될 수 있다.

④ 경쟁력 있는 면접 요령

㉠ 면접 전에 준비하고 유념할 사항
- 예상 질문과 답변을 미리 작성한다.
- 작성한 내용을 문장으로 외우지 않고 키워드로 기억한다.
- 지원한 회사의 최근 기사를 검색하여 기억한다.
- 지원한 회사가 속한 산업군의 최근 기사를 검색하여 기억한다.
- 면접 전 1주일간 이슈가 되는 뉴스를 기억하고 자신의 생각을 반영하여 정리한다.
- 찬반토론에 대비한 주제를 목록으로 정리하여 자신의 논리를 내세운 예상답변을 작성한다.

㉡ 면접장에서 유념할 사항
- 질문의 의도 파악 : 답변을 할 때에는 질문 의도를 파악하고 그에 충실한 답변이 될 수 있도록 질문 사항을 유념해야 한다. 많은 지원자가 하는 실수 중 하나로 답변을 하는 도중 자기 말에 심취되어 질문의 의도와 다른 답변을 하거나 자신이 알고 있는 지식만을 나열하는 경우가 있는데, 이럴 경우 의사소통능력이 부족한 사람으로 인식될 수 있으므로 주의하도록 한다.
- 답변은 두괄식 : 답변을 할 때에는 두괄식으로 결론을 먼저 말하고 그 이유를 설명하는 것이 좋다. 미괄식으로 답변을 할 경우 용두사미의 답변이 될 가능성이 높으며, 결론을 이끌어 내는 과정에서 논리성이 결여될 우려가 있다. 또한 면접관이 결론을 듣기 전에 말을 끊고 다른 질문을 추가하는 예상치 못한 상황이 발생될 수 있으므로 답변은 자신이 전달하고자 하는 바를 먼저 밝히고 그에 대한 설명을 하는 것이 좋다.
- 지원한 회사의 기업정신과 인재상을 기억 : 답변을 할 때에는 회사가 원하는 인재라는 인상을 심어주기 위해 지원한 회사의 기업정신과 인재상 등을 염두에 두고 답변을 하는 것이 좋다. 모든 회사에 해당되는 두루뭉술한 답변보다는 지원한 회사에 맞는 맞춤형 답변을 하는 것이 좋다.
- 나보다는 회사와 사회적 관점에서 답변 : 답변을 할 때에는 자기중심적인 관점을 피하고 좀 더 넓은 시각으로 회사와 국가, 사회적 입장까지 고려하는 인재임을 어필하는 것이 좋다. 자기중심적 시각을 바탕으로 자신의 출세만을 위해 회사에 입사하려는 인상을 심어줄 경우 면접에서 불이익을 받을 가능성이 높다.
- 난처한 질문은 정직한 답변 : 난처한 질문에 답변을 해야 할 때에는 피하기보다는 정면 돌파로 정직하고 솔직하게 답변하는 것이 좋다. 난처한 부분을 감추고 드러내지 않으려 회피하려는 지원자의 모습은 인사담당자에게 입사 후에도 비슷한 상황에 처했을 때 회피할 수도 있다는 우려를 심어줄 수 있다. 따라서 직장생활에 있어 중요한 덕목 중 하나인 정직을 바탕으로 솔직하게 답변을 하도록 한다.

(2) 면접의 종류 및 준비 전략

① 인성면접

㉠ 면접 방식 및 판단기준

- 면접 방식 : 인성면접은 면접관이 가지고 있는 개인적 면접 노하우나 관심사에 의해 질문을 실시한다. 주로 입사지원서나 자기소개서의 내용을 토대로 지원동기, 과거의 경험, 미래 포부 등을 이야기하도록 하는 방식이다.
- 판단기준 : 면접관의 개인적 가치관과 경험, 해당 역량의 수준, 경험의 구체성 · 진실성 등

㉡ 특징 : 인성면접은 그 방식으로 인해 역량과 무관한 질문들이 많고 지원자에게 주어지는 면접질문, 시간 등이 다를 수 있다. 또한 입사지원서나 자기소개서의 내용을 토대로 하기 때문에 지원자별 질문이 달라질 수 있다.

㉢ 예시 문항 및 준비전략

- 예시 문항

> - 3분 동안 자기소개를 해 보십시오.
> - 자신의 장점과 단점을 말해 보십시오.
> - 학점이 좋지 않은데 그 이유가 무엇입니까?
> - 최근에 인상 깊게 읽은 책은 무엇입니까?
> - 회사를 선택할 때 중요시하는 것은 무엇입니까?
> - 일과 개인생활 중 어느 쪽을 중시합니까?
> - 10년 후 자신은 어떤 모습일 것이라고 생각합니까?
> - 휴학 기간 동안에는 무엇을 했습니까?

- 준비전략 : 인성면접은 입사지원서나 자기소개서의 내용을 바탕으로 하는 경우가 많으므로 자신이 작성한 입사지원서와 자기소개서의 내용을 충분히 숙지하도록 한다. 또한 최근 사회적으로 이슈가 되고 있는 뉴스에 대한 견해를 묻거나 시사상식 등에 대한 질문을 받을 수 있으므로 이에 대한 대비도 필요하다. 자칫 부담스러워 보이지 않는 질문으로 가볍게 대답하지 않도록 주의하고 모든 질문에 입사 의지를 담아 성실하게 답변하는 것이 중요하다.

② 발표면접

㉠ 면접 방식 및 판단기준

- 면접 방식 : 지원자가 특정 주제와 관련된 자료를 검토하고 그에 대한 자신의 생각을 면접관 앞에서 주어진 시간 동안 발표하고 추가 질의를 받는 방식으로 진행된다.
- 판단기준 : 지원자의 사고력, 논리력, 문제해결력 등

㉡ 특징 : 발표면접은 지원자에게 과제를 부여한 후, 과제를 수행하는 과정과 결과를 관찰 · 평가한다. 따라서 과제수행 결과뿐 아니라 수행과정에서의 행동을 모두 평가할 수 있다.

ⓒ 예시 문항 및 준비전략

• 예시 문항

[신입사원 조기 이직 문제]

※ 지원자는 아래에 제시된 자료를 검토한 뒤, 신입사원 조기 이직의 원인을 크게 3가지로 정리하고 이에 대한 구체적인 개선안을 도출하여 발표해 주시기 바랍니다.

※ 본 과제에 정해진 정답은 없으나 논리적 근거를 들어 개선안을 작성해 주십시오.

• A기업은 동종업계 유사기업들과 비교해 볼 때, 비교적 높은 재무안정성을 유지하고 있으며 업무강도가 그리 높지 않은 것으로 외부에 알려져 있음.

• 최근 조사결과, 동종업계 유사기업들과 연봉을 비교해 보았을 때 연봉 수준도 그리 나쁘지 않은 편이라는 것이 확인되었음.

• 그러나 지난 3년간 1~2년차 직원들의 이직률이 계속해서 증가하고 있는 추세이며, 경영진 회의에서 최우선 해결과제 중 하나로 거론되었음.

• 이에 따라 인사팀에서 현재 1~2년차 사원들을 대상으로 개선되어야 하는 A기업의 조직문화에 대한 설문조사를 실시한 결과, '상명하복식의 의사소통'이 36.7%로 1위를 차지했음.

• 이러한 설문조사와 함께, 신입사원 조기 이직에 대한 원인을 분석한 결과 파랑새 증후군, 셀프홀릭 증후군, 피터팬 증후군 등 3가지로 분류할 수 있었음.

〈동종업계 유사기업들과의 연봉 비교〉

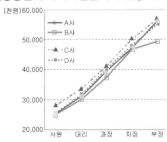

〈우리 회사 조직문화 중 개선되었으면 하는 것〉

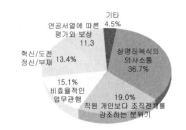

〈신입사원 조기 이직의 원인〉

• 파랑새 증후군
–현재의 직장보다 더 좋은 직장이 있을 것이라는 막연한 기대감으로 끊임없이 새로운 직장을 탐색함.
–학력 수준과 맞지 않는 '하향지원', 전공과 적성을 고려하지 않고 일단 취업하고 보자는 '묻지마 지원'이 파랑새 증후군을 초래함.

• 셀프홀릭 증후군
–본인의 역량에 비해 가치가 낮은 일을 주로 하면서 갈등을 느낌.

• 피터팬 증후군
–기성세대의 문화를 무조건 수용하기보다는 자유로움과 변화를 추구함.
–상명하복, 엄격한 규율 등 기성세대가 당연시하는 관행에 거부감을 가지며 직장에 답답함을 느낌.

- 준비전략 : 발표면접의 시작은 과제 안내문과 과제 상황, 과제 자료 등을 정확하게 이해하는 것에서 출발한다. 과제 안내문을 침착하게 읽고 제시된 주제 및 문제와 관련된 상황의 맥락을 파악한 후 과제를 검토한다. 제시된 기사나 그래프 등을 충분히 활용하여 주어진 문제를 해결할 수 있는 해결책이나 대안을 제시하며, 발표를 할 때에는 명확하고 자신 있는 태도로 전달할 수 있도록 한다.

③ 토론면접

　㉠ 면접 방식 및 판단기준
- 면접 방식 : 상호갈등적 요소를 가진 과제 또는 공통의 과제를 해결하는 내용의 토론 과제를 제시하고, 그 과정에서 개인 간의 상호작용 행동을 관찰하는 방식으로 면접이 진행된다.
- 판단기준 : 팀워크, 적극성, 갈등 조정, 의사소통능력, 문제해결능력 등

　㉡ 특징 : 토론을 통해 도출해 낸 최종안의 타당성도 중요하지만, 결론을 도출해 내는 과정에서의 의사소통능력이나 갈등상황에서 의견을 조정하는 능력 등이 중요하게 평가되는 특징이 있다.

　㉢ 예시 문항 및 준비전략
- 예시 문항

> - 담뱃값 인상에 대한 찬반토론
> - 비정규직 철폐에 대한 찬반토론
> - 대학의 영어 강의 확대 찬반토론

- 준비전략 : 토론면접은 무엇보다 팀워크와 적극성이 강조된다. 따라서 토론과정에 적극적으로 참여하며 자신의 의사를 분명하게 전달하며, 갈등상황에서 자신의 의견만 내세울 것이 아니라 다른 지원자의 의견을 경청하고 배려하는 모습도 중요하다. 갈등상황을 일목요연하게 정리하여 조정하는 등의 의사소통능력을 발휘하는 것도 좋은 전략이 될 수 있다.

④ 상황면접

　㉠ 면접 방식 및 판단기준
- 면접 방식 : 상황면접은 직무 수행 시 접할 수 있는 상황들을 제시하고, 그러한 상황에서 어떻게 행동할 것인지를 이야기하는 방식으로 진행된다.
- 판단기준 : 해당 상황에 적절한 역량의 구현과 구체적 행동지표

　㉡ 특징 : 실제 직무 수행 시 접할 수 있는 상황들을 제시하므로 입사 이후 지원자의 업무수행능력을 평가하는 데 적절한 면접 방식이다. 또한 지원자의 가치관, 태도, 사고방식 등의 요소를 통합적으로 평가하는 데 용이하다.

ⓒ 예시 문항 및 준비전략

• 예시 문항

> 당신은 생산관리팀의 팀원으로, 생산팀이 기한에 맞춰 효율적으로 제품을 생산할 수 있도록 관리하는 역할을 맡고 있습니다. 3개월 뒤에 제품A를 정상적으로 출시하기 위해 생산팀의 생산 계획을 수립한 상황입니다. 그러나 원가가 곧 실적으로 이어지는 구매팀에서는 최대한 원가를 줄여 전반적 단가를 낮추려고 원가절감을 위한 제안을 하였으나, 연구개발팀에서는 구매팀이 제안한 방식으로 제품을 생산할 경우 대부분이 구매팀의 실적으로 산정될 것이므로 제대로 확인도 해보지 않은 채 적합하지 않은 방식이라고 판단하고 있습니다. 당신은 어떻게 하겠습니까?

• 준비전략 : 상황면접은 먼저 주어진 상황에서 핵심이 되는 문제가 무엇인지를 파악하는 것에서 시작한다. 주질문과 세부질문을 통하여 질문의 의도를 파악하였다면, 그에 대한 구체적인 행동이나 생각 등에 대해 응답할수록 높은 점수를 얻을 수 있다.

⑤ 역할면접

㉠ 면접 방식 및 판단기준

• 면접 방식 : 역할면접 또는 역할연기 면접은 기업 내 발생 가능한 상황에서 부딪히게 되는 문제와 역할을 가상적으로 설정하여 특정 역할을 맡은 사람과 상호작용하고 문제를 해결해 나가도록 하는 방식으로 진행된다. 역할연기 면접에서는 면접관이 직접 역할연기를 하면서 지원자를 관찰하기도 하지만, 역할연기 수행만 전문적으로 하는 사람을 투입할 수도 있다.

• 판단기준 : 대처능력, 대인관계능력, 의사소통능력 등

㉡ 특징 : 역할면접은 실제 상황과 유사한 가상 상황에서의 행동을 관찰함으로서 지원자의 성격이나 대처 행동 등을 관찰할 수 있다.

㉢ 예시 문항 및 준비전략

• 예시 문항

> [금융권 역할면접의 예]
> 당신은 ○○은행의 신입 텔러이다. 사람이 많은 월말 오전 한 할아버지(면접관 또는 역할담당자)께서 ○○은행을 사칭한 보이스피싱으로 500만 원을 피해 보았다며 소란을 일으키고 있다. 실제 업무상황이라고 생각하고 상황에 대처해 보시오.

• 준비전략 : 역할연기 면접에서 측정하는 역량은 주로 갈등의 원인이 되는 문제를 해결 하고 제시된 해결방안을 상대방에게 설득하는 것이다. 따라서 갈등해결, 문제해결, 조정 · 통합, 설득력과 같은 역량이 중요시된다. 또한 갈등을 해결하기 위해서 상대방에 대한 이해도 필수적인 요소이므로 고객 지향을 염두에 두고 상황에 맞게 대처해야 한다.

역할면접에서는 변별력을 높이기 위해 면접관이 압박적인 분위기를 조성하는 경우가 많기 때문에 스트레스 상황에서 불안해하지 않고 유연하게 대처할 수 있도록 시간과 노력을 들여 충분히 연습하는 것이 좋다.

❷ 면접 이미지 메이킹

(1) 성공적인 이미지 메이킹 포인트

① 복장 및 스타일

ⓐ 남성

• 양복 : 양복은 단색으로 하며 넥타이나 셔츠로 포인트를 주는 것이 효과적이다. 짙은 회색이나 감청색이 가장 단정하고 품위 있는 인상을 준다.
• 셔츠 : 흰색이 가장 선호되나 자신의 피부색에 맞추는 것이 좋다. 푸른색이나 베이지색은 산뜻한 느낌을 줄 수 있다. 양복과의 배색도 고려하도록 한다.
• 넥타이 : 의상에 포인트를 줄 수 있는 아이템이지만 너무 화려한 것은 피한다. 지원자의 피부색은 물론, 정장과 셔츠의 색을 고려하며, 체격에 따라 넥타이 폭을 조절하는 것이 좋다.
• 구두 & 양말 : 구두는 검정색이나 짙은 갈색이 어느 양복에나 무난하게 어울리며 깔끔하게 닦아 준비한다. 양말은 정장과 동일한 색상이나 검정색을 착용한다.
• 헤어스타일 : 머리스타일은 단정한 느낌을 주는 짧은 헤어스타일이 좋으며 앞머리가 있다면 이마나 눈썹을 가리지 않는 선에서 정리하는 것이 좋다.

ⓒ 여성

- 의상 : 단정한 스커트 투피스 정장이나 슬랙스 슈트가 무난하다. 블랙이나 그레이, 네이비, 브라운 등 차분해 보이는 색상을 선택하는 것이 좋다.
- 소품 : 구두, 핸드백 등은 같은 계열로 코디하는 것이 좋으며 구두는 너무 화려한 디자인이나 굽이 높은 것을 피한다. 스타킹은 의상과 구두에 맞춰 단정한 것으로 선택한다.
- 액세서리 : 액세서리는 너무 크거나 화려한 것은 좋지 않으며 과하게 많이 하는 것도 좋은 인상을 주지 못한다. 착용하지 않거나 작고 깔끔한 디자인으로 포인트를 주는 정도가 적당하다.
- 메이크업 : 화장은 자연스럽고 밝은 이미지를 표현하는 것이 좋으며 진한 색조는 인상이 강해 보일 수 있으므로 피한다.
- 헤어스타일 : 커트나 단발처럼 짧은 머리는 활동적이면서도 단정한 이미지를 줄 수 있도록 정리한다. 긴 머리의 경우 하나로 묶거나 단정한 머리망으로 정리하는 것이 좋으며, 짙은 염색이나 화려한 웨이브는 피한다.

② 인사

㉠ **인사의 의미** : 인사는 예의범절의 기본이며 상대방의 마음을 여는 기본적인 행동이라고 할 수 있다. 인사는 처음 만나는 면접관에게 호감을 살 수 있는 가장 쉬운 방법이 될 수 있기도 하지만 제대로 예의를 지키지 않으면 지원자의 인성 전반에 대한 평가로 이어질 수 있으므로 각별히 주의해야 한다.

㉡ **인사의 핵심 포인트**

- 인사말 : 인사말을 할 때에는 밝고 친근감 있는 목소리로 하며, 자신의 이름과 수험번호 등을 간략하게 소개한다.
- 시선 : 인사는 상대방의 눈을 보며 하는 것이 중요하며 너무 빤히 쳐다본다는 느낌이 들지 않도록 주의한다.
- 표정 : 인사는 마음에서 우러나오는 존경이나 반가움을 표현하고 예의를 차리는 것이므로 살짝 미소를 지으며 하는 것이 좋다.
- 자세 : 인사를 할 때에는 가볍게 목만 숙인다거나 흐트러진 상태에서 인사를 하지 않도록 주의하며 절도 있고 확실하게 하는 것이 좋다.

③ 시선처리와 표정, 목소리

　㉠ **시선처리와 표정** : 표정은 면접에서 지원자의 첫인상을 결정하는 중요한 요소이다. 얼굴표정은 사람의 감정을 가장 잘 표현할 수 있는 의사소통 도구로 표정 하나로 상대방에게 호감을 주거나, 비호감을 사기도 한다. 호감이 가는 인상의 특징은 부드러운 눈썹, 자연스러운 미간, 적당히 볼록한 광대, 올라간 입 꼬리 등으로 가볍게 미소를 지을 때의 표정과 일치한다. 따라서 면접 중에는 밝은 표정으로 미소를 지어 호감을 형성할 수 있도록 한다. 시선은 면접관과 고르게 맞추되 생기 있는 눈빛을 띄도록 하며, 너무 빤히 쳐다본다는 인상을 주지 않도록 한다.

　㉡ **목소리** : 면접은 주로 면접관과 지원자의 대화로 이루어지므로 목소리가 미치는 영향이 상당하다. 답변을 할 때에는 부드러우면서도 활기차고 생동감 있는 목소리로 하는 것이 면접관에게 호감을 줄 수 있으며 적당한 제스처가 더해진다면 상승효과를 얻을 수 있다. 그러나 적절한 답변을 하였음에도 불구하고 콧소리나 날카로운 목소리, 자신감 없는 작은 목소리는 답변의 신뢰성을 떨어뜨릴 수 있으므로 주의하도록 한다.

④ 자세

　㉠ 걷는 자세
　　• 면접장에 입실할 때에는 상체를 곧게 유지하고 발끝은 평행이 되게 하며 무릎을 스치듯 11자로 걷는다.
　　• 시선은 정면을 향하고 턱은 가볍게 당기며 어깨나 엉덩이가 흔들리지 않도록 주의한다.
　　• 발바닥 전체가 닿는 느낌으로 안정감 있게 걸으며 발소리가 나지 않도록 주의한다.
　　• 보폭은 어깨넓이만큼이 적당하지만, 스커트를 착용했을 경우 보폭을 줄인다.
　　• 걸을 때도 미소를 유지한다.

　㉡ 서있는 자세
　　• 몸 전체를 곧게 펴고 가슴을 자연스럽게 내민 후 등과 어깨에 힘을 주지 않는다.
　　• 정면을 바라본 상태에서 턱을 약간 당기고 아랫배에 힘을 주어 당기며 바르게 선다.
　　• 양 무릎과 발뒤꿈치는 붙이고 발끝은 11자 또는 V형을 취한다.
　　• 남성의 경우 팔을 자연스럽게 내리고 양손을 가볍게 쥐어 바지 옆선에 붙이고, 여성의 경우 공수자세를 유지한다.

ⓒ 앉은 자세

• 남성

• 의자 깊숙이 앉고 등받이와 등 사이에 주먹 1개 정도의 간격을 두며 기대듯 앉지 않도록 주의한다. (남녀 공통 사항)
• 무릎 사이에 주먹 2개 정도의 간격을 유지하고 발끝은 11자를 취한다.
• 시선은 정면을 바라보며 턱은 가볍게 당기고 미소를 짓는다. (남녀 공통 사항)
• 양손은 가볍게 주먹을 쥐고 무릎 위에 올려놓는다.
• 앉고 일어날 때에는 자세가 흐트러지지 않도록 주의한다. (남녀 공통 사항)

• 여성

• 스커트를 입었을 경우 왼손으로 뒤쪽 스커트 자락을 누르고 오른손으로 앞쪽 자락을 누르며 의자에 앉는다.
• 무릎은 붙이고 발끝을 가지런히 하며, 다리를 왼쪽으로 비스듬히 기울이면 단정해 보이는 효과가 있다.
• 양손을 모아 무릎 위에 모아 놓으며 스커트를 입었을 경우 스커트 위를 가볍게 누르듯이 올려놓는다.

(2) 면접 예절

① 행동 관련 예절

ⓐ **지각은 절대금물** : 시간을 지키는 것은 예절의 기본이다. 지각을 할 경우 면접에 응시할 수 없거나, 면접 기회가 주어지더라도 불이익을 받을 가능성이 높아진다. 따라서 면접장소가 결정되면 교통편과 소요시간을 확인하고 가능하다면 사전에 미리 방문해 보는 것도 좋다. 면접 당일에는 서둘러 출발하여 면접 시간 20~30분 전에 도착하여 회사를 둘러보고 환경에 익숙해지는 것도 성공적인 면접을 위한 요령이 될 수 있다.

ⓑ **면접 대기 시간** : 지원자들은 대부분 면접장에서의 행동과 답변 등으로만 평가를 받는다고 생각하지만 그렇지 않다. 면접관이 아닌 면접진행자 역시 대부분 인사실무자이며 면접관이 면접 후 지원자에 대한 평가에 있어 확신을 위해 면접진행자의 의견을 구한다면 면접진행자의 의견이 당락에 영향을 줄 수 있다. 따라서 면접 대기 시간에도 행동과 말을 조심해야 하며, 면접을 마치고 돌아가는 순간까지도 긴장을 늦춰서는 안 된다. 면접 중 압박적인 질문에 답변을 잘 했지만, 면접장을 나와 흐트러진 모습을 보이거나 욕설을 한다면 면접 탈락의 요인이 될 수 있으므로 주의해야 한다.

ⓒ **입실 후 태도** : 본인의 차례가 되어 호명되면 또렷하게 대답하고 들어간다. 만약 면접장 문이 닫혀 있다면 상대에게 소리가 들릴 수 있을 정도로 노크를 두세 번 한 후 대답을 듣고 나서 들어가야 한다. 문을 여닫을 때에는 소리가 나지 않게 조용히 하며 공손한 자세로 인사한 후 성명과 수험번호를 말하고 면접관의 지시에 따라 자리에 앉는다. 이 경우 착석하라는 말이 없는데 먼저 의자에 앉으면 무례한 사람으로 보일 수 있으므로 주의한다. 의자에 앉을 때에는 끝에 앉지 말고 무릎 위에 양손을 가지런히 얹는 것이 예절이라고 할 수 있다.

ⓔ **옷매무새를 자주 고치지 마라.** : 일부 지원자의 경우 옷매무새 또는 헤어스타일을 자주 고치거나 확인하기도 하는데 이러한 모습은 과도하게 긴장한 것 같아 보이거나 면접에 집중하지 못하는 것으로 보일 수 있다. 남성 지원자의 경우 넥타이를 자꾸 고쳐 맨다거나 정장 상의 끝을 너무 자주 만지작거리지 않는다. 여성 지원자는 머리를 계속 쓸어 올리지 않고, 특히 짧은 치마를 입고서 신경이 쓰여 치마를 끌어 내리는 행동은 좋지 않다.

ⓜ **다리를 떨거나 산만한 시선은 면접 탈락의 지름길** : 자신도 모르게 다리를 떨거나 손가락을 만지는 등의 행동을 하는 지원자가 있는데, 이는 면접관의 주의를 끌 뿐만 아니라 불안하고 산만한 사람이라는 느낌을 주게 된다. 따라서 가능한 한 바른 자세로 앉아 있는 것이 좋다. 또한 면접관과 시선을 맞추지 못하고 여기저기 둘러보는 듯한 산만한 시선은 지원자가 거짓말을 하고 있다고 여겨지거나 신뢰할 수 없는 사람이라고 생각될 수 있다.

② 답변 관련 예절

　㉠ **면접관이나 다른 지원자와 가치 논쟁을 하지 않는다.** : 질문을 받고 답변하는 과정에서 면접관 또는 다른 지원자의 의견과 다른 의견이 있을 수 있다. 특히 평소 지원자가 관심이 많은 문제이거나 잘 알고 있는 문제인 경우 자신과 다른 의견에 대해 이의가 있을 수 있다. 하지만 주의할 것은 면접에서 면접관이나 다른 지원자와 가치 논쟁을 할 필요는 없다는 것이며 오히려 불이익을 당할 수도 있다. 정답이 정해져 있지 않은 경우에는 가치관이나 성장배경에 따라 문제를 받아들이는 태도에서 답변까지 충분히 차이가 있을 수 있으므로 굳이 면접관이나 다른 지원자의 가치관을 지적하고 고치려 드는 것은 좋지 않다.

　㉡ **답변은 항상 정직해야 한다.** : 면접이라는 것이 아무리 지원자의 장점을 부각시키고 단점을 축소시키는 것이라고 해도 절대로 거짓말을 해서는 안 된다. 거짓말을 하게 되면 지원자는 불안하거나 꺼림칙한 마음이 들게 되어 면접에 집중을 하지 못하게 되고 수많은 지원자를 상대하는 면접관은 그것을 놓치지 않는다. 거짓말은 그 지원자에 대한 신뢰성을 떨어뜨리며 이로 인해 다른 스펙이 아무리 훌륭하다고 해도 채용에서 탈락하게 될 수 있음을 명심하도록 한다.

　㉢ **경력직의 경우 전 직장에 대해 험담하지 않는다.** : 지원자가 전 직장에서 무슨 업무를 담당했고 어떤 성과를 올렸는지는 면접관이 관심을 둘 사항일 수 있지만, 이전 직장의 기업문화나 상사들이 어땠는지는 그다지 궁금해 하는 사항이 아니다. 전 직장에 대해 험담을 늘어놓는다든가, 동료와 상사에 대한 악담을 하게 된다면 오히려 지원자에 대한 부정적인 이미지만 심어줄 수 있다. 만약 전 직장에 대한 말을 해야 할 경우가 생긴다면 가능한 한 객관적으로 이야기하는 것이 좋다.

　㉣ **자기 자신이나 배경에 대해 자랑하지 않는다.** : 자신의 성취나 부모 형제 등 집안사람들이 사회 · 경제적으로 어떠한 위치에 있는지에 대한 자랑은 면접관으로 하여금 지원자에 대해 오만한 사람이거나 배경에 의존하려는 나약한 사람이라는 이미지를 갖게 할 수 있다. 따라서 자기 자신이나 배경에 대해 자랑하지 않도록 하고, 자신이 한 일에 대해서 너무 자세하게 얘기하지 않도록 주의해야 한다.

❸ 면접 질문 및 답변 포인트

(1) 가족 및 대인관계에 관한 질문

① 당신의 가정은 어떤 가정입니까?

면접관들은 지원자의 가정환경과 성장과정을 통해 지원자의 성향을 알고 싶어 이와 같은 질문을 한다. 비록 가정 일과 사회의 일이 완전히 일치하는 것은 아니지만 '가화만사성'이라는 말이 있듯이 가정이 화목해야 사회에서도 화목하게 지낼 수 있기 때문이다. 그러므로 답변 시에는 가족사항을 정확하게 설명하고 집안의 분위기와 특징에 대해 이야기하는 것이 좋다.

② 친구 관계에 대해 말해 보십시오.

지원자의 인간성을 판단하는 질문으로 교우관계를 통해 답변자의 성격과 대인관계능력을 파악할 수 있다. 새로운 환경에 적응을 잘하여 새로운 친구들이 많은 것도 좋지만, 깊고 오래 지속되어온 인간관계를 말하는 것이 더욱 바람직하다.

(2) 성격 및 가치관에 관한 질문

① 당신의 PR포인트를 말해 주십시오.

PR포인트를 말할 때에는 지나치게 겸손한 태도는 좋지 않으며 적극적으로 자기를 주장하는 것이 좋다. 앞으로 입사 후 하게 될 업무와 관련된 자기의 특성을 구체적인 일화를 더하여 이야기하도록 한다.

② 당신의 장·단점을 말해 보십시오.

지원자의 구체적인 장·단점을 알고자 하기 보다는 지원자가 자기 자신에 대해 얼마나 알고 있으며 어느 정도의 객관적인 분석을 하고 있나, 그리고 개선의 노력 등을 시도하는지를 파악하고자 하는 것이다. 따라서 장점을 말할 때는 업무와 관련된 장점을 뒷받침할 수 있는 근거와 함께 제시하며, 단점을 이야기할 때에는 극복을 위한 노력을 반드시 포함해야 한다.

③ 가장 존경하는 사람은 누구입니까?

존경하는 사람을 말하기 위해서는 우선 그 인물에 대해 알아야 한다. 잘 모르는 인물에 대해 존경한다고 말하는 것은 면접관에게 바로 지적당할 수 있으므로, 추상적이라도 좋으니 평소에 존경스럽다고 생각했던 사람에 대해 그 사람의 어떤 점이 좋고 존경스러운지 대답하도록 한다. 또한 자신에게 어떤 영향을 미쳤는지도 언급하면 좋다.

(3) 학교생활에 관한 질문

① 지금까지의 학교생활 중 가장 기억에 남는 일은 무엇입니까?

가급적 직장생활에 도움이 되는 경험을 이야기하는 것이 좋다. 또한 경험만을 간단하게 말하지 말고 그 경험을 통해서 얻을 수 있었던 교훈 등을 예시와 함께 이야기하는 것이 좋으나 너무 상투적인 답변이 되지 않도록 주의해야 한다.

② 성적은 좋은 편이었습니까?

면접관은 이미 서류심사를 통해 지원자의 성적을 알고 있다. 그럼에도 불구하고 이 질문을 하는 것은 지원자가 성적에 대해서 어떻게 인식하느냐를 알고자 하는 것이다. 성적이 나빴던 이유에 대해서 변명하려 하지 말고 담백하게 받아드리고 그것에 대한 개선노력을 했음을 밝히는 것이 적절하다.

(4) 지원동기 및 직업의식에 관한 질문

① 왜 우리 회사를 지원했습니까?

이 질문은 어느 회사나 가장 먼저 물어보고 싶은 것으로 지원자들은 기업의 이념, 대표의 경영능력, 재무구조, 복리후생 등 외적인 부분을 설명하는 경우가 많다. 이러한 답변도 적절하지만 지원 회사의 주력 상품에 관한 소비자의 인지도, 경쟁사 제품과의 시장점유율을 비교하면서 입사동기를 설명한다면 상당히 주목 받을 수 있을 것이다.

② 만약 이번 채용에 불합격하면 어떻게 하겠습니까?

불합격할 것을 가정하고 회사에 응시하는 지원자는 거의 없을 것이다. 이는 지원자를 궁지로 몰아넣고 어떻게 대응하는지를 살펴보며 입사 의지를 알아보려고 하는 것이다. 이 질문은 너무 깊이 들어가지 말고 침착하게 답변하는 것이 좋다.

③ 당신이 생각하는 바람직한 사원상은 무엇입니까?

직장인으로서 또는 조직의 일원으로서의 자세를 묻는 질문으로 지원하는 회사에서 어떤 인재상을 요구하는가를 알아두는 것이 좋으며, 평소에 자신의 생각을 미리 정리해 두어 당황하지 않도록 한다.

④ 직무상의 적성과 보수의 많음 중 어느 것을 택하겠습니까?

이런 질문에서 회사 측에서 원하는 답변은 당연히 직무상의 적성에 비중을 둔다는 것이다. 그러나 적성만을 너무 강조하다 보면 오히려 솔직하지 못하다는 인상을 줄 수 있으므로 어느 한 쪽을 너무 강조하거나 경시하는 태도는 바람직하지 못하다.

⑤ 상사와 의견이 다를 때 어떻게 하겠습니까?

과거와 다르게 최근에는 상사의 명령에 무조건 따르겠다는 수동적인 자세는 바람직하지 않다. 회사에서는 때에 따라 자신이 판단하고 행동할 수 있는 직원을 원하기 때문이다. 그러나 지나치게 자신의 의견만을 고집한다면 이는 팀원 간의 불화를 야기할 수 있으며 팀 체제에 악영향을 미칠 수 있으므로 선호하지 않는다는 것에 유념하여 답해야 한다.

⑥ 근무지가 지방인데 근무가 가능합니까?

근무지가 지방 중에서도 특정 지역은 되고 다른 지역은 안 된다는 답변은 바람직하지 않다. 직장에서는 순환 근무라는 것이 있으므로 처음에 지방에서 근무를 시작했다고 해서 계속 지방에만 있는 것은 아님을 유의하고 답변하도록 한다.

(5) 여가 활용에 관한 질문

① 취미가 무엇입니까?

기초적인 질문이지만 특별한 취미가 없는 지원자의 경우 대답이 애매할 수밖에 없다. 그래서 가장 많이 대답하게 되는 것이 독서, 영화감상, 혹은 음악감상 등과 같은 흔한 취미를 말하게 되는데 이런 취미는 면접관의 주의를 끌기 어려우며 설사 정말 위와 같은 취미를 가지고 있다하더라도 제대로 답변하기는 힘든 것이 사실이다. 가능하면 독특한 취미를 말하는 것이 좋으며 이제 막 시작한 것이라도 열의를 가지고 있음을 설명할 수 있으면 그것을 취미로 답변하는 것도 좋다.

(6) 지원자를 당황하게 하는 질문

① 성적이 좋지 않은데 이 정도의 성적으로 우리 회사에 입사할 수 있다고 생각합니까?

비록 자신의 성적이 좋지 않더라도 이미 서류심사에 통과하여 면접에 참여하였다면 기업에서는 지원자의 성적보다 성적 이외의 요소, 즉 성격·열정 등을 높이 평가했다는 것이라고 할 수 있다. 그러나 이런 질문을 받게 되면 지원자는 당황할 수 있으나 주눅 들지 말고 침착하게 대처하는 면모를 보인다면 더 좋은 인상을 남길 수 있다.

② 우리 회사 회장님 함자를 알고 있습니까?

회장이나 사장의 이름을 조사하는 것은 면접일을 통고받았을 때 이미 사전 조사되었어야 하는 사항이다. 단답형으로 이름만 말하기보다는 그 기업에 입사를 희망하는 지원자의 입장에서 답변하는 것이 좋다.

③ 당신은 이 회사에 적합하지 않은 것 같군요.

이 질문은 지원자의 입장에서 상당히 곤혹스러울 수밖에 없다. 질문을 듣는 순간 그렇다면 면접은 왜 참가시킨 것인가 하는 생각이 들 수도 있다. 하지만 당황하거나 흥분하지 말고 침착하게 자신의 어떤 면이 회사에 적당하지 않는지 겸손하게 물어보고 지적당한 부분에 대해서 고치겠다는 의지를 보인다면 오히려 자신의 능력을 어필할 수 있는 기회로 사용할 수도 있다.

④ 다시 공부할 계획이 있습니까?

이 질문은 지원자가 합격하여 직장을 다니다가 공부를 더 하기 위해 회사를 그만 두거나 학습에 더 관심을 두어 일에 대한 능률이 저하될 것을 우려하여 묻는 것이다. 이때에는 당연히 학습보다는 일을 강조해야 하며, 업무 수행에 필요한 학습이라면 업무에 지장이 없는 범위에서 야간학교를 다니거나 회사에서 제공하는 연수 프로그램 등을 활용하겠다고 답변하는 것이 적당하다.

⑤ 지원한 분야가 전공한 분야와 다른데 여기 일을 할 수 있겠습니까?

수험생의 입장에서 본다면 지원한 분야와 전공이 다르지만 서류전형과 필기전형에 합격하여 면접을 보게 된 경우라고 할 수 있다. 이는 결국 해당 회사의 채용 방침상 전공에 크게 영향을 받지 않는다는 것이므로 무엇보다 자신이 전공하지는 않았지만 어떤 업무도 적극적으로 임할 수 있다는 자신감과 능동적인 자세를 보여주도록 노력하는 것이 좋다.

02 면접기출

- 당사에 대해 아는대로 말해보라.
- 입사하면 어떤 일을 하고 싶은가?
- 자신의 취미를 소개해보라.
- 자신의 특기를 설명해보라.
- 자신의 장단점을 말해보라.
- 자신의 자격증에 대해 설명해보라
- 지원자 성격의 장단점은?
- 지원자 자신만의 경쟁력을 말해보라.
- 지원자가 느낀 당사의 이미지는 어떠한가?
- 봉사활동 경험을 말해보라.
- 지원자의 전공이 지원 분야에 어떻게 도움될지에 대해 말해보시오
- 지원자는 학창시절에 주로 무엇을 했는가?
- 업무 시 상사와 의견이 다를 때 어떻게 하겠는가?
- 지원자의 경우 나이가 많은데 어떻게 극복할 생각입니까?
- 고객이 억지를 부리며 불합리한 요구를 한다면 어떻게 처신하시겠습니까?
- 건설현장 경험이 있는가?
- 가치관에 크게 영향을 미친 경험이 있다면 말해보시오
- 단체생활에서 가장 중요한 것은?
- 공공 기관에 지원하게 된 결정적 이유가 있다면 말해보시오
- 지원자의 애국심에 대한 견해는?
- 팀 동료와 갈등이 생긴다면?
- 자신 있는 외국어로 자기소개해 보시오
- 살면서 가장 후회되는 일은?
- 자신의 컴퓨터활용 능력은?
- 지원자 자신이 좋아하는 사람과 싫어하는 사람을 구분하는 기준은 무엇입니까?

- 지원자는 살아오면서 타인을 설득시킨 경험이 있는가?
- 최근 감명깊게 읽은 책을 말해보라.
- 당사의 장점은 무엇인가?
- 인생에서 중요하게 여기는 것은?
- 당사 단점은 무엇인가?
- 지원자 자신의 생활신조, 좌우명은?
- 자신의 직업관을 말해보라
- 지방근무(비연고지 근무)가능한가?
- 입사후 포부를 말해보라.
- 자신을 채용해야하는 이유는?
- 아르바이트경험을 소개해보라.
- 자신의 전공을 소개해보라.
- 동아리 경험을 말해보라.
- 자신의 직무경험을 말해보라.
- 자신만의 경쟁력을 말해보라.
- 교외활동(대외활동)을 말해보시오
- 운전할 수 있는가?
- 팀 회식과 개인약속이 겹친다면?
- 우리농산물 중 좋아하는 것은?
- 우리농산물 중 수출상품으로 유망한 것은 무엇인지 말해보시오
- 자신은 리더형인가, 팔로워인가?
- 비정규직에 대한 견해와 해결방안이 있다면?
- 우리 농산물의 해외 마케팅전략으로는 무엇이 좋은지 말해보시오
- 성취감을 느껴본 경험을 말해보라.
- 입사하면 어떤 일을 잘 할 수 있겠는가?
- 팀원이 빠져 팀 프로젝트가 중단될 위기에 처했을 시, 지원자는 어떻게 행동하겠는가?

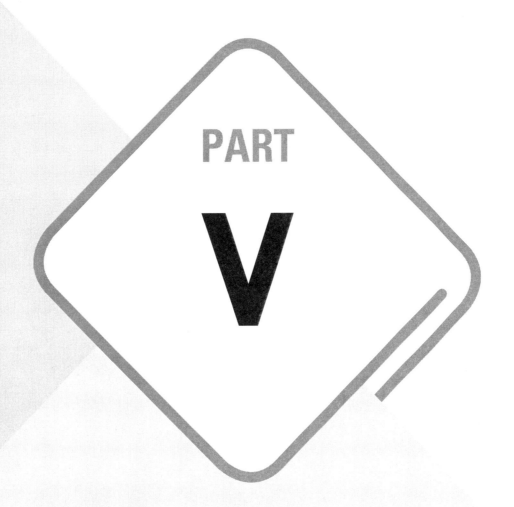

PART

V

NCS 정답 및 해설

NCS 대표유형 정답해설

PART ❶ 의사소통능력 🔍

1	①	2	③	3	③	4	①	5	③

1 ①

제시된 지문은 공문서의 한 종류인 보도자료에 해당한다. 마지막 문단에 밑줄 친 '거쳐'의 앞뒤 문맥을 파악해 보면, 지방재정협의회에서 논의한 지역 현안 사업은 각 부처의 검토 단계를 밟은 뒤 기재부에 신청되고, 이후 관계 기관의 협의를 거쳐 내년도 예산안에 반영함을 알 수 있다. 즉, 밑줄 친 '거쳐'는 '어떤 과정이나 단계를 겪거나 밟다.'의 의미로 사용되었다. 보기 중 이와 동일한 의미로 쓰인 것은 ①이다.
② 마음에 거리끼거나 꺼리다.
③ 오가는 도중에 어디를 지나거나 들르다.
④ 무엇에 걸리거나 막히다.

2 ③

네 개의 문장에서 공통적으로 언급하고 있는 것은 환경문제임을 알 수 있다. 따라서 (내) 문장이 '문제 제기'를 한 것으로 볼 수 있다. (개)는 (내)에서 언급한 바를 더욱 발전시키며 논점을 전개해 나가고 있으며, (래)에서는 논점을 '잘못된 환경문제의 해결 주체'라는 쪽으로 전환하여 결론을 위한 토대를 구성하며, (대)에서 필자의 주장을 간결하게 매듭짓고 있다.

3 ③

③ 디지털화는 공장 내 사물들 간에 소통이 가능하도록 물리적 아날로그 신호를 디지털 신호로 변환하는 것이다.
①② 두 번째 문단에서 언급하고 있다.
④ 세 번째 문단에서 언급하고 있다.

4 ①

① 부지 용도가 단독주택용지이고 토지사용 가능시기가 '즉시'라는 공고를 통해 계약만 이루어지면 즉시 이용이 가능한 토지임을 알 수 있다.
② 계약체결 후 남은 금액은 공급가격에서 계약금을 제외한 33,250,095,000원이다. 이를 무이자로 3년간 6회에 걸쳐 납부해야 하므로 첫 번째 내야 할 중도금은 5,541,682,500원이다.
③ 규모 400㎡의 단독주택용지를 주택건설업자에게 분양하는 공고이다.
④ 계약금은 공급가격의 10%로 보증금이 더 적다.

---

5 ③

고위직급자와 계약직 직원들에 대한 학습목표 달성을 지원해야 한다는 논의가 되고 있으므로 그에 따른 실천 방안이 있을 것으로 판단할 수 있으나, 교육 시간 자체가 더 증가할 것으로 전망하는 것은 근거가 제시되어 있지 않은 의견이다.
① 22시간 → 35시간으로 약 59% 증가하였다.
② 평균 학습시간을 초과하여 달성하는 등 상시학습문화가 정착되었다고 평가하고 있다.
④ 생애주기에 맞는 직급별 직무역량교육 의무화라는 것은 각 직급과 나이에 보다 적합한 교육이 실시될 것임을 의미한다.

PART ❷ 수리능력 🔍

1	③	2	②	3	③	4	②	5	③

1 ③

첫 번째와 두 번째 규칙에 따라 두 사람의 점수 총합은 $4 \times 20 + 2 \times 20 = 120$점이 된다. 이 때 두 사람 중 점수가 더 낮은 사람의 점수를 x점이라고 하면, 높은 사람의 점수는 $120 - x$점이 되므로 $120 - x = x + 12$가 성립한다.
따라서 $x = 54$이다.

---

2 ②

주어진 조건에 의해 다음과 같이 계산할 수 있다.
$\{(1,000,000 + 100,000 + 200,000) \times 12 + (1,000,000 \times 4) + 500,000\} \div 365 \times 30 = 1,652,055$원
따라서 소득월액은 1,652,055원이 된다.

3 ③

자료에 제시된 각 암별 치명률이 나올 수 있는 공식은 보기 중 ③이다. 참고적으로 치명률은 어떤 질환에 의한 사망자수를 그 질환의 환자수로 나눈 것으로 보통 백분율로 나타내며, 치사율이라고도 한다.

---

4 ②

② 〈자료 1〉에 따르면 건강수명은 평균수명에서 질병이나 부상으로 인하여 활동하지 못한 기간을 뺀 기간이다. 〈자료 2〉에서 건강수명 예상치의 범위는 평균수명의 90%에서 ±1% 수준이고, 해당 연도 환경 개선 정도에 따라 계산한다고 기준을 제시하고 있으므로 이를 통해 2014년과 2015년의 건강수명을 구할 수 있다.
- 2014년 건강수명 = 80.79세(평균수명) × 89%(환경 개선 불량) = 71.9031세
- 2015년 건강수명 = 81.2세(평균수명) × 89%(환경 개선 불량) = 72.268세

따라서 2014년 건강수명이 2015년 건강수명보다 짧다.

①③ 2013년의 건강수명 = 80.55세(평균수명) × 91%(환경 개선 양호) = 73.3005세로 2014년의 건강수명인 71.9031세 또는 2015년의 건강수명인 72.268세보다 길다.

④ 2014년 환경 개선 정도가 보통일 경우 건강수명 = 80.79세 × 90% = 72.711세이다. 2013년의 건강수명은 73.3005세이므로 2013년 건강수명이 2014년 건강수명보다 길다.

---

5 ③

③ 표를 통해 건설 부가가치는 '건설공사 매출액 − 건설비용'의 산식이 적용됨을 알 수 있다. 건설공사 매출액은 국내와 해외 매출액의 합산이므로 해외 매출액의 증감은 건설 부가가치에 직접적인 영향을 미친다.

① 제시된 기업체 수 증가율을 통하여 연도별 기업체 수를 확인할 수 있으며, 2012년도에는 기업체 수가 약 65,183개로 65,000개 이상이 된다.

② 2016년은 313.3 ÷ 356.6 × 100 = 약 87.9%이며, 2017년은 354.0 ÷ 392.0 × 100 = 약 90.3%이다.

④ 다른 항목은 2017년에 모두 증가하였지만, 건설공사 매출액 중 해외 매출액 지표는 감소하였다.

| 1 | ④ | 2 | ③ | 3 | ④ | 4 | ② | 5 | ① |

1 ④

날짜를 따져 보아야 하는 유형의 문제는 아래와 같이 달력을 그려서 살펴보면 어렵지 않게 정답을 구할 수 있다.

일	월	화	수	목	금	토
	1	2	3	4	5	6
7	8	9	10	11	12	13
14	15	16	17	18	19	20
21	22	23	24	25	26	27
28	29	30	31			

1일이 월요일이므로 정 대리는 위와 같은 달력에 해당하는 기간 중에 출장을 가려고 한다. 3박 4일 일정 중 출발과 도착일 모두 휴일이 아니어야 한다면 월~목요일, 화~금요일, 금~월요일 세 가지의 경우의 수가 생기는데, 현지에서 복귀하는 비행편이 화요일과 목요일이므로 월~목요일의 일정을 선택해야 한다. 회의가 셋째 주 화요일이라면 16일이므로 그 이후 가능한 월~목요일은 두 번이 있으나, 마지막 주의 경우 도착일이 다음 달로 넘어가게 되므로 조건에 부합되지 않는다. 따라서 출장 출발일로 적절한 날은 22일이며 일정은 22~25일이 된다.

2 ③

⑩에서 유진이는 화요일에 학교에 가지 않으므로 ㉢의 대우에 의하여 수요일에는 학교에 간다.
수요일에 학교에 가므로 ㉡의 대우에 의해 금요일에는 학교에 간다.
금요일에 학교에 가므로 ㉣의 대우에 의해 월요일에는 학교를 가지 않는다.
월요일에 학교를 가지 않으므로 ㉠의 대우에 의해 목요일에는 학교에 간다.
따라서 유진이가 학교에 가는 요일은 수, 목, 금이다.

3 ④

④ 어머니와 본인, 배우자, 아이 셋을 합하면 丁의 가족은 모두 6명이다. 6인 가구의 월평균소득기준은 5,144,224원 이하로, 월평균소득이 480만 원이 되지 않는 丁는 국민임대주택 예비입주자로 신청할 수 있다.

① 세대 분리되어 있는 배우자도 세대구성원에 포함되므로 주택을 소유한 아내가 있는 甲은 국민임대주택 예비입주자로 신청할 수 없다.

② 본인과 배우자, 배우자의 부모님을 합하면 乙의 가족은 모두 4명이다. 4인 가구 월평균소득기준은 4,315,641원 이하로, 월평균소득이 500만 원을 넘는 乙은 국민임대주택 예비입주자로 신청할 수 없다.

③ 신청자인 丙의 배우자의 직계비속인 아들이 전 남편으로부터 아파트 분양권을 물려받아 소유하고 있으므로 丙은 국민임대주택 예비입주자로 신청할 수 없다.

4 ②

B팀은 자신들이 제작한 K부서 정책홍보책자를 서울에 모두 배포하거나 부산에 모두 배포한다는 지침에 따라 배포하였는데, B팀이 제작·배포한 K부서 정책홍보책자 중 일부를 부산에서 발견하였으므로, B팀의 책자는 모두 부산에 배포되었다.

A팀이 제작·배포한 책자 중 일부를 서울에서 발견하였지만, A팀은 자신들이 제작한 K부서의 모든 정책홍보책자를 서울이나 부산에 배포한다는 지침에 따라 배포하였으므로, 모두 서울에 배포되었는지는 알 수 없다. 따라서 항상 옳은 평가는 ⓒ뿐이다.

---

5 ①

조사 대상과 조사 내용을 볼 때, ①은 본 설문조사의 목적으로 가장 적합하지 않다.

② 조사 내용 중 '향후 해외 근거리 당일 왕복항공 잠재 수요 파악'을 통해 해외 당일치기 여객의 수요에 부응할 수 있는 노선 구축 근거를 마련할 수 있다.

③ 조사 내용 중 '과거 해외 근거리 당일 왕복항공 이용 실적 파악'을 통해 해외 근거리 당일 왕복항공을 이용한 실적 및 행태를 파악할 수 있다.

④ 조사 내용 중 '해외 근거리 당일 왕복항공 이용을 위한 개선 사항 파악'을 통해 근거리 국가로 여행 또는 출장을 위해 당일 왕복항공을 이용할 의향과 수용도를 파악할 수 있다.

PART ④ 정보능력

1	③	2	③	3	③	4	②	5	②

---

1 ③

DSUM함수는 DSUM(범위, 열 번호, 조건)으로 나타내며 조건에 부합하는 데이터를 합하는 수식이다. 제시된 수식은 영업부에 해당하는 4/4분기의 데이터를 합하라는 것이므로 15+20+20=55가 된다.

---

2 ③

Index 뒤에 나타나는 문자가 오류 문자이므로 이 상황에서 오류 문자는 'GHWDYC'이다. 오류 문자 중 오류 발생 위치의 문자와 일치하지 않는 알파벳은 G, H, W, D, Y 5개이므로 처리코드는 'Atnih'이다.

3 ③

$n=0,\ S=1$

$n=1,\ S=1+1^2$

$n=2,\ S=1+1^2+2^2$

...

$n=7,\ S=1+1^2+2^2+\cdots+7^2$

∴ 출력되는 S의 값은 141이다.

---

4 ②

입고연월 2010○○ + 충청남도 쫓출판사 3J + 「뇌과학 첫걸음」 07773 + 입고순서 8491

따라서 코드는 '2010○○3J077738491'이 된다.

---

5 ②

발행 출판사와 입고순서가 동일하려면 (지역코드 + 고유번호) 두 자리와 (입고순서) 네 자리가 동일해야 한다. 이규리와 강희철은 각각 2011054L066610351, 2012064L107790351로 발행 출판사와 입고순서가 동일한 도서를 담당하는 책임자이다.

CHAPTER 02

NCS 예상문제 정답해설

PART ① 의사소통능력

1	④	2	③	3	①	4	③	5	①	6	④	7	①	8	④	9	④	10	③
11	②	12	④	13	①	14	②	15	②	16	①	17	②	18	③	19	④	20	③
21	②	22	④	23	③	24	①	25	④	26	①	27	③	28	①	29	②	30	②
31	③	32	②	33	①	34	③	35	④	36	③	37	②	38	④	39	①	40	②
41	①	42	③	43	③	44	②	45	③	46	②	47	④	48	①	49	③	50	②

1 ④
제시된 내용은 교통사고가 교통 법규를 제대로 지키지 않은 데서 발생하며, 이를 근절하기 위해 보다 엄격한 교통 법규가 필요함을 강조하고 있다.

2 ③
담배 자동판매기가 국민건강증진법에 허용된 장소에 설치되어 있다고 자료에서 이미 밝히고 있으므로 대책에 대한 구상으로 적절하지 않다.

3 ①
(다) 인간은 태양의 움직임에 따라 신체 조건을 맞춤
(라) 그러나 전등의 발명으로 밤에도 활동
(가) 인류의 문명이 발달
(나) 생체 리듬을 잃음

4 ③
(가) 진화의 과정이 이상적이고 완벽하지 않음
(다) (나) 진화의 과정
(라) 진화의 과정이 (가)의 이유임을 제시

5 ①

(마) 영양소로부터 에너지를 얻거나 몸에 필요한 물질을 합성하는 과정이 모두 화학 반응에 의해 이루어짐을 제시

(다) 촉매의 정의

(나) 정촉매와 부촉매로 촉매를 구분

(라) 활성화 에너지의 정의 및 활성화 에너지와 반응 속도의 관계 설명

(가) 정촉매와 부촉매에 대한 설명

---

6 ④

(나) 사회계층을 정의하여 상이한 계층에 속하는 구성원들 간의 접촉보다 동일한 계층에 속하는 구성원들 간의 접촉이 더 잦음을 설명

(다) 사회계층과 언어 분화에 대해 언급

(라) 현대 한국 사회는 언어 분화가 인정될 만큼 계층 사이의 경계가 확연한 사회가 아님

(가) 그렇더라도 사회계층에 따른 언어의 변이를 확인하려는 시도가 있었음

---

7 ①

(나) 갑조선의 정의와 1430년대 당시 주변국과 우리나라 군선의 차이

(마) 중국식 조선법을 채택하게 된 계기

(가) 태종 때 군선 개량의 노력

(다) 세종 때 군선 개량의 노력

(라) 단조선으로 복귀하게 된 계기와 조선시대 배가 평저선구조로 일관된 이유

---

8 ④

(라) '이 제도'라는 것을 보아 앞에 제도에 대한 설명이 있음을 알 수 있다. 따라서 제시된 글바로 뒤에 와야 한다.

(마) 라에서 개념을 아는 것이 필요하다고 했으므로 뒤에서 설명이 시작됨을 알 수 있다.

(나) '또한'이라는 말을 통해 마의 이야기에 연결됨을 알 수 있다.

(가) 예산선과 무차별 곡선에 대한 이야기가 나오고, 특별한 조건이 없다면 이 둘의 접점에서 최적의 소비선 택이 이루어진다고 말하고 있다.

(다) '그런데' 이후는 가에서 제시된 특별한 조건에 해당한다.

---

9 ④

① 단절 전 형성 방식의 각 기지국은 서로 동일한 주파수를 사용하여 주파수 조정이 필요 없다.

② '핸드오버'란 이동단말기가 이동함에 따라 기존 기지국에서 이탈하여 새 기지국으로 넘어갈 때 통화가 끊기지 않도록 통화 신호를 새로운 기지국에 넘겨주는 것으로, 이동단말기와 새로운 기지국 간의 통화 채널이 형성되면 핸드오버가 성공한 것이다.

③ 핸드오버는 이동단말기와 기지국이 멀어지면서 그 둘 사이의 신호가 점점 약해지다 특정 값 이하로 떨어지게 되면 명령하는 것으로, 통화 채널 형성 순서에 따라 차이가 있지 않다.

10 ③

제시된 글은 누구나 쉽게 정보를 생산하고 공유할 수 있는 소셜미디어의 장점이 부각된 기사로 나머지 보기들은 사례 내용과 관련이 없다.

11 ②

'깨진 유리창의 법칙'은 깨진 유리창처럼 사소한 것을 방치하면, 나중에는 큰 범죄로 이어진다는 범죄 심리학 이론으로, 작은 일을 소홀히 관리하면 나중에는 큰일로 이어질 수 있음을 의미한다.

12 ④

전기차의 시장침투가 제약을 받게 되는 원인이 빈칸에 들어갈 가장 적절한 말이 될 것이며, 이것은 전후의 맥락으로 보아 기존의 내연기관차와의 비교를 통하여 파악되어야 할 것이다. 따라서 '단순히 전기차가 주관적으로 불편하다는 이유가 아닌 기존 내연기관차에 비해 더 불편한 점이 있을 경우'에 해당하는 말이 위치해야 한다.

13 ①

빈칸이 있는 문장의 시장에 '이런 맥락에서'라고 제시되어 있으므로 앞의 문맥을 살펴야 한다. 앞에서 사물놀이의 창안자들이 새로운 발전을 이루어 내지 못한 채 그 예술적 성과와 대중적 인기에 안주하고 있다는 것에 대해 이야기하고 있으므로 빈칸에 들어갈 가장 적절한 것은 ①이다.

14 ②

빈칸 이후의 문장에서 소비자 의식의 문제점에 대해 이야기하고 있으므로 빈칸에 가장 적절한 문장은 ②이다.

15 ②

지문의 마지막 문장 '웹 만화는 장면을 연속적으로 이어 볼 수 있으므로 긴장감을 지속적으로 유지해 나갈 수 있다.'를 통해 빈칸에는 독자의 흥미를 배가시킬 수 있다가 들어가는 것이 가장 적절하다.

16 ①

제시된 글의 주제는 '모든 일은 원인에 따라 결과를 맺는다.'이다.

17 ②

흡습형태변형은 한쪽 면에 있는 세포의 길이(크기)가 반대 쪽 면에 잇는 세포에 비해 습도에 더 민감하게 변하여, 습도가 낮아져 세포 길이가 짧아지면 그쪽 면을 향해 휘어지는 것을 의미한다고 언급되어 있다. 따라서 등에 땀이 나면 세포 길이가 더 짧은 바깥쪽으로 옷이 휘어지게 되므로 등 쪽 면에 공간이 생기게 되는 원리를 이용한 것이다.

18 ③

① 개과불린 : 허물을 고침에 인색하지 않음을 이르는 말
② 경거망동 : 경솔하여 생각 없이 망령되게 행동함
③ 교각살우 : 소의 뿔을 바로잡으려다가 소를 죽인다는 뜻으로, 잘못된 점을 고치려다가 그 방법이나 정도가 지나쳐 오히려 일을 그르침을 이르는 말
④ 부화뇌동 : 우레 소리에 맞춰 함께 한다는 뜻으로, 자신의 뚜렷한 소신 없이 그저 남이 하는 대로 따라가는 것을 이르는 말

19 ④

제프라피쉬의 실험은 햇빛의 자외선으로부터 줄기세포를 보호하는 멜라닌 세포를 제거한 후 햇빛에 노출시켜 본 사실이 핵심적인 내용이다. 따라서 이를 통하여 알 수 있는 결론은, 줄기세포가 존재하는 장소는 햇빛의 자외선으로부터 보호받을 수 있는 방식으로 진화하게 되었다는 것이다.

20 ③

염증 생성 억제 효과를 확인한 실험을 통해 연구진은 풋 귤의 폴리페놀과 플라보노이드 함량이 감귤의 2배 이상이라고 하였으며, 이 물질이 염증 생성 물질인 일산화질소와 염증성 사이토카인을 억제한 것이라고 설명하고 있다.

21 ②

회의의 화제는 에너지 절약에 관한 것이므로 의사소통 상황에 맞게 의견을 개진한다면 에너지 절약의 측면에서 말을 해야 한다. 여기서 D는 화재에 대한 걱정만을 하고 있으므로 상황에 맞는 의견을 개진한다고 보기 어렵다.

22 ④

제시문은 라디오 대담 상황으로, 진행자와 전문가의 대담을 통해 '정당방위'의 개념과 배상책임 면제에 관한 법을 쉽게 설명해 주고 있다. 전문가는 마지막 말에서 추가적인 정보를 제시하고 있지만 그것을 통해 진행자의 오해를 바로잡고 있는 것은 아니다.

23 ③

'재화의 특성에 따른 요인으로 하나의 재화가 얼마나 다른 재화와 밀접하게 관련되어 있느냐에 관한 것 즉 보완재의 여부에 따라 가격분산을 가져올 수 있다.'에서 유추할 수 있는 내용이다.

24 ①

A는 은하와 은하가 멀어질 때 그 사이에 물질이 연속적으로 생성되어 새로운 은하들이 계속 형성되기 때문에, 우주는 팽창하지만 전체적으로 항상성을 유지하면 평균 밀도가 일정하게 유지된다고 보고 있다.

25 ④

① 성진이가 모자를 쓴 '상태'인지, 모자를 쓰고 있는 '행동'인지 불분명하다.
② 내가 만난 사람이 철수와 영희인지, 나와 철수가 만난 사람이 영희인지 불분명하다.
③ 하영이와 원태가 서로 결혼을 한 것인지, 각자 다른 사람과 결혼한 것인지 불분명하다.

---

26 ①

마지막 문장을 통해 무중력 훈련이 어떻게 이루어지는가에 대한 내용이 올 것이라는 것을 추론할 수 있다.
따라서 글의 제목은 '비행사의 무중력 훈련'이 된다.

---

27 ③

① 일편단심 : 진심에서 우러나오는 변치 아니하는 마음
② 만시지탄 : 시기가 늦어 기회를 놓친 것이 원통해서 탄식함
③ 두문불출 : 집 안에만 들어 앉아 있고 나다니지 아니함
④ 전전반측 : 걱정거리로 마음이 괴로워 잠을 이루지 못함

---

28 ①

제시된 글은 '전문적 읽기'를 '주제 통합적 독서'와 '과정에 따른 독서'로 나누고 이에 대한 설명을 하고 있으
므로 글의 중심내용은 '전문적 읽기 방법'이다.

---

29 ②

현혹효과(Halo Effect)는 어떤 부분에 있어 어떠한 사람에 대해서 호의적인 태도 등이 다른 부분에 있어서
도 그 사람에 대한 평가에 영향을 주는 것을 의미한다. ①은 대비오차, ③은 지각적 방어, ④는 관대화 경
향을 설명한 것이다.

---

30 ②

② 이분법적 사고를 바탕으로 한 이항 대립의 한계(서구 문화)를 극복하고, 새로운 패러다임(중간항의 존
재)으로 전환해야 한다는 논지를 전개하고 있다.

---

31 ③

인간은 사회적 동물로 공동체 생활을 통해 성장해야하는데 휴대 전화는 자기만의 세계를 만들어 인간관계
를 단절시킨다고 말하고 있으므로 중심내용은 ③이 적절하다.

---

32 ②

지문에서 조세 부과 시 고려해야 하는 요건인 효율성 및 공평성을 제시하고 공평성을 편익 원칙 및 능력
원칙으로 구분하고 다시 능력 원칙을 수직적 공평 및 수평적 공평으로 구분하여 설명하고 있다.

33 ①

소득 재분배 효과는 능력 원칙 즉 공평성을 확보하였을 때 얻을 수 있는 것이지 효율성을 통해서 얻을 수 있는 것이 아니다. 그러므로 효율성은 공평성과 달리 소득 재분배를 목적으로 한다고 할 수 없다.

34 ③

모네는 인상주의 화가로서 대상의 고유한 색은 존재하지 않는다고 생각했다. 그러므로 모네가 고유한 색을 표현하려 했다는 진술은 적절하지 않다.

35 ④

① 시시각각 달라지는 자연을 관찰·분석해 대상에 대한 인상을 그려 내는 화풍을 정립한 것은 세잔이 아니다.
② 대상에 대해 복잡한 형태로 추상화하여 대상에 대한 전체적인 느낌을 부각하는 방법을 시도한 것은 세잔의 화풍이 아니다.
③ 사물에 대해 최대한 정확히 묘사하기 위해 전통적 원근법을 독창적 방식으로 변용한 것은 세잔의 화풍이 아니다.

36 ③

글쓴이는 구름을 통해 무상(無常)한 삶의 본질을 깨닫고, 달관하는 삶의 자세를 배우고 있음을 알 수 있다.

37 ②

저출산 문제의 원인으로 '직장 일과 육아 병행의 어려움'이 있으므로 해결 방안으로 '가정을 배려하는 직장 문화 조성'이 들어가야 적절하다.

38 ④

④ '즉'은 옳게 쓰인 것으로 고쳐 쓰면 안 된다.

39 ①

① 이 글에서는 사진의 주관성에 대해 설명하면서 주관적으로 사진을 찍어야 함을 강조하고 있을 뿐, 사진을 객관적으로 찍으려면 어떻게 작업해야 한다는 구체적인 정보는 나와있지 않다.

40 ②

첫 문단의 '일정한 목적의식이나 문제의식을 안고 달려드는 독서일수록 사실은 능률적인 것이다.', '마찬가지로 일정한 주제 의식이나 문제의식을 가지고 독서를 할 때 보다 창조적이고 주체적인 독서 행위가 성립될 것이다.' 등의 문장을 통해 주제를 유추할 수 있다.

41 ①

㈎의 내용은 농어촌 특성에 적합한 고령자에 대한 복지서비스를 제공하는 모습을 설명하고 있다.

42 ③

해당 영상물의 제작 의도는 탈춤에 무관심한 젊은 세대를 대상으로 하여 우리 고유의 문화유산인 탈춤에 대한 관심을 불러일으키기 위한 것이다. 따라서 탈춤에 대한 학술적 이견들을 깊이 있게 제시하는 것은 제작 의도와 맞지 않다.

43 ③

과학으로부터 많은 문제가 발생하고 있음을 밝히고 있지만 과학으로부터 해결 방안을 찾을 수 있다는 내용은 언급되어 있지 않다.

44 ②

마지막 문장에서 과학적 지식이 인간의 문제에 관하여 결정을 내려주는 것은 착각이라고 말한 것으로 볼 때, 결정을 내리는 것은 인간이라는 내용이 이어져야 한다.

45 ③

감정을 표면에 드러내지 않는 것을 군자의 덕으로 생각하는 동양에서는, 헤프게 웃는 것을 경계해 온 사실에 대해 '기우(杞憂)'라고 표현한 것을 볼 때 웃음을 인격 완성의 조건으로 보고 있지 않다는 것을 알 수 있다.

46 ②

체면으로 인하여 인간 생활에 있어서 웃음의 가치를 깨닫지 못하는 삶의 태도를 경계하고 있다.

47 ④

㈔는 사회적 방언에 대해 설명하고 있다.

48 ①

인체 냉동 기술은 인체의 소생 가능성을 높인다는 점에서 긍정적 측면이 있는 기술이다. 그러나 냉동인간은 기술 개발과는 별도로 윤리적 문제도 야기될 수 있는 기술이다. 이렇게 보면 인체 냉동 기술은 '양날의 칼'에 비유할 수 있다.

49 ③

창의성의 발휘는 자기 영역의 규칙이나 내용에 대한 이해뿐만 아니라 현장에서 적용되는 평가 기준과 밀접한 관련이 있다는 것이 이 글이 전달하고자 하는 중심적인 내용이다.

50 ②

맺음말은 본론에서 말한 핵심내용을 간추림으로써 주제를 강조하는 것이어야 한다. 따라서 주어진 강연의 주제를 가장 잘 함축하면 되는데, 주어진 강연의 주제는 우리의 전통적인 가족제도에서 현대의 가치관 상실을 극복할 수 있는 교훈을 얻자 정도가 될 것이다.

1	③	2	②	3	②	4	①	5	②	6	④	7	①	8	③	9	③	10	③
11	②	12	③	13	②	14	③	15	③	16	④	17	④	18	③	19	③	20	④
21	①	22	③	23	④	24	①	25	①	26	①	27	①	28	④	29	④	30	②
31	③	32	③	33	②	34	③	35	①	36	④	37	②	38	②	39	①	40	④
41	④	42	③	43	④	44	②	45	④	46	②	47	③	48	②	49	②	50	③

1 ③

60km의 거리를 올라갈 때 10시간 걸렸으므로 속도는 6km/h, 내려갈 때는 6시간 걸렸으므로 속도는 10km/h이다.

배의 속도를 x로, 강의 유속을 y라 하면

올라갈 때 $x + y = 10 - $ ㉠

내려갈 때 $x - y = 6 - $ ㉡

따라서 ㉠㉡을 연립해서 풀면 $x=8$, $y=2$

2 ②

전체 경우의 수 : $6 \times 6 \times 6 = 216$

3개중 2개가 짝수 1개가 홀수인 주사위의 경우의 수 : 3

주사위 2개가 짝수가 나올 경우의 수 : $3 \times 3 = 9$

주사위 1개가 홀수가 나올 경우의 수 : 3

따라서, $\dfrac{3 \times 9 \times 3}{216} = \dfrac{81}{216} = \dfrac{3}{8}$

3 ②

미진이가 10분 동안 분속 76m로 걸어간 거리는 760m이고, 민수가 10분 동안 분속 64m로 걸어간 거리는 640m이다. 총 둘레 2,200m에서 두 사람이 걸어간 거리를 빼면 800m이고, 이거리가 두 사람이 떨어져 있는 거리이다.

4 ①

1층에서 4층까지 가는데 걸리는 시간이 24초면 한 층을 가는데 걸리는 시간은 8초이다. 따라서 1층에서 9층까지 가려면 8층을 더 올라가야 하고 시간은 8×8=64초이다.

5 ②

과자의 개수를 x, 사탕의 개수를 y라 하면

$x+y=20$

$300x+100y+400=4,000$

위 방정식을 연립하면, $300x+100(20-x)+400=4,000$

$x=8$개, $y=12$개

---

6 ④

1분에 20명이 표를 끊고 15명이 새로 줄을 서므로, 1분에 5명씩 대기자가 줄어든다. 따라서 대기자가 0명이 되는 데 걸리는 시간은 20분(100÷5=10)이다.

---

7 ①

• 영어

(B+C+D+E)/4=83→B+C+D+E=332

(A+B+C+D+E)/5=84→A+B+C+D+E=420

따라서 A의 영어점수는 420-332=88점, 수학점수는 5점 낮은 83점이다.

• 수학

(B+C+D)/3=90→C+D+E=270

(A+B+C+D+E)/5=85→A+B+C+D+E=425

A+E의 수학점수는 425-270=155점이므로 E의 수학점수는 155-83=72점이다.

---

8 ③

15명×3권+4권=49권

12명×5권=60권

총 60권이 필요한데 49권 밖에 없으므로 11권이 부족하다.

---

9 ③

현재 총 학생 수가 55명이고, 남녀 비율이 6:5이므로 남학생은 30명, 여학생은 25명이다. 전학 온 남학생의 수를 x라 하면, 남학생이 전학 오기 전 남학생 수는 $(30-x)$이다. 이를 비례식으로 나타내면 $(30-x):25=5:5$이다. 이 때 x는 5이므로 전학 온 남학생 수는 5명이다.

---

10 ③

인상 전 어른의 입장료를 x, 인상 전 어린이의 입장료를 y라 하면 아래와 같은 비례식을 만들 수 있다.

$x : y = 7 : 3$, $(x+5000) : (y+5000)=2 : 1$

x는 35,000원, y는 15,000원이므로 인상 후 어린이의 입장료는 20,000원이다.

11 ②

반지름이 2인 원이 4바퀴 굴러간 길이 → $2 \times 3 \times 2 \times 4 = 48$

둘레가 48인 원의 반지름 → $48 \div 2 \div 3 = 8$

원뿔의 부피=밑넓이×높이÷3 → $96 = 8 \times 8 \times 3 \times$ 높이 $\div 3$ → 높이$=1.5$

---

12 ③

1억 원을 투자하여 15%의 수익률을 올리므로 수익은 15,000,000원이다. 예상 취급량이 30,000개이므로 $15,000,000 \div 30,000 = 500$(원)이고, 취급원가가 1,500원이므로 목표수입가격은 $1,500 + 500 = 2,000$(원)이 된다.

---

13 ②

개월 수를 x라 하면, x개월 후 형의 예금액은 $10,000+700x$이고, 동생의 예금액은 $7,000+1000x$이다. 두 예금액이 같아져야 하므로 $10,000+700x=7,000+1000x$가 되며, 이 때, x를 구하면 10이므로 10개월 후 형과 동생의 예금액은 같아진다.

---

14 ③

수빈이가 하루 일하는 양 : $\dfrac{1}{16}$

혜림이가 하루 일하는 양 : $\dfrac{1}{12}$

전체 일의 양을 1로 놓고 같이 일을 한 일을 x라 하면

$$\frac{3}{16}+(\frac{1}{16}+\frac{1}{12})x+\frac{1}{12}=1$$

$$\frac{13+7x}{48}=1$$

$$\therefore x=5일$$

---

15 ③

발전소당 인원수가 동일하지 않으므로 전체 인원의 1인당 평균 지원 금액은 각 발전소의 1인당 인건비와 인원수를 곱한 발전소의 인건비 총량을 모두 합산하여 전체 인원수로 나누어 계산하여야 한다.

따라서 계산하면 아래와 같이 나타낼 수 있다.

$\{(450,000 \times 8)+(450,000 \times 8)+(506,000 \times 9)+(281,000 \times 7)+(449,000 \times 8)\} \div 40 = 432,825$원이 된다. 발전소당 평균 운영비는 주어진 수치에서 직접 평균을 구할 수 있다. 그러므로

$(148,000+169,000+129,000+123,000+77,000) \div 5 = 129,200$원이 된다.

16 ④

'거리=시간×속력'을 이용하여 계산할 수 있다.

총 4시간의 소요 시간 중 작업 시간 1시간 30분을 빼면, 왕복 이동한 시간은 2시간 30분이 된다. 트럭에서 태양광 설치 장소까지의 거리를 $x$km라고 하면, 시속 4km로 이동한 거리와 시속 8km로 되돌아 온 거리 모두 $x$km가 된다. 따라서 거리=시간×속력 → 시간=거리÷속력 공식을 이용하여, 2시간 30분은 2.5시간이므로 $2.5=(x\div4)+(x\div8)$이 성립하게 된다.

이것을 풀면, $2.5=x/4+x/8 \to 2.5=3/8x \to x=2.5\times8/3=6.666\ldots \to$ 약 6.67km가 된다.

17 ④

x%의 이윤을 남겨 10개를 판매한 금액 : $500(1+x)\times10$

정가에서 x%를 할인하여 판매한 금액 : $500(1+x)(1-x)\times50$

이때, 이윤은 0원이므로 원가500원인 지우개를 60개 판매한 금액과 동일하다.

$500(1+x)\times10+500(1+x)(1-x)\times50=500\times60 \to x=0.2 \to 20\%$

18 ③

회사와 집 사이의 거리를 x라 하면 왕복에 걸린 시간을 사용해 방정식을 만들 수 있다. $3=\dfrac{x}{40}+\dfrac{x}{20}$, 여기서 x는 40이다. 따라서 집에서 회사까지의 거리는 40km이다.

19 ③

왼쪽 네모 칸의 숫자를 십의 자리 수와 일의 자리 수로 분리하여 두 수를 더한 값과 뺀 값 각각 십의 자리와 일의 자리 수로 한 값을 오른쪽 네모 칸에 써 넣은 것이다. 즉, (A, B) → (A+B, A−B)가 되는 것이다. 따라서 41 → 4+1=5와 4−1=3이 되어 53이 된다.

20 ④

다음과 같은 간단한 연립방정식을 세울 수 있다. 남직원의 수를 x, 여직원의 수를 y라 하면,

$x+y=180$

$0.625x+0.85y=0.75\times180 \to 6.25x+8.5y=1,350$이 성립한다.

위의 식에 8.5를 곱하여 위의 식에서 아래 식을 빼면 $2.25x=180$이 되어 $x=80$, $y=100$명이 된다. 따라서 안경을 쓴 여직원의 수는 $0.85\times100=85$명이 된다.

21 ①

각 구간의 정확한 변량이 제시되지 않은 문제는 구간의 평균값인 '계급 값'을 구간의 점수로 하여 계산한다. 따라서 다음과 같이 계산하여 평균을 구할 수 있다.

$10\times12+30\times15+50\times28+70\times36+90\times14+100\times25=8,250$

그러므로 $8,250\div130=$약 63.5점이 된다.

22 ③

월급 450만 원 중 300만 원은 기본급이므로 판매 이익에 따른 수당은 150만 원이다.

A는 판매 이익의 5%를 수당으로 받으므로 판매이익 $= \dfrac{1,500,000}{5\%} = 30,000,000$이다.

판매 금액의 20%가 이익이므로 판매금액 $= \dfrac{30,000,000}{20\%} = 150,000,000$

제품 1개의 판매가가 5만 원이므로 판매개수는 3,000개 이다.

---

23 ④

수박을 판매한 가격은 $500 \times 1.2 \times 50 = 30,000$원

복숭아의 원래 가격을 x라 하면, 복숭아를 판 가격은 $(x \times 1.4 \times 20) + (x \times 1.1 \times 10) = 39x$이다.

따라서 $69,000 = 30,000 + 39x$, 여기서 x는 1,000원이다.

---

24 ①

TV로 얻을 수 있는 전체 상금은 다음과 같이 나타낼 수 있다.

$10,000,000 \times 1 + 5,000,000 \times 2 + 1,000,000 \times 10 + 100,000 \times 100 + 10,000 \times 1,000 = 50,000,000$원이다. 그러므로 쿠폰 한 장의 기댓값은 $50,000,000/10,000$이므로 5,000원이다.

---

25 ①

Y-3년의 개수를 x라 하고, Y년의 개수로부터 역산하여 각 해의 커피 전문점 개수를 구해 보면 다음과 같이 계산된다.

	Y-3년	Y-2년	Y-1년	Y년의 개수
A지역	$(33-x) \div x \times 100 =$ $10 \rightarrow x=30$	$36-3=33$	$35+1=36$	35
B지역	$(46-x) \div x \times 100 =$ $15 \rightarrow x=40$	$44+2=46$	$46-2=44$	46
C지역	$(28-x) \div x \times 100 =$ $12 \rightarrow x=25$	$33-5=28$	$30+3=33$	30

따라서 30, 40, 25개가 정답이 된다.

---

26 ①

1일에 내린 비의 양을 x하면, 2일의 강수량은 $x \times 1.4$, 3일의 강수량은 $x \times 1.4 \times 0.8$이다.

$x + x \times 1.4 + x \times 1.4 \times 0.8 = 176$이므로 $x = 50$이 된다. 따라서 1일은 50mm, 2일은 70mm, 3일은 56mm의 비가 온 것이다.

27 ①

주어진 산식에 의하여 국토 면적, 산림 면적, 산림율을 확인해 보면 다음 표와 같다.

(단위 : 만 명, 명/㎢)

국가	인구수	인구밀도	산림 인구밀도	국토 면적	산림 면적	산림율
갑	1,200	24	65	$1,200 \div 24 = 50$	$1,200 \div 65 = 18.5$	$18.5 \div 50 \times 100 = 37\%$
을	1,400	36	55	$1,400 \div 36 = 38.9$	$1,400 \div 55 = 25.5$	$25.5 \div 38.9 \times 100 = 65.6\%$
병	2,400	22	30	$2,400 \div 22 = 109.1$	$2,400 \div 30 = 80$	$80 \div 109.1 \times 100 = 73.3\%$
정	3,500	40	85	$3,500 \div 40 = 87.5$	$3,500 \div 85 = 41.2$	$41.2 \div 87.5 \times 100 = 47.1\%$

따라서 산림율이 가장 큰 국가는 병 – 을 – 정 – 갑국의 순이다.

28 ④

2016년의 자동차 대수를 x라 하면, 교통사고 건수는 $x \times 0.017$이 된다. 이는 2017년의 교통사고 건수인 1천만$\times 0.031$과 동일하므로 $x \times 0.017 = 1$천만$\times 0.031$가 된다. 따라서 x는 $18,235,294 \rightarrow 18,235$천 대가 된다.

29 ④

A와 B가 서로 반대 방향으로 뛰면, 둘이 만났을 때 A와 B가 뛴 거리의 합이 운동장의 둘레와 같아지게 된다. $100 \times 16 + 70 \times 16 = 2,720$m가 된다.

30 ②

농도 10%의 소금물 500g에 있는 소금은 50g이다. 8% 농도의 소금물의 무게를 x라 할 때 소금의 양은 $0.08x$이다. 방정식을 구하면 다음과 같다.

$\dfrac{(50 + 0.08x)}{(500 - 30 + x)} = 0.09$, x를 구하면 770g

31 ③

동전의 둘레는 $2\pi r = 2 \times 3.14 \times 0.5 = 3.14$cm가 된다. 이때, 동전이 20바퀴, 15바퀴 굴러간 거리는 $3.14 \times 20 = 62.8$cm, $3.14 \times 15 = 47.1$cm이다. 따라서 책상의 넓이는 $62.8 \times 47.1 = 2,957.88 \rightarrow 2,958cm^2$이다.

32 ③

각 계급에 속하는 정확한 변량을 알 수 없는 경우에는 중간 값인 계급값을 사용하여 평균을 구할 수 있다. 따라서 빈칸의 인원수를 x로 두고 다음과 같이 계산한다.

$\{(10 \times 10) + (30 \times 20) + (50 \times 30) + (70 \times x) + (90 \times 25) + (110 \times 20)\} \div (10 + 20 + 30 + x + 25 + 20) = 65$

이를 정리하면 $(6,650 + 70x) \div (105 + x) = 65$가 된다.

이것은 다시 $6,650 + 70x = 6,825 + 65x \rightarrow 5x = 175$가 되어 $x = 35$명이 된다.

33 ②

이웃을 신뢰하는 사람의 비중은 20대(36.5%)가 10대(38.5%)보다 낮으며, 20대 이후에는 연령이 높아질수록 신뢰도가 비례하여 높아졌다. 이러한 추이는 연령별 평점의 증감 추이와도 일치하고 있음을 알 수 있다.

34 ③

정가 4,000원에서 a % 할인된 가격이 3,000원이므로 $4,000 \times \dfrac{100-a}{100} = 3,000$이 된다. $a = 25$가 되며, 커피의 원가를 x라고 한다면, $x \times \dfrac{100+a}{100} = x \times \dfrac{125}{100} = 4,000$이 된다. 따라서 커피의 원가는 $x = 3,200$원이다.

35 ①

12일째까지 $40 \times 12 = 480$쪽을 읽고, 마지막 날인 13일째에는 최소 1쪽에서 최대 40쪽까지 읽을 수 있으므로 이 책의 쪽수는 481쪽 이상 520쪽 이하이다.

36 ④

세 장의 카드를 뽑아 세 자리의 정수를 만들려면 백의 자리에는 0이 올 수 없다. 따라서 백의 자리는 0을 제외한 5장의 카드 중에서 뽑아야 하므로 백의 자리에 올 수 있는 경우의 수는 5가지, 십의 자리에 올 수 있는 경우의 수는 이미 백의 자리에서 뽑힌 카드를 제외한 5가지, 남은 카드는 4장이므로 일의 자리에 올 수 있는 경우의 수는 4가지이다. 따라서 5×5×4=100가지

37 ②

A지점에서 B지점으로 갈 때 걸린 시간은 4시간이고, 돌아올 때 걸린 시간은 2시간이다. 총 걸린 시간은 6시간이고, 총 거리는 240km이다. 따라서 왕복 시간의 평균 시속은 240km÷6시간이므로 40km이다.

38 ②

영희가 10분 동안 분속 60m로 걸어간 거리는 600m이고, 추가 1분당 60m를 걸어간다. 영희의 어머니는 자전거를 타고 분속 120m의 속도로 뒤쫓아 가므로 방정식을 세우면 다음과 같다. $600 + 60x = 120x$, 방정식을 풀면 x는 10이므로 10분 후 어머니와 영희는 만나게 된다.

39 ①

ⓒ 이스라엘과 타이완은 특허 수가 3으로 동일하다.
ⓔ 표시되지 않은 국가에서 발표한 논문 수는 16%로 영국의 13%보다 많다.

40 ④

각 복사기는 2:3의 효율을 가지고 있으므로 1분에 100쪽을 복사하는 복사기에서는 20부, 1분에 150쪽을 복사하는 복사기에서는 30부를 복사하는 것이 가장 효율적이다.

41 ④

$731 / \text{㉠} \times 00 = 93.8 \rightarrow \text{㉠} = 779.3\cdots \rightarrow \text{㉠} = 779$

$\text{㉡} / 1,721 \times 100 = 62.4 \rightarrow \text{㉡} = 1,074.9\cdots \rightarrow \text{㉡} = 1,074$

$26 / 63 \times 100 = \text{㉢} \rightarrow \text{㉢} = 41.26\cdots \rightarrow \text{㉢} = 41.3$

$779 + 1,074 + 41.3 = 1894.3$

42 ③

전체 집행금액 : $5,022 + 1,074 + 853 + 1,266 + 1,393 + 768 + 731 + 424 + 26 = 11,557$

집행비율이 가장 낮은 나라(스페인)의 집행금액 : 26

$26 / 11,557 \times 100 = 0.224\cdots\%$

43 ④

가. $3,937 \rightarrow 4,139 \rightarrow 4,173 \rightarrow 4,234 \rightarrow 4,401$건으로 지속적으로 증가하였다.

나. $(335 + 344 + 283 + 281 + 339) \div 5 = 316.4$건이다.

다. 서울은 $1,412 \div 203 =$ 약 6.96건이며, 경기는 $2,447 \div 339 =$ 약 7.22건으로 경기가 더 많다.

라. 연도별 비율은 각각 $547 \div 3,937 \times 100 =$ 약 13.9%, $561 \div 4,139 \times 100 =$ 약 13.6%, $503 \div 4,173 \times 100 =$ 약 12.1%, $511 \div 4,234 \times 100 =$ 약 12.1%, $542 \div 4,401 \times 100 =$ 약 12.3%로 모두 12.1~13.9% 이내이므로 비율의 차이는 2%p 이내이다.

44 ②

가로축이 연도, 세로축이 발생건수를 나타내는 막대그래프가 가장 적절하다. 연도별 총 교통사고 발생건수와 버스종류별 비교가 한눈에 가능하며 연도가 많거나 버스 종류가 늘어날 경우 막대그래프에 추세선을 추가하여 추이를 알아볼 수도 있다.

45 ④

저축액의 2017년 증감률이 1.3%이므로 이를 통해 2017년의 저축액을 x라 할 때 다음과 같이 2017년의 저축액을 구할 수 있다. $(x - 7,186) \div 7,186 \times 100 = 1.3$

이를 풀면 x는 7,279만 원이 되며 따라서 ㉠은 $7,279 + 2,501 = 9,780$이 된다.

㉡은 $(2,501 - 2,453) \div 2,453 \times 100 =$ 약 2.0%가 된다.

46 ②

'소득=총수입-경영비'이므로 2017년의 경영비는 $974,553 - 541,450 = 433,103$원이 된다. 또한, '소득률=(소득÷총수입)×100'이므로 2016년의 소득률은 $429,546 \div 856,165 \times 100 =$ 약 50.2%가 된다.

47 ③

영화는 1시 5분에 시작하였고, 상영시간이 2시간 25분이므로 영화 종료시간은 3시 30분이다. 3시에서 30분이 지났으므로 시침은 3시와 4시 사이에 있게 된다. 따라서 시침과 분침의 각도는 90도가 아닌 75도이다.

48 ②

지난 주 A 생산량을 x라 하면, 이번 주 생산량을 방정식으로 나타낼 수 있다.

$0.9x + 1.1(10,000 - x) = 10,300$

여기서 x는 3,500이므로 이번 주 A 생산량은 $3,500 \times 0.9 = 3,150$개이다.

---

49 ②

② 전체 인구수는 전년보다 동일하거나 감소하지 않고 매년 꾸준히 증가한 것을 알 수 있다.

① 65세 미만 인구수 역시 매년 꾸준히 증가하였다.

③ 2014년과 2015년에는 전년보다 감소하였다.

④ 2014년 이후부터는 5% 미만 수준을 계속 유지하고 있다.

---

50 ③

③ 기업별 방문객의 수만 제시되어 있는 자료이므로 매출액과 관련된 자료를 알 수 있는 방법은 없다.

① 하단에 전체 합계와 주어진 기업별 방문객 수의 합이 일치하므로 전체 방문객 방문 현황을 알 수 있다.

② 전체 방문객을 기업의 수로 나누어 평균 방문객 수를 알 수 있다.

④ 전체 방문객이 가장 많은 기업을 확인하여 매년 동일한지 또는 어느 해에 어떻게 달라졌는지 등을 확인할 수 있다.

1	②	2	③	3	③	4	②	5	③	6	③	7	①	8	②	9	①	10	②
11	③	12	②	13	②	14	④	15	④	16	②	17	③	18	③	19	④	20	④
21	③	22	③	23	②	24	④	25	④	26	②	27	①	28	④	29	④	30	③
31	①	32	④	33	①	34	①	35	②	36	④	37	③	38	②	39	④	40	③
41	④	42	①	43	④	44	④	45	④	46	④	47	②	48	④	49	③	50	③

1 ②

보완적 평가방식은 각 상표에 있어 어떤 속성의 약점을 다른 속성의 강점에 의해 보완하여 전반적인 평가를 내리는 방식을 의미한다. 한 가지 예로서 비행기의 경우 속성별 평가점수가 4, 4, 7, 9점이며, 각 속성이 평가에서 차지하는 중요도는 20, 30, 40, 50이므로, 이러한 가중치를 각 속성별 평가점수에 곱한 후에 이를 모두 더하면 930이 된다. 이러한 방식으로 계산하면 그 결과는 아래와 같다.

- 비행기 : $(20\times4)+(30\times4)+(40\times7)+(50\times9)$ = 930
- 기차 : $(20\times5)+(30\times4)+(40\times5)+(50\times8)$ = 820
- 고속버스 : $(20\times4)+(30\times5)+(40\times7)+(50\times5)$ = 760
- 승용차 : $(20\times3)+(30\times7)+(40\times8)+(50\times6)$ = 890

2 ③

인천에서 모스크바까지 8시간이 걸리고, 6시간이 인천이 더 빠르므로
09 : 00시 출발 비행기를 타면 9+(8-6)=11시 도착
19 : 00시 출발 비행기를 타면 19+(8-6)=21시 도착
02 : 00시 출발 비행기를 타면 2+(8-6)=4시 도착

3 ③

주어진 조건에 따라 선택지의 날짜에 해당하는 당직 근무표를 정리해 보면 다음과 같다.

구분	갑	을	병	정
A	2일, 14일		8일	
B		3일		9일
C	10일		4일	
D		11일		5일
E	6일		12일	
F		7일		13일

따라서 A와 갑이 2일 날 당직 근무를 섰다면 E와 병은 12일 날 당직 근무를 서게 된다.

4 ②

우수한 의견을 즉석에서 판단하려는 것은 다듬어지지 않은 많은 양의 아이디어를 도출해내고자 하는 브레인스토밍에 해로운 방식이다.

① 직원들에게 부담 없이 자유롭게 의견을 개진할 수 있는 분위기를 만들어주는 바람직한 방법으로 볼 수 있다.

③ 신선하고 참신한 아이디어를 얻을 수 있고 모든 구성원을 참여시킬 수 있는 방법으로 브레인스토밍에 적절하다.

④ 브레인스토밍은 서로를 쳐다보며 동등한 위치에서 회의를 진행할 수 있는 원형 좌석배치가 적절한 방법이다.

---

5 ③

두 번째 정보에서 테이블 1개＋의자 1개＝서류장 2개임을 알 수 있다. 세 번째 정보에서 두 번째 정보를 대입하면 서류장 1개＝의자 2개가 되며 테이블 1개＝의자 3개가 된다. 따라서 서류장 10개＋의자 10개＝의자 30개이며, 의자 30개＝테이블 10이다.

---

6 ③

ⓔ의 대우 명제 '가돌이를 좋아하는 사람이 있으면 마돌이가 가돌이를 좋아한다'가 되므로 마돌이는 가돌이가 좋아할 가능성이 있는 사람이다. 따라서 가돌이가 마돌이를 좋아하므로 라돌이는 가돌이를 좋아하지 않는다 (ⓐ). ⓜ에 의해 다돌이는 라돌이를 좋아하지 않는다. ⓒ의 대우 명제 '라돌이가 다돌이를 싫어하고 가돌이가 라돌이를 싫어하면 바돌이가 가돌이를 싫어한다'가 되며 전제(라돌이가 다돌이를 싫어함, 가돌이가 라돌이를 싫어함)가 모두 참이므로 바돌이는 가돌이를 싫어한다. ⓗ의 대우 명제 '가돌이가 누군가를 좋아하면 가돌이와 나돌이가 서로 좋아하거나 가돌이가 다돌이를 좋아한다'와 ⓑ의 명제를 통해 나돌이와 다돌이도 가돌이가 좋아할 가능성이 있는 사람이다. 따라서 가돌이가 좋아할 가능성이 있는 사람은 나돌, 다돌, 마돌이다.

---

7 ①

세 사람은 모두 각기 다른 동에 사무실이 있으며, 어제 갔던 식당도 서로 겹치지 않는다.

• 세 번째 조건 후단에서 갑동이와 을순이는 어제 11동 식당에 가지 않았다고 하였으므로, 어제 11동 식당에 간 것은 병호이다. 따라서 병호는 12동에 근무하며 11동 식당에 갔었다.

• 네 번째 조건에 따라 을순이는 11동에 근무하므로, 남은 갑동이는 10동에 근무한다.

• 두 번째 조건 전단에 따라 을순이가 10동 식당에, 갑동이가 12동 식당을 간 것이 된다. 따라서 을순이는 11동에 사무실이 있으며, 어제 갔던 식당은 10동에 위치해 있다.

---

8 ②

A가 파티에 참석할 시 C와 F도 참석하며, C가 참석하는 경우는 B도 참석해야 한다. A는 B가 참석하면 파티에 참석하지 않는다고 했으므로 원칙에 성립되지 않는다. 따라서 A가 참석하지 않을 수 있는 경우는 B와 C만 참석하는 경우이므로 최대인원은 2명이 된다.

9 ①

문제처리능력이란 목표와 현상을 분석하고 이 분석결과를 토대로 문제를 도출하여 최적의 해결책을 찾아 실행, 평가 처리해 나가는 일련의 활동을 수행하는 능력이라 할 수 있다. 이러한 문제처리능력은 문제해결절차를 의미하는 것으로, 일반적인 문제해결절차는 문제 인식, 문제 도출, 원인 분석, 해결안 개발, 실행 및 평가의 5단계를 따른다. ① 주어진 〈보기〉의 ㈎~㈺의 내용은 문제해결절차 5단계를 역순으로 제시해 놓았다.

---

10 ②

갑, 을, 병의 진술과 과음을 한 직원의 수를 기준으로 표를 만들어 보면 다음과 같다.

진술자 \ 과음직원	0명	1명	2명	3명
갑	거짓	참	거짓	거짓
을	거짓	거짓	참	거짓
병	거짓	참	참	거짓

• 과음을 한 직원의 수가 0명인 경우, 갑, 을, 병 모두 거짓을 말한 것이 되어 결국 모두 과음을 한 것이 된다. 따라서 이 경우는 과음을 한 직원의 수가 0명이라는 전제와 모순이 생기게 된다.

• 과음을 한 직원의 수가 1명인 경우, 을만 거짓을 말한 것이므로 과음을 한 직원의 수가 1명이라는 전제에 부합한다. 이 경우에는 을이 과음을 한 것이 되며, 갑과 병은 과음을 하지 않은 것이 된다.

• 과음을 한 직원의 수가 2명인 경우, 갑만 거짓을 말한 것이 되므로 과음을 한 직원의 수가 1명이 된다. 따라서 이 역시 과음을 한 직원의 수가 2명이라는 전제와 모순이 생기게 된다.

• 과음을 한 직원의 수가 3명인 경우, 갑, 을, 병 모두 거짓을 말한 것이 되어 과음을 한 직원의 수가 3명이 될 것이며, 이는 전제와 부합하게 된다.

따라서 4가지의 경우 중 모순 없이 발생 가능한 경우는 과음을 한 직원의 수가 1명 또는 3명인 경우가 되는데, 이 두 경우에 모두 거짓을 말한 을은 과음을 한 직원이라고 확신할 수 있다. 그러나 이 두 경우에 모두 사실을 말한 사람은 없으므로, 과음을 하지 않은 것이 확실한 직원은 아무도 없다.

---

11 ③

주어진 조건을 통해 위치가 가까운 순으로 나열하면 영화관-카페-놀이동산이며 A, B, C가 자가용, 지하철, 버스를 이용하여 간 곳은 영화관(B, 자가용)-카페(A, 버스)-놀이동산(C, 지하철)이 된다.

---

12 ②

현재 발생하지 않았지만 장차 발생할지 모르는 문제를 예상하고 대비하는 일, 보다 나은 미래를 위해 새로운 문제를 스스로 설정하여 도전하는 일은 조직과 개인 모두에게 중요한 일이다. 이러한 형태의 문제를 설정형 문제라고 한다. 설정형 문제를 해결하기 위해서는 주변의 발생 가능한 문제들의 움직임을 관심을 가지고 지켜보는 자세가 필요하며, 또한 문제들이 발생했을 때 그것이 어떤 영향을 가져올지에 대한 논리적 추론이 가능해야 한다. 이러한 사고의 프로세스는 논리적 연결고리를 생성시킬 수 있는 추론의 능력이 요구된다고 볼 수 있다.

13 ②

S=Substitute : 기존의 것을 다른 것으로 대체해 보라.

C=Combine : A와 B를 합쳐 보라.

A=Adapt : 다른 데 적용해 보라.

M=Modify, Minify, Magnify : 변경, 축소, 확대해 보라.

P=Put to other uses : 다른 용도로 써 보라.

E=Eliminate : 제거해 보라.

R=Reverse, Rearrange : 거꾸로 또는 재배치해 보라.

---

14 ④

첫 번째 조건을 통해 목욕탕, 미용실, 은행은 C, D, E 중 한 곳, 교회와 편의점은 A, B 중 한 곳임을 알 수 있다. 두 번째 조건에 의하면 목욕탕과 교회 사이에 편의점과 또 하나의 건물이 있어야 한다. 이 조건을 충족하려면 A가 교회, B가 편의점이어야 하며 또한 D가 목욕탕이어야 한다. C와 E는 어느 곳이 미용실과 은행의 위치인지 주어진 조건만으로 알 수 없다. 따라서 보기 ④에서 언급된 바와 같이 미용실이 E가 된다면 은행은 C가 되어 교회인 A와 45m 거리에 있게 된다.

```
        A     B   C  D      E
K지점 ├──┼────┼──┼─┼──────┤
      15m   40m 60m 70m   100m
```

---

15 ④

	빵	케이크	쿠키	마카롱	알레르기
C	O	X	O	X	O
D	X	O	X	O	O
F	X	X	O	O	X

F는 쿠키와 마카롱을 먹었지만 알레르기가 발생하지 않았으므로 쿠키와 마카롱은 원인에서 제외된다. C와 D의 경우 쿠키와 마카롱을 제외하면 빵과 케이크가 알레르기의 원인이 된다.

---

16 ②

㉠ 수민 : 계약의 성과 중 일부를 나눈다고 하였으므로 지지에 상응하는 대가를 제공하는 '교환 전술'에 해당한다.

㉡ 홍진 : 공문에 근거한 것이고 절차상 아무 문제도 없다고 하였으므로 제안의 적법성을 인식시키는 '합법화 전술'에 해당한다.

---

17 ③

주어진 조건을 정리해 보면 마지막 줄에는 봉선, 문성, 승일이가 앉게 되며 중간 줄에는 동현이와 승만이가 앉게 된다. 그러나 동현이가 승만이 바로 옆 자리이며, 또한 빈자리가 바로 옆이라고 했으므로 승만이는 빈자리 옆에 앉지 못한다. 첫 줄에는 강훈이와 연정이가 앉게 되고 빈자리가 하나 있다. 따라서 연정이는 빈자리 옆에 배정 받을 수 있다.

18 ③

기원이와 정아의 진술로 인해 기원이와 정아는 흰우유(A 또는 B)를 먹었다. 현욱이는 정아보다 용량이 많은 우유를 먹었으므로 현욱이가 먹은 우유는 D이고 나머지 C는 은영이가 먹은 우유가 된다.

19 ④

진열되는 음료는 다음과 같다.

콜라/사이다	우유	사이다/콜라	오렌지주스	이온음료
우유	콜라/사이다	오렌지주스	사이다/콜라	이온음료

20 ④

1) A가 진실을 말할 때,

A : 파란색 구슬, B : 파란색 구슬, C : 노란색 구슬

이 경우, 빨간색 구슬을 가진 사람이 없어서 모순이다.

2) B가 진실을 말할 때,

A : 빨간색 또는 노란색 구슬, B : 빨간색 또는 노란색 구슬, C : 노란색 구슬

이 경우, 파란색 구슬을 가진 사람이 없어서 모순이다.

3) C가 진실을 말할 때,

A : 빨간색 또는 노란색 구슬, B : 파란색 구슬, C : 빨간색 또는 파란색 구슬

이로부터, A는 노란색 구슬, B는 파란색 구슬, C는 빨간색 구슬을 가지고 있다.

1), 2), 3)에 의하여 빨간색, 파란색, 노란색 구슬을 받은 사람을 차례로 나열하면 C, B, A이다.

21 ③

가장 확실한 조건(B는 204호, F는 203호)을 바탕으로 조건을 채워나가면 다음과 같다.

a 라인	201	202	203	204	205
	H	A	F	B	빈 방
복도					
b 라인	210	209	208	207	206
	G	C	빈 방	E	D

22 ③

은행에 내야하는 금액

A → (1,000×0.01×12)+1,000=1,120만 원

B → 1,200만 원

C → 90×12=1,080만 원

ⓔ 수리비 50만 원이 소요된다면 A는 1,120+50=1,170만 원, B와 C는 수리비를 은행에서 부담하므로 그대로 1,200만 원, 1,080만 원이 된다. 따라서 가장 저렴한 C상품이 A·B보다 유리하다.(C<A<B)

23 ②

수미 소비상황을 봤을 때 A 신용카드 혜택이 없으며, B 신용카드는 1만 원 청구할인, C 신용카드는 1만 포인트 적립, D 신용카드는 1만 원 문화상품권을 증정한다. 액수가 동일한 경우 할인혜택, 포인트 적립, 문화상품권 지급 순으로 유리하다고 했으므로 수미는 B 신용카드를 선택한다.

24 ④

주어진 조건을 보면 관리과와 재무과에는 반드시 각각 5급이 1명씩 배정되고, 총무과에는 6급 2명이 배정된다. 인원수를 따져보면 홍보과에는 5급을 배정할 수 없기 때문에 6급이 2명 배정된다. 6급 4명 중에 C와 D는 총무과에 배정되므로 홍보과에 배정되는 사람은 E와 F이다. 각 과별로 배정되는 사람을 정리하면 다음과 같다.

관리과	A
홍보과	E, F
재무과	B
총무과	C, D

25 ④

현수막을 제작하기 위해서는 라, 다, 마가 선행되어야 한다. 따라서 세미나 기본계획 수립(2일)+세미나 발표자 선정(1일)+세미나 장소 선정(3일)=최소한 6일이 소요된다.

26 ②

각 작업에 걸리는 시간을 모두 더하면 총 11일이다.

27 ①

해설 甲~戊가 먹은 사탕을 정리하면 다음과 같다.

구분	甲	乙	丙	丁	戊
맛	사과+딸기	사과	포도 or 딸기	포도 or 딸기	포도
개수	2개	1개	1개	1개	1개

28 ④

명부작성방법에서 1순위 항목점수가 동일한 경우에 한하여 2순위 항목에 해당될 경우 추가합산 가능하다고 나와 있다.

29 ④

ⓒ 300점

ⓛ 250점

㉠ 150점

30 ③

철수는 같은 수로 과일 A와 B를 먹었으므로 각각 2개씩 먹었다는 것을 알 수 있다. 철수는 영수보다 과일 A를 1개 더 먹었으므로, 영수는 과일 A를 1개 먹었다.

31 ①

경제가 어려워지거나 부동산이 폭락한다고 했는데 부동산이 폭락한 것은 아니므로 경제가 어려워진다. 처 번째 조건의 대우에 의하면 긴축정책을 시행하면 물가가 오르지 않는다. 경제가 어려워진다면 긴축정책이 시행되고, 긴축정책을 시행하면 물가가 오르지 않는다.

32 ④

정이 1층에 거주하므로 네 번째 조건에 의해 2층에 무가 거주할 수 없다. 또한 네 번째 조건에서 병도 2층 에 거주하지 않는다 하였으므로 2층에 거주할 수 있는 사람은 갑 또는 을이다. 이것은 곧, 3, 4, 5층에 병, 무, 갑 또는 을이 거주한다는 것이 된다.

두 번째 조건에 의해 병과 무가 연이은 층에 거주하지 않으므로 3, 5층에는 병과 무 중 한 사람이 거주하 며 2, 4층에 갑과 을 중 한 사람이 거주하는 것이 된다.

따라서 보기 ①~③의 내용은 모두 모순되는 것이 되며, 보기 ④에서와 같이 무가 3층에 거주한다면 병이 5 층에 거주하게 된다.

33 ①

날씨가 시원함 → 기분이 좋음 → 마음이 차분함 → 배고픔 → 라면이 먹고 싶음

따라서 A만 옳다.

34 ①

㉠은 [연구개요] 중 '3시간 이상 폭력물을 시청한 아동과 청소년들은 텔레비전 속에서 보이는 성인들의 폭 력행위를 빠른 속도로 모방하였다.'와 같은 맥락으로 볼 수 있는 자료로, [연구결과]를 뒷받침하는 직접적인 근거가 된다.

㉡ 성인의 범죄행위 유발과 관련 자료이다.

㉢ 이미 범죄행위를 저지르고 난 후 폭력물을 시청하는 조건이다.

㉣ 텔레비전 프로그램 시청이 선행에 영향을 미침을 증명하는 자료가 아니다.

35 ②

㉠ 순정 : 다른 사람들의 지지를 이용하기 때문에 '연합 전술'에 해당한다.

㉡ 석일 : 기업의 비전과 가치를 언급함으로써 이상에 호소하여 제안에 몰입하도록 하기 때문에 '영감에 호 소'에 해당한다.

36 ④

반장은 머리가 좋다. 또는 반장은 얼굴이 예쁘다(ⓒ 또는 ⓔ).

머리가 좋거나 얼굴이 예쁘면 반에서 인기가 많다(ⓜ).

∴ 반장은 반에서 인기가 많다.

※ ⓜ의 경우 머리도 좋고 얼굴도 예뻐야 반에서 인기가 많다는 의미이므로 주어진 진술이 반드시 참이 되지 않는다.

---

37 ③

기본요금 : $70.0 \times 120 = 8,400$원

사용요금 : $163.7 \times 125 + 163.7 \times 5 = 20,462.5 + 818.5 = 21,281$원

요금합계 : $8,400 + 21,281 = 29,681$원

---

38 ②

- A지역 : 바람의 방향이 일정하므로 수직 · 수평축을 모두 사용할 수 있으며, 최소 150kw 이상의 발전량이 필요하므로 Y, Z 중 하나를 설치한다. 에너지 변환효율을 위해 수평축 모델인 Z를 선택한다.
- B지역 : 수직축 모델 중 발전기의 높이가 70m 이하인 W를 설치한다.
- C지역 : 수직축 모델 중 600kw 이상의 발전량을 갖고 있는 Y를 설치한다.

---

39 ④

월	화	수	목	금	토	일
1	2(금연)	3	4(성교육)	5(성교육)	6(X)	7(X)
8	9(금연)	10	11	12	13(X)	14(X)
15	16(금연)	17	18	19	20(X)	21(X)
22(X)	23(X)	24(X)	25(X)	26(X)	27(X)	28(X)
29	30(금연)					

- 화 · 수 · 목 중 금연교육을 4회 실시하기 위해 반드시 화요일에 해야 한다.
- 10일 이전, 같은 주에 이틀 연속으로 성교육을 실시할 수 있는 날짜는 4~5일 뿐이다.
- 금주교육은 (3,10,17), (3,10,18), (3,11,17), (3,11,18) 중 실시할 수 있다.

---

40 ③

두 번째 전제의 대우인 '동호회를 선호하는 사람은 책을 좋아하지 않는 사람이다.'와 세 번째 전제인 '나는 동호회를 선호한다.'를 유추해 볼 때 '나는 책을 좋아하지 않는다'의 결론을 내릴 수 있다.

---

41 ④

동일한 행동이라도 일탈에 대한 기준이 서로 다르게 적용될 수 있음을 보여 주는 사례로, 이는 낙인 이론의 사례로 적절하다.

42 ①

㉠ 공식 조직은 구성원의 역할과 책임이 분명하다.
㉡ 비공식 조직은 공식 조직보다 가입과 탈퇴가 자유롭다.

43 ④

사회적 역할이 대다수 사회 구성원의 합의에 의한 것이라고 보는 관점은 기능론이다.

44 ④

두 사례는 같은 문화를 공유하는 사람들끼리 공통적인 생활양식을 가지고 있다는 점에서 공유성을 보여 주고 있다.

45 ④

조직의 과업과 목적에 따라 수시로 조직 형태가 변화하는 것은 탈관료제의 특징이다.

46 ④

보완적 평가방식은 각 상표에 있어 어떤 속성의 약점을 다른 속성의 강점에 의해 보완하여 전반적인 평가를 내리는 방식을 의미한다. 이를 계산하면 다음과 같다.
• 광어=(40×2)+(30×2)+(50×2)=240
• 우럭=(40×2)+(30×3)+(50×2)=270
• 물회=(40×1)+(30×1)+(50×2)=170
• 참치=(40×7)+(30×5)+(50×4)=630
그러므로 율희는 보완적 평가방식에 의해 가장 높은 값이 나온 참치회를 선택하게 된다.

47 ②

다음 글에서는 토의를 정의하고 토의의 종류에는 무엇이 있는지 예시를 들어 설명하고 있으므로 토론에 대해 정의하고 있는 ㉡은 삭제해도 된다.

48 ④

문제를 해결하기 위해서는 다음과 같은 5단계를 거치게 되는 것이 일반적이다.
• 문제 인식 : 해결해야 할 전체 문제를 파악하여 우선순위를 정하고, 선정문제에 대한 목표를 명확히 하는 단계
• 문제 도출 : 선정된 문제를 분석하여 해결해야 할 것이 무엇인지를 명확히 하는 단계
• 원인 분석 : 파악된 핵심문제에 대한 분석을 통해 근본 원인을 도출하는 단계
• 해결안 개발 : 문제로부터 도출된 근본원인을 효과적으로 해결할 수 있는 최적의 해결방안을 수립하는 단계
• 실행 및 평가 : 해결안 개발을 통해 만들어진 실행계획을 실제 상황에 적용하는 활동으로 당초 장애가 되는 문제의 원인들을 해결안을 사용하여 제거하는 단계

따라서 보기 ④와 같이 해결할 문제가 무엇인지를 확인하고 甲과 B사에 대한 대응의 목표를 명확히 수립하는 것이 최우선 되어야 할 일이라고 할 수 있다.

① 실행 및 평가의 단계에 해당된다.
② 해결안 개발의 단계에 해당된다.
③ 원인 분석의 단계에 해당된다.

---

49 ③

문제의 내용과 조건의 내용에서 알 수 있는 것은 다음과 같다.

• 5층과 1층에서는 적어도 1명이 내렸다.
• 4층에서는 2명이 내렸다. → 2층 또는 3층 중 아무도 내리지 않은 층이 한 개 있다.

그런데 네 번째 조건에 따라 을은 1층에서 내리지 않았고, 두 번째 조건에 따라 을이 내리기 직전 층에서는 아무도 내리지 않아야 하므로, 을은 2층에서 내렸고 3층에서는 아무도 내리지 않은 것이 된다(∵ 2층 또는 3층 중 아무도 내리지 않은 층이 한 개 있으므로)

또한 무는 정의 바로 다음 층에서 내렸다는 세 번째 조건에 따르면, 정이 5층에서 내리고 무가 4층에서 내린 것이 된다.

네 번째 조건에서 갑은 1층에서 내리지 않았다고 하였으므로, 2명이 함께 내린 층인 4층에서 무와 함께 내린 것이고, 결국 1층에서 내릴 수 있는 사람은 병이 된다.

---

50 ③

네트워크와 유통망이 다양한 것은 자사의 강점이며 이를 통하여 심화되고 있는 일본 업체와의 경쟁을 우회하여 돌파할 수 있는 전략은 주어진 환경에서 적절한 ST전략이라고 볼 수 있다.

① 세제 혜택(O)을 통하여 환차손 리스크 회피 모색(T)
② 타 해외 조직의 운영 경험(S)을 살려 업무 효율성 벤치마킹(W)
④ 해외 진출 경험으로 축적된 우수 인력(S) 투입으로 업무 누수 방지(W)

1	②	2	①	3	④	4	③	5	③	6	④	7	④	8	②	9	④	10	③
11	④	12	①	13	③	14	④	15	③	16	③	17	①	18	③	19	③	20	③
21	④	22	②	23	②	24	①	25	③	26	②	27	①	28	④	29	③	30	②
31	①	32	②	33	④	34	②	35	④	36	②	37	①	38	③	39	②	40	③
41	③	42	④	43	④	44	②	45	①	46	①	47	②	48	①	49	④	50	③

1 ②

레버가 모두 올라가 있으므로 오류값들의 평균을 구한다. $(1+5+7+9)/4=5.5$

반올림을 하므로 6이 되어 경고→파란버튼을 누른다.

그러나 올라간 레버가 2개 이상이므로 빨간 버튼을 함께 누른다.

---

2 ①

&와 0이 음영 처리가 외어 있는데 <조건>에 따라 음영이 반전되면 2, 5, 6, #에 음영이 처리된다.

#은 2, 5는 무조건 음영 처리 되지 않는 것으로 판단하므로 오류값은 6, #이 된다. 레버 3개 중 2개만 아래로 내려가 있으면 오류값 중 가장 큰 수를 취하므로 6이 된다. 6이면 경고에 해당하는데 음영 처리된 오류값이 2개 이하므로 안전이 된다. 그런데 계기판의 두 바늘이 겹쳐 있으므로 한 단계 격상되어 경고가 되고 노란버튼을 눌러야 하지만, 레버가 2개 이상이므로 초록버튼을 눌러야 한다.

---

3 ④

=COUNTIF를 입력 후 범위를 지정하면 지정한 범위 내에서 중복값을 찾는다.

㉠ COUNT함수 : 숫자가 입력된 셀의 개수를 구하는 함수

㉡ COUNTIF함수 : 조건에 맞는 셀의 개수를 구하는 함수

'철'을 포함한 셀을 구해야 하므로 조건을 구하는 COUNTIF함수를 사용하여야 한다.

A2행부터 A7행까지 이름이 있으므로 범위는 A2:A7이 된다.

---

4 ③

INDEX(범위, 행, 열)이고 MOD 함수는 나누어 나머지를 구해서 행 값을 구한다.

INDEX 함수=INDEX($E$2:$E$4, MOD(A2−1, 3)+1)

범위 : $E$2:$E$4

행 : MOD(A2−1, 3)+1

MOD 함수는 나머지를 구해주는 함수=MOD(숫자, 나누는 수), MOD(A2−1, 3)+1의 형태로 된다.

A2의 값이 1이므로 1-1=0, 0을 3으로 나누면 나머지 값이 0이 되는데 0+1을 해줌으로써 INDEX($E$2:$E$4,1)이 된다.

번호 6의 김윤중의 경우

INDEX($E$2:$E$4, MOD(A7-1, 3)+1)

6(A7의 값)-1=5, 5를 3으로 나누면 나머지가 2

2+1=3이므로 3번째 행의 총무팀 값이 들어감을 알 수 있다.

---

5 ③

FREQUENCY(배열1, 배열2) : 배열2의 범위에 대한 배열1 요소들의 빈도수를 계산

*PERCENTILE(범위, 인수) : 범위에서 인수 번째 백분위수 값

함수 형태=FREQUENCY(Data_array, Bins_array)

Data_array : 빈도수를 계산하려는 값이 있는 셀 주소 또는 배열

Bins_array : Data_array 를 분류하는데 필요한 구간 값들이 있는 셀 주소 또는 배열

수식 : {=FREQUENCY(B3:B9, E3:E6)}

---

6 ④

단축키 Alt + V는 다른 이름으로 저장하기를 실행한다.

① 불러오기 : Alt + O

② 모두 선택 : Ctrl + A

③ 저장하기 : Alt + S

---

7 ④

④ XOR 또는 Exclusive OR라고도 하며, 모든 인수의 논리 배타적 OR을 반환한다.

---

8 ②

제시된 내용은 엑셀에서 제공하는 스파크라인 기능에 대한 설명이다.

---

9 ④

'지식'이란 '어떤 특정의 목적을 달성하기 위해 과학적 또는 이론적으로 추상화되거나 정립되어 있는 일반화된 정보'를 뜻하는 것으로, 어떤 대상에 대하여 원리적·통일적으로 조직되어 객관적 타당성을 요구할 수 있는 판단의 체계를 제시한다.

④ 가치가 포함되어 있지 않은 단순한 데이터베이스라고 볼 수 있다.

10 ③

10진수 39를 2진수로 변경시켜 8자리수로 나타내면 → 00100111이 된다.

㉠ left shift 1회

0	1	0	0	1	1	1	0

㉡ left shift 2회

1	0	0	1	1	1	0	0

㉢ right shit 1회

0	1	0	0	1	1	1	0

2진수 01001110을 10진수로 변경하면 2+4+8+64=78이 된다.

---

11 ④

10진수 226을 2진수로 나타내면 11100010이 된다.
10진수 112를 2진수로 나타내면 01110000이 된다.

㉠ right shift 1회

0	1	1	1	0	0	0	1

㉡ right shift 2회

0	0	1	1	1	0	0	0

㉢ left shift 1회

0	1	1	1	0	0	0	0

---

12 ①

"Best fit"은 가장 낭비가 적은 부분에 할당하기 때문에 영역1에 할당한다.

---

13 ③

오 대리가 수집하고자 하는 고객정보에는 고객의 연령과 현재 사용하고 있는 스마트폰의 모델, 좋아하는 디자인, 사용하면서 불편해 하는 사항, 지불 가능한 액수 등에 대한 정보가 반드시 필요하다.

---

14 ④

정보활용의 전략적 기획(5W2H)

㉠ WHAT(무엇을?) : 50~60대 고객들이 현재 사용하고 있는 스마트폰의 모델과 좋아하는 디자인, 사용하면서 불편해 하는 사항, 지불 가능한 액수 등에 대한 정보

㉡ WHERE(어디에서?) : 사내에 저장된 고객정보

㉢ WHEN(언제까지?) : 이번 주

㉣ WHY(왜?) : 스마트폰 신상품에 대한 기획안을 작성하기 위해

㉤ WHO(누가?) : 오 대리

ⓑ HOW(어떻게?) : 고객센터에 근무하는 조 대리에게 관련 자료를 요청

ⓢ HOW MUCH(얼마나?) : 따로 정보수집으로 인한 비용이 들지 않는다.

15 ③

이순신 장군이 지은 책을 검색하는 것이므로 많은 책들 중에서 이순신과 책이 동시에 들어있는 웹문서를 검색해야 한다. 따라서 AND 연산자를 사용하면 된다.

16 ③

특정한 데이터만을 골라내는 기능을 필터라고 하며 이 작업을 필터링이라 부른다.

① 원하는 기준에 따라 서식을 변경하는 기능으로 특정 셀을 강조할 수 있다.

② 원하는 단어를 찾는 기능이다.

④ 무작위로 섞여있는 열을 기준에 맞춰 정렬하는 기능으로 오름차순 정렬, 내림차순 정렬 등이 있다.

17 ①

파일의 용량을 줄이거나 화면크기를 변경하는 등 정보의 형태나 형식을 변환하는 처리 방식을 인코딩이라 한다.

18 ③

$A = 1$, $S = 1$

$A = 2$, $S = 1 + 2$

$A = 3$, $S = 1 + 2 + 3$

…

$A = 10$, $S = 1 + 2 + 3 + \cdots + 10$

∴ 출력되는 S의 값은 55이다.

19 ③

$n=1$, $A=3$

$n=1$, $A=2 \cdot 3$

$n=2$, $A=2^2 \cdot 3$

$n=3$, $A=2^3 \cdot 3$

…

$n=11$, $A=2^{11} \cdot 3$

∴ 출력되는 A의 값은 $2^{11} \cdot 3$이다.

20 ③

a=0, b=1→1

a=1+1=2, b=2+1=3→5

a=3+1=4, b=4+3=7→11

a=7+1=8, b=7+8=15→23

---

21 ④

① 부팅이 안 될 때 문제해결을 위한 방법이다.

② 디스크 용량 부족 시 대처하는 방법이다.

③ 응답하지 않는 프로그램 발생 시 대처방법이다.

---

22 ②

(가)는 WAVE, (나)는 MP3에 관한 설명이다.

---

23 ②

(나) 부분 선택→처리 과정이 잘못되었다.

C언어에서 'A!=B'는 A와 B가 같지 않음을 나타낸다.

'구슬의 개수를 2로 나눈 나머지!=0'에 대한 참은 '정답을 홀수로 정하기'가 되어야 하며, 거짓은 '정답을 짝수로 정하기'가 되어야 한다.

---

24 ①

프린터 추가 마법사 실행→네트워크 프린터 또는 로컬 프린터 선택→프린터 찾아보기→기본 프린터 사용 여부

---

25 ③

Alt + [PrtSc] : 활성창을 클립보드로 복사

Alt + Esc : 실행 중인 프로그램을 순서대로 전환

---

26 ②

① 'ㅎ'을 누르면 2명이 뜬다(민하린, 김혜서).

③ '55'를 누르면 3명이 뜬다(0254685554, 0514954554, 0319485574).

④ 'ㅂ'을 누르면 1명이 뜬다(심빈우).

---

27 ①

알파벳 중 U, M 2개가 일치하기 때문에 시스템 상태는 경계 수준이며, input code는 alert이다.

28 ④

10개의 알파벳이 모두 일치하기 때문에 시스템 상태는 복구 불능 수준이며, input code는 unrecoverable이다.

29 ③

알파벳 중 W, S, X, E, D, C 6개가 일치하기 때문에 시스템 상태는 경계 수준이며, input code는 vigilant이다.

30 ②

알파벳 중 A, S, D 3개가 일치하기 때문에 시스템 상태는 경계 수준이며, input code는 alert이다.

31 ①

일치하는 알파벳이 없기 때문에 시스템 상태는 안전 수준이며, input code는 safe이다.

32 ②

'A'와 'B'가 번갈아 가면서 나타나므로 [A5] 셀에는 'A'가 입력되고 13.9에서 1씩 증가하면서 나타나므로 [B5] 셀에는 '17.9'가 입력된다.

33 ④

E, H, I, J, K, L 총 6개이다.

34 ②

• 노드 방문 → 왼쪽 서브트리 방문 → 오른쪽 서브트리 방문

35 ④

• 왼쪽 서브트리 방문 → 오른쪽 서브트리 방문 → 노드 방문

36 ②

MID(text, start_num, num_chars)는 텍스트에서 원하는 문자를 추출하는 함수이다. 주민등록번호가 입력된 [B1] 셀에서 8번째부터 1개의 문자를 추출하여 1이면 남자, 2면 여자라고 하였으므로 답이 ②가 된다.

37 ①

• 2017년 5월 : 1705
• 합천 1공장 : 8S
• 세면도구 비누 : 04018
• 36번째로 생산 : 00036

38 ③

'17015N0301200013', '17033H0301300010', '17026P0301100004' 총 3개이다.

39 ②

② 정용준(16113G0100100001) − 박근동(16123G0401800008)

40 ③

2011년 10월 생산품이므로 1110의 코드가 부여되며, 일본 '왈러스' 사는 5K, 여성용 02와 블라우스 해당 코드 006, 10,215번째 입고품의 시리얼 넘버 10215가 제품 코드로 사용되므로 1110 − 5K − 02006 − 10215가 된다.

41 ③

2008년 10월에 생산되었으며, 멕시코 Fama사의 생산품이다. 또한, 아웃도어용 신발을 의미하며 910번째로 입고된 제품임을 알 수 있다.

42 ④

구하고자 하는 값은 "생산부 사원"의 승진시험 점수의 평균이다. 주어진 조건에 따른 평균값을 구하는 함수는 AVERAGEIF와 AVERAGEIFS인데 조건이 1개인 경우에는 AVERAGEIF, 조건이 2개 이상인 경우에는 AVERAGEIFS를 사용한다.
[=AVERAGEIFS(E3:E20,B3:B20,"생산부",C3:C20,"사원")]

43 ④

NA − 16 − IND − 1B − 1311가 있으므로 2013년에 제조된 냉장고도 창고에 있다.

44 ②

② 인도네시아에서 제조된 제품은 9개이다.

45 ①

[제품 종류] − [모델 번호] − [생산 국가] − [공장과 라인] − [제조연월]
AI(에어컨) − 12 − KOR − 1A −1704

46 ①

엑셀 통합 문서 내에서 다음 워크시트로 이동하려면 〈Ctrl〉+〈Page Down〉을 눌러야 하며, 이전 워크시트로 이동하려면 〈Ctrl〉+〈Page Up〉을 눌러야 한다.

47 ②

ROUND(number, num_digits)는 반올림하는 함수이며, ROUNDUP은 올림, ROUNDDOWN은 내림하는 함수이다. ROUND(number, num_digits)에서 number는 반올림하려는 숫자를 나타내며, num_digits는 반올림할 때 자릿수를 지정한다. 이 값이 0이면 소수점 첫째자리에서 반올림하고 -1이면 일의자리 수에서 반올림한다. 따라서 주어진 문제는 소수점 첫째자리에서 반올림하는 것이므로 ②가 답이 된다.

48 ①

㉠ 1회전

5	3	8	1	2

1	3	8	5	2

㉡ 2회전

1	3	8	5	2

1	2	8	5	3

49 ④

㉠ 1회전

55	11	66	77	22

11	55	66	77	22

㉡ 2회전

11	55	66	77	22

11	22	66	77	55

㉢ 3회전

11	22	66	77	55

11	22	55	77	66

50 ③

⊙ 1회전

11	15	8	1	3

11	8	15	1	3

11	8	1	15	3

11	8	1	3	15

ⓛ 2회전

8	11	1	3	15

8	1	11	3	15

8	1	3	11	15

ⓒ 3회전

1	8	3	11	15

1	3	8	11	15

서원각 용어사전 시리즈

상식은 "용어사전"

용어사전으로 중요한 용어만 한눈에 보자

중요한 용어만 공부하자!

✸ 시사용어사전 1200

매일 접하는 각종 기사와 정보 속에서 현대인이
놓치기 쉬운, 그러나 꼭 알아야 할 최신 시사상식
을 쏙쏙 뽑아 이해하기 쉽도록 정리했다!

✸ 경제용어사전 1030

주요 경제용어는 거의 다 실었다! 경제가 쉬워지
는 책, 경제용어사전!

✸ 부동산용어사전 1300

부동산에 대한 이해를 높이고 부동산의 개발과 활
용, 투자 및 부동산 용어 학습에도 적극적으로 이
용할 수 있는 부동산용어사전!

- 최신 관련 기사 수록
- 다양한 용어를 수록하여 1000개 이상의 용어 한눈에 파악
- 용어별 중요도 표시 및 꼼꼼한 용어 설명
- 파트별 TEST를 통해 실력점검

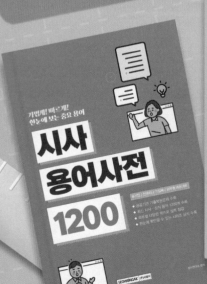

자격증

한번에 따기 위한 서원각 교재

한 권에 따기 시리즈 / 기출문제 정복하기 시리즈를 통해 자격증 준비하자!